人物篇

金城公主传

背向故园抛却繁华去
尽一生成全历史和平

《幸福拉萨文库》编委会 编著

西藏人民出版社

图书在版编目（CIP）数据

金城公主传/《幸福拉萨文库》编委会编著. -- 拉萨：西藏人民出版社，2019.6
（幸福拉萨文库）
ISBN 978-7-223-06332-6

Ⅰ.①金… Ⅱ.①幸… Ⅲ.①传记文学－中国－当代 Ⅳ.①I25

中国版本图书馆CIP数据核字（2019）第079533号

金城公主传

编　　著	《幸福拉萨文库》编委会
责任编辑	计美旺扎
策　　划	计美旺扎
封面设计	颜　森
出版发行	西藏人民出版社（拉萨市林廓北路20号）
印　　刷	三河市东兴印刷有限公司
开　　本	710×1040　1/16
印　　张	17
字　　数	250千
版　　次	2020年6月第1版
印　　次	2020年6月第1次印刷
印　　数	01-10,000
书　　号	ISBN 978-7-223-06332-6
定　　价	42.00元

版权所有　翻印必究
（如有印装质量问题，请与出版社发行部联系调换）
发行部联系电话（传真）：0891-6826115

《幸福拉萨文库》编委会

主　　　任	齐扎拉	西藏自治区党委副书记、自治区政府主席
	白玛旺堆	西藏自治区党委常委、拉萨市委书记
常务副主任	张延清	西藏自治区政府副主席、日喀则市委书记
	果　果	拉萨市委副书记、市长、城关区委书记
	车明怀	西藏社科院原党委书记、副院长
副 主 任	马新明	拉萨市委原副书记
	达　娃	拉萨市委原副书记、市人大常委会主任
	肖志刚	拉萨市委副书记
	庄红翔	拉萨市委副书记、组织部部长
	袁训旺	拉萨市政协主席、经开区党工委书记
	占　堆	拉萨市委常委、常务副市长
	吴亚松	拉萨市委常委、宣传部部长
主　　编	《幸福拉萨文库》编委会	
执行主编	占　堆	拉萨市委常委、常务副市长
	吴亚松	拉萨市委常委、宣传部部长
副 主 编	范跃平	拉萨市委宣传部常务副部长
	龚大成	拉萨市委宣传部副部长
	李文华	拉萨市委宣传部副部长
	许佃兵	拉萨市委宣传部副部长
	拉　珍	拉萨市委宣传部副部长
	赵有鹏	拉萨市委宣传部副部长

委　　员　张春阳　拉萨市委常务副秘书长
　　　　　张志文　拉萨市人大常委会副秘书长
　　　　　杨年华　拉萨市政府副秘书长
　　　　　张　勤　拉萨市政协副主席
　　　　　何宗英　西藏社科院原副院长
　　　　　格桑益西　西藏社科院原研究员
　　　　　蓝国华　西藏社科院科研处处长
　　　　　陈　朴　西藏社科院副研究员
　　　　　王文令　西藏社科院助理研究员
　　　　　阴海燕　西藏社科院助理研究员
　　　　　杨　丽　拉萨市委宣传部理论科科长
　　　　　其美江才　拉萨市委宣传部宣教科科长
　　　　　刘艳苹　拉萨市委宣传部理论科主任科员

前言

那颗不灭的夜明珠

沿着历史的古道回望,高天寒地的青藏高原一直拥有着干净的蓝天、壮丽的雪山、丰茂的草原、淳朴的民风、盛大的节日……这些时间也未能磨灭的印痕,在加速发展的时代轨道上,依然展示着它圣地般的独特魅力。

人们无法忘记,当它被唤作"吐蕃"时,那是一个云集众多英雄赞普的时期;人们亦无法想象,当今天一批批援藏干部前去参与建设时,他们的起源竟是史话纷纭的和亲公主。有人戏言,最早进行援藏、促进藏汉交流的是女性,这样说不无道理。

唐代贞观年间,文成公主远嫁吐蕃,开大唐与吐蕃和亲之先河,奠定了唐蕃两地全面交往的基石。而七十年后,唐代第二位走向吐蕃的和亲者金城公主,同其先辈一样,用一生担负了和平安边的使命,为唐蕃关系友好深化、继往开来做出了不朽的贡献。

如果说文成公主一生尚算圆满,名留青史是理所当然之事,那么金城公主的人生经历就坎坷得多。她同时遭逢了大唐的衰落与吐蕃的衰微,但即使忍辱负重,她也没有忘记向吐蕃传播中原文明,并以坚忍慈悲的胸怀面对漂泊凄苦的一生,从而留下百世流芳的神圣形象。

当我们谈论金城公主时,我们在谈论什么?

一谈清寂孤独。她是乱世遗珠,只在幼年时拥有过父亲李守礼给予的点滴温暖,而后深居宫苑的清冷生活令她对骨肉亲情并没有多么深沉的眷恋,所以,当她肩负起远嫁吐蕃的责任,选择用诵经祷告代替捧诗读书时,与其前辈相比,她的心中少了几分骨肉分别之痛,相反,这场和亲之旅更适合并能够慰藉她那颗无处安放的心。

二谈曲折跌宕。她一生之中经历了多次唐朝换主:中宗视作养女,对之宠爱非常;睿宗加封长女,对之远程保护;玄宗为其皇兄,与之频传家书……但无论故土大唐由谁主事,一旦涉及唐蕃关系,她便义无反顾——她对大唐的拳拳之情令她在唐蕃关系风云变幻之际,四处奔波斡旋。

三谈自我突破。她原本低调温柔,念书诵经,与世无争,但命运的突变令她脱胎换骨,快速地成熟起来。文功武略,勇敢立身,使命担当,坚韧行事,无形中她的个人命运与家国命运紧紧相连,她不断鞭策自己进步以适应环境的需要,竭力做到她的身份需要她成为的样子。从这一点来说,她无疑是成功的。

四谈得失兼容。在并不算长的生命里,她是大唐引以为傲的公主,也是吐蕃赞普合格的妻子;她参与朝政深谋远虑,是唐蕃两地不可或缺的和平使者,她历经生活磨炼而宽厚仁和,是丈夫孩子心中的贤妻良母……在她的一生中,不论得失、荣辱、兴衰,都是深深体察过的。

本书着眼于金城公主远嫁和亲的一生,以其不同阶段的重要经历,如乱世童年、西行入蕃、和亲变故、力促会盟、传播中原文明、遭遇宫斗、爱子失而复得等为主线脉络,细腻描绘出金城公主充满个性的形象,呈现了她独具魅力的生命历程与历史命运,并且在注重现代视角与当下精神联结的情况下，兼顾史实的厚重积淀与人物的价值升华，在展现这位和亲女性波澜壮阔的一生的同时，还原了一段唐蕃关系佳话，回味了一幅两地政治、经济、文化、宗教等多元互通的宏伟画卷。

　　时代的进程浩浩荡荡，她在唐蕃风云的舞台上留下绰约婀娜的倩影，她在战和交互的进程里锻造出隐忍坚毅的身骨，她的灵魂是汉藏史话的簿册中唯美独特的存在，她的故事在古今时空的航道里绵延恒久。她是一位小女儿，亦是一颗不灭的夜明珠！

目录

第一章
洛阳城里起秋风

乱世遗珠·002

深宫墙下的幸存者·005

辈分的逻辑·008

第七朵花·011

故事里的他乡·015

像曾祖母一样的女人·018

乡愁从那一天萌芽·021

牵动为谁，喜悲为谁·025

第二章
每一个韵脚都是别离

千呼万唤·032

纸上的割舍·036

必要而重要的事·040

边陲小城的荣幸与哀愁·044

一泓暖泉慰风尘·050

遇见文成公主·053
踏着新路去逻些·057

第三章
人生无定数，回首已天涯

王子等不及·062
爱之哀曲，情之歌吟·065
"胡须老人"，还是六岁新郎·068
妃子的次序·072
她的筵席亘古绵延·075
纷乱中，一抹真挚的柔软·079
蛰伏的翅膀·082
琴声不改，初心不移·086
我不是归人，是个过客·089
靠山突倾·092

第四章
山雨欲来

松赞干布的预言·098
反对的力量根盘蒂结·102
谁动了我的宝镜·105
雅砻河畔的风暴·109
命悬一线·113

日月下的昌珠寺·116
病隙学医·120

第五章
沙场烽火连胡月

赐地之患·124
河源盟约能走多远·127
一半家书言国事·131
不高兴的唐玄宗·134
君自故乡来·137
礼尚往来·141
几本典籍的绵长故事·144
日月山上刻碑文·147

第六章
乘着唐风穿过蒙昧岁月

吐蕃帐里舞霓裳·152
从中原续来佛法香火·156
隐藏于大昭寺的秘密·160
七七祭拜·163
嫁接的新文明·166
佛祖请上座·171
流亡僧侣有归宿·175

第七章
宫室冷暖一身知

聚散两依依·180

长妃的鸿门宴·184

克什米尔往事·188

十年前后·191

大火无情或有意·194

静水流深·197

第八章
于黑夜守候黎明

第一位小王子·202

一个明目张胆的图谋·205

失重的母爱·208

动辄山水·211

放手是酸楚的拥抱·215

无声亲近弥补了所有伤痛·218

回归家庭的日常·222

第九章
浮生事散逐香尘

武皇开边意未已·226

瘟疫的替罪羊·229
此生未完成·232
迟来的灵幡·235
独留青冢向黄昏·238

第十章
天空还有飞鸟的痕迹

用一生守望·242
格桑两花不同开·246
那些走向异域的倩影·250

主要参考文献·254

第一章
洛阳城里起秋风

从历史的尘埃中走来
每一个路口都悲喜丛生
被宫墙隔离的斑驳亲情
在镜中隐现的陌生王子
皆为一阵阵朔风
吹起她命运的弧度

乱世遗珠

蜀地的初春，漫山青翠，芳菲初绽，风还有些料峭。在巴州的岩峣青山下，立着一间简陋的草舍，室内四壁萧然，一张旧木桌上散落着纸墨书卷。草舍主人是一个三十多岁的男子，于门外伫立良久，白衣褴褛，须发如蓬。耳畔杜鹃啼血，他向遥远的长安望去，连绵的山峦却遮住了他的视线。

此人不是落魄书生，也非乱世隐者，而是被贬黜的太子——李贤。流放巴蜀已三年有余，他不知此生能否再见家人一面，也不知李唐江山还会飘摇多久。从亲王到大都督，从大都督到太子，从太子到庶人，生于皇室，便注定要经历这番命运浮沉。他跌宕起伏的人生经历，冥冥之中似乎也预示着，他的子孙后辈不会一生顺遂。

金城公主从来没有见过自己的祖父李贤，只从父辈那里听说过他令人尊敬的风度和出众的才华，以及家族遭遇的变故。对尚且懵懂的小公主来说，那段往事让祖父在她心中的形象更加高大而神秘，也令年幼的她生出几许哀伤。

那正是大唐宗室中衰的年代。武则天将凤袍换龙袍，取李唐江山而代之。为此，她不仅残杀了后宫敌手，还谋害了亲生姐姐，甚至狠心拿自己的女儿做牺牲品。这段往事中值得庆幸的一点在于，她的确有治世之才，郭沫若对其亦有"政启开元，治宏贞观"的评价。

但在权力欲望强烈的武则天眼中，没有什么母子亲情的温存，每一个皇子都是阻挡她走向王位的障碍。太子越是出色，她就越是焦虑嫉恨。李贤就是在这样的严峻形势中走上了太子的位置。

与体弱多病的哥哥李弘不同，李贤文武双全，既爱苍鹰骏马，又善琴棋书画,是李唐皇室里难得的人才,不仅七岁能诵诗三百,而且在二十岁被封为太子后,就能够带着左右儒臣一同注释晦涩的《后汉书》。同时,这并不耽误他处理朝政,高宗病重时,他把朝廷事务处理得有条不紊。只是,他一直小心翼翼地避免与父母过多地接触。因为,聪明敏感的他始终怀疑哥哥的猝死另有隐情,也似乎感到母后心中藏着某种巨大的野心。这使他对母后敬而远之。

但李贤躲得再远,也躲不过太子的位置;即使登基为王并非他个人所愿,他出色的才能还是让觊觎者焦虑不已。年轻有为的太子,令高宗极为满意,他常在武则天面前对太子大加褒奖。武则天虽然笑脸附和,心头却暗自生恨。看似平静的局势下,暗潮涌动。

恰巧此时,宫中传说太子李贤并非武则天之子,而是武则天的姐姐韩国夫人孀居宫中时,与高宗日久生情所生,后韩国夫人因不见容于武则天被杀害。这传闻本来对武后不利,但她反而借机多次写信责备李贤违背孝道,因传言怀疑骨肉亲情,不足以为人子。李贤由此觉察到,武后对他的容忍已到了极限。

不出所料,厄运很快降临了。正谏大夫明崇俨路遇盗贼被害,凶手逃逸不知所踪,武则天便将这桩无头公案归罪于李贤。原来,遇害的明崇俨是一位精通巫术星象的道士,因治好了高宗的头痛而备受宠爱,好以道术评论国事。李贤对这些旁门左道常嗤之以鼻,明崇俨对此耿耿于怀。于是,明崇俨在武则天面前谗言太子福薄寿短,最适合做皇帝的当属英王李哲(原名李显,封英王时改名哲,即帝位时复名显),也就是后来的唐中宗。这话传到李贤耳中,自然引起了更大的不满。

武则天因此以李贤与明崇俨素来不合为由,认定李贤为元凶,并派人到其府上搜查,结果从马厩里搜出了三百套铠甲和武器,从而推断李贤谋反。另外,武后收买了太子府上一仆人做伪证,令太子百口莫辩。谋反原本是死罪,但高宗对这个才华出众的儿子一向宠爱,因而极力说服武则天从宽处理。最后,李贤被废为庶人,于长安幽禁一年后,流放巴州。临行时,他与妻儿个个面容枯槁,衣不蔽体,甚为凄凉。金城的父亲李守礼每每提到这段往事,都潸然泪下。

唐弘道元年(683年),高宗病逝,带走了对李氏子孙最后的庇护。李显继位,但不久就被武则天贬为庐陵王,幼子李旦登基,却从未在朝堂上出现过,也从不过问政事。原来，武则天早已把他幽禁于东都洛阳，只待时机成熟再将这个傀儡皇帝一掌推开。

眼见同胞兄弟一再遭难，远在巴州的李贤写下了一首《黄台瓜辞》：

> 种瓜黄台下，瓜熟子离离。
> 一摘使瓜好，再摘使瓜稀。
> 三摘犹自可，摘绝抱蔓归。

由此可见，亲情在权力斗争中是何等脆弱。《黄台瓜辞》中的悲凉不言自明，后人常将它与曹植的《七步诗》并称。与之不同的是，曹植尚可用才华为自己挽回性命，而李贤却没有那么幸运，或许这首诗反而激怒了武则天，让她坚定决心除掉隐患。于是，在那个遍野烂漫的春天，李贤最终成为政治斗争的牺牲品，结束了自己短暂的一生。

684年秋，武后大赦天下，改年号为光宅，改东都为神都，官服易为碧色，旗帜崇尚白色，并立武氏庙，追其先祖为王。她已然成为一国之主，洛阳城里呈现一派崭新气象，但风中裹挟着一种犹疑不安的气息，似乎在暗示，人们并没有忘记改朝换代付出的代价。何况，这场皇权斗争还没有结束，譬如太子李贤身后留下的三个孩子尚未谙熟世事，父亲已遭不幸，他们的人生轨迹又将偏向何处？

深宫墙下的幸存者

父亲远去的身影将成为三个孩子心中一生的阴云。那年秋天,八岁的李守礼与哥哥、弟弟被母亲牢牢护在身后,任凭庭院里那些陌生人走来走去,金属碰撞的杂乱声响不断传来,打破了王府平日的安宁。守礼拽住母亲的衣袖,紧锁眉头,瞪大眼睛。这是他从未见过的情景,而母亲不易察觉的颤抖让一个孩子感到了事态的严重。

从前,李弘为太子时,李贤还是凉州大都督。那时没有朝堂政务的牵绊,李贤有正妃房氏和侧妃张氏相伴,膝下三子正当垂髫之年,一家人过着富足无忧的生活。守礼依稀记得从伯父李弘去世,父亲继承了皇太子的位置后,便会偶尔听到父亲书房里传出轻声的叹息。直到儒雅温厚的父亲被带走的这天,那飘忽不定的叹息似乎才终于坠地,突然间发出一声沉闷的巨响。

在人来人往的天津桥畔,北风卷起一股浓浓的黑烟,百姓围在一堆火旁议论纷纷。有个居高临下的声音宣告:"太子谋反,私藏兵刃,今日当众焚毁,以示天下。"自此,民间的议论像一群乌鸦围绕在王府的屋檐,迟迟不散。年幼的三兄弟只得与母亲相依为命。一年后,李贤遭流放的消息更令妻儿雪上加霜。从此,孩子们再没有见过父亲,也从未收到一封家书。

当李贤在巴州自尽后,武则天还假情假意于显福门举哀,命文武百官恭祭太子之灵,并以关照太子家属的名义将李贤的遗孀遗孤幽禁。

对于三个孩子而言,一场噩梦还未结束,另一段漫长的荆棘路便已经开始了。虽说生活在宫中至少不会有饥寒之忧,但他们失去了行动的自由。兄弟三人由太监看管教育,整日提心吊胆,稍有不逊就会招来一次体罚。原本尊贵的皇室后裔，如今只能在武氏的权威下看人脸色行事，终日如履薄冰。

这样的日子，金城的父亲过了十几年，这段漫长岁月留下的烙印将追随他整个人生。其间，他的哥哥李光顺因为反对武则天称帝而被诛杀，弟弟李守义身体羸弱，终于在无情的棍棒中夭折而去。没人知道守礼是如何挨过了那些险恶的岁月，他听过哥哥对祖母义愤填膺的斥骂，见过弟弟血肉模糊的身体。他帮不了哥哥，也救不出弟弟。恐惧和痛苦在他心里发酵，十几岁的少年好像一眼看到了人生的尽头。他无力与命运抗争，倒不如做一个放纵浪荡的逆子，任凭阴云与风暴在头顶向他狞笑。

史书上对李守礼的记载不过寥寥数语，但颇有微词。据说，他后来的生活只有三件事情：打猎、宴饮、游玩。是否只有沉醉在酒乐的虚妄中，他才能够忘却陈年的阴霾？不，即使他将旧日的噩梦埋得再深，身体也忘不掉年少的伤痕。

他后来有一种预知天气的本领。常常当众人沉醉于风和日丽时，李守礼幽幽地说，很快就要下雨了；反之，在大雨倾盆的时刻，他却出人意料地预言天空即将放晴。有人以为他通晓某种道术，实则不过是因那些年在宫中受过无数次鞭笞，留下了病根而已，一变天就会浑身疼痛。每次向人解释，都会遇到一片尴尬的沉默。

圣历元年（698年），李显再次被武则天立为太子，几乎被杀戮殆尽的唐宗室也终于结束了迫害。李旦作为皇嗣被封相王，他的子女可以外出居住，幸存的李守礼就是搭乘他们的搬迁快车，逃出了吞噬他少年时代的囚笼，居住在长安城西兴华坊——皇亲国戚、高官显贵聚集居住的黄金地带。

在这期间，除了解除幽禁，得以呼吸自由的空气，最让守礼感到欣慰的是一个新生命的降临。

一天，房间里传出了一个女婴的第一声啼哭，她是李守礼的第一个女儿。守礼小心地将女儿抱在怀里，婴儿似乎对父亲手臂弯成的弧度感觉很满意，停止了啼哭，正歪着小脑袋安静地躺着。守礼脸上露出了久违的微笑，他顾不上对这个孩子的命运做出任何猜测，眼前只有来之不易的安稳的幸福。一个刚刚降生的小生命，竟然有如此神奇的力量，让渡尽劫波的家庭沉浸在添丁的喜悦之中。

守礼为她取名奴奴，一个古代妇女常以此自称的平凡名字。或者这暗含着父亲对女儿的人生再平实不过的期望。与寻常百姓一样，守礼只期盼自己的女儿貌美贤惠，日后嫁与如意郎君，相夫教子，相守终老。守礼庆幸，尽管奴奴生于皇室，但毕竟血雨腥风已是过去，何况，一个女儿家无论如何也不会再像父辈一样被卷入政治旋涡，眼下只祈祷她能一生安宁。

据史书记载，李守礼一生宠妾众多，子女多达六十余人，他的后半生只知挥霍享乐。有人劝他节制，他却大笑道："我可是皇帝（唐玄宗）的哥哥，难道还怕死了没人葬我吗？"

他余生的放浪堕落显然是武则天时代遗留的悲剧。如果李贤没有被废黜流放，以他的才识和修养，一定会把三个儿子都培养成有为之人，只是一切都抵不过世事无常。而今，到了李守礼为人父时，既没有能力也没有意愿去关心子女的成长教育，这个家庭的后辈实在没有什么为人称道之处。只有一个人例外，这便是他的长女李奴奴。

辈分的逻辑

幸存者对待幸存者总是多一份怜惜和理解，特别是像李显和李守礼这样的叔侄关系。每每见到侄儿潦倒放荡的身影，李显就会想起二哥孤独悲剧的一生，想起另两个侄儿的不幸早逝，对李守礼也就多了一重宽容和照拂。

在守礼家的众多子女中，奴奴乖巧伶俐，活泼好学，最受叔祖父李显喜爱。奴奴的出生让刚刚逃离樊笼的家庭看到了一丝希望，也让李显在侄儿荒唐的人生之中看到了闪光点。

李显亲眼看着奴奴从呱呱坠地到蹒跚学步，从牙牙学语到始读诗书，他由衷地喜欢这个小姑娘，一来这小姑娘资质聪慧，不同于其他顽劣的姊妹兄弟；二来哥哥李贤生前才华横溢，儒雅谦和，这种气质没有后人传承未免可惜。他暗想，若今后有了实权，一定给奴奴提供一个更健康的成长空间。

确实，当前时代，风吹雨打，非一言可尽。

当武则天仍在犹豫将皇位传给儿子还是侄子时，她就感到了满朝大臣的异见压力。作为第一个登临皇位的女性，武则天虽实现了凤愿，心中也并不踏实。这些年，她以铁腕威慑天下，充分施展政治才干，成就了一番帝王事业，而她也把自己的生命消耗在无穷无尽的政斗中。

岁月忽已晚，曾经的巾帼红颜已经老态龙钟，体弱多病，女皇心知，这一片江山迟早还是要回归到男权体系之下。晚年的武则天耽于享乐，也疏于操持政务，很少与外界联系，一批男宠走进了她的生活，为首的就是张昌宗、张易之兄弟，二人借身份之便插手朝政，一时权倾朝野。

倚靠武则天的权势，二张贪赃枉法，飞扬跋扈，早有人暗中批判他们无法无天的嚣张行为。不料，被张易之的耳目所闻，张易之添油加醋将此事报告于女皇。其实，议论二张的正是太子李显的儿子李重润和女儿永泰公主。武则天听说此事，既不顾及子孙亲情，也不明察真相，将李显大骂一番，继而逼死了他的两个子女，紧接着永泰公主的丈夫也被下狱逼死。连失一子、一女、一婿，残酷的现实摆在李显面前，怒火在悲痛中越烧越旺。他不愿再做唯唯诺诺的傀儡，否则李氏将被赶尽杀绝，而他连自己都无法保护。于是，在与太平公主、大臣张柬之等人联手策划中，一场宫廷政变又开始了。

神龙元年（705年）正月，武则天病重多日，一直不见起色，身旁只留张昌宗、张易之兄弟二人，外人不得进入她居住的迎仙宫。可有一天，羽林军突然闯了进去，那张氏兄弟还睡眼蒙眬，就被干脆利落地杀掉了。随后，军队直奔武则天的寝宫。也许她早已料到这一天，只是想不到进展得如此迅速。看到她的儿子、臣子们立在她眼前，步步紧逼，武则天平静地接受了这场政变。

武则天的传奇演绎到了尾声，一个空前绝后的女皇自此退出历史的舞台。几天后，她下诏将帝位传给了太子李显，然后退居上阳宫守着自己的风烛残年。

第二次登基的唐中宗，恢复了大唐的国号，李唐宗室也得以恢复了原来的皇族身份。这年二月一日，朝廷举行了大唐光复仪式，曾经一度被武则天更改的名称、制度都随风而去，所有的旗帜、徽章、官衔、地名都恢复了唐高宗初年时的模样。

也是在这一年，武后带着些许不安和遗憾，走到了生命的尽头。

祖母去世后，守礼便带着家眷返回长安城内，已是皇帝的叔父授他为光禄卿，不久进封邠王——曾以父得罪，却也祸福共担，承父之爵被封嗣雍王（郡王爵位），如此一晃已虚度二十年[1]——虽然官高位显，但直到此时才真正享有与身份匹配的待遇。中宗此番为侄儿加官晋爵，可见也未尝不是对哥哥的补偿和对其后人的优待。只是，这迟来的恩赏恐怕不能弥补守礼半生磨难。

所以说，一个人的命运与他早年的经历是密不可分的。为了不让奴奴重蹈覆辙，中宗决定将奴奴带入宫中抚养。在深宫内苑中，年幼的奴奴将开始一段新的

---

[1] 刘昫：《旧唐书·列传第三十六》，北京：中华书局，1975年版，第2833页。

童年时光，这里的奢华富足，轻松欢乐，这里有水木亭榭，琴棋书画，都是她在邠王府上难以想象的生活。

出于对奴奴的喜爱，中宗还将她封为养女。按照此前的辈分，中宗与奴奴的祖父李贤是兄弟，与其父亲李守礼是叔侄，显然他是奴奴的叔祖父。这样一来，侄孙辈分就变成了父女辈分，可见中宗对她爱护有加。

宫苑深深，偶有几片柳絮飘过，暮春时节落花逐水，鸟儿踏于枝头，啁啾呼应。奴奴常常和哥哥姐姐们在其间游戏。偶尔，她也会想想宫外的家人。可相比于终日沉迷于宴饮娱乐的父亲，她心底似乎更喜欢给自己更多关爱的养父。没落的王府与精致宫苑，究竟哪一个才算是她的家呢？对于一个七岁的小姑娘，归属的概念还有些模糊。同样模糊的，是她不可预知的未来。

第七朵花

即便是普通官宦家的女儿,在闺中时养尊处优,一生坦途着实容易极了。更何况她不单身系皇室血统,还深受皇帝的宠爱。这个含苞待放的少女,好似随着父亲李守礼的官运亨通,一点点成长起来。

高耸的宫墙,是奴奴从不会顽皮攀越的屏障,她安于它的保护,正如中宗所予的庇佑和疼惜。在晨间,中宗总乐于围湖散步,不时碰上精神十足、闻香采花的可人儿,她手中的篮子沉甸甸的,显然收获甚丰。中宗露出欣然之意,忍不住予之几分别样的关切:"你怎么一个人在这里,湖里水怪出来把你拖下去怎么办?"

奴奴咯咯笑着,又望望远处追不上自己的婢女们,机灵地回答:"我才不怕什么水怪呢!它要拖我,我就把它给拖上岸,叫它回不了湖中。"

中宗一听,笑道:"看来你的胆量还不小呀,到时候不要吓得哭鼻子……"说完便将她抱起来。好像少女的童言稚语让他也变得柔软。

几个钟头后,气势雄伟的宣政殿上,他又恢复了身系天下的皇帝应有的威严。当日早朝,一道诏令应运而出:册封太平、长宁、安乐、宜城、新都、定安、金城七位皇女为公主,"皆开府置官属,视亲王"①。其中,最小的金城,即是奴奴。

与这位尚属懵懂的女童相比,年逾半百的太平公主身经世事,对此当即做出反应,说了些以国家社稷为重的话,委婉推辞。中宗心下自然明白,她是嫌封位

---

① 欧阳修、宋祁:《新唐书·列传第八》,北京:中华书局,1975年版,第3650页。

太低，以退为进地讨要封赏，于是正气慷慨，坚持道："皇妹所言极是。尽管你在母后时代位高权重，但仍是李家的女儿，如今唐朝中兴，大唐公主的封号名正言顺，你就接受了吧！"

太平公主这才了然，话中之意，女皇时代是大周，不可称李家的天下，现在要正名正位。

一切都在无声地昭告着，这是李唐王朝的天下。

对于新的名字，从皇帝的郑重改口到侍女的恭敬称唤，奴奴在日夜不辍的学习中，似乎觉察到什么。她还不知道的是，作为皇家的儿女，生来就有着身不由己的责任。她不知道，让她饱尝童趣的庭院之外，本就是另一个完全不同的世界。

这要从什么时候说起呢？

7世纪最末一年，在女皇大病一场后，朝廷众臣的一致力求终于得以应许，边境战争告一段落。当年夏季，吐蕃年轻的赞普赤都松终结了禄东赞之子钦陵兄弟专掌国政三十余年的历史，噶尔家族长达半个世纪的专权时期就此落幕——武将英勇善战固然可喜，但黎民百姓才是最大的牺牲品！

吐蕃赞普主和，为显示诚意亲率部将征讨叛臣，并向武周请降。女皇也适时地表现出宽容，"遣羽林飞骑郊外迎之，授赞普辅国大将军、行右卫大将军，封归德郡王，优赐甚厚"。

长安二年（702年），战火重燃，吐蕃在悉州（今四川茂县西北）惨败，赤都松再献忠于唐廷，死心塌地又遣使论弥萨等入朝求和，女皇于麟德殿设宴款待。

"瑞烟深处开三殿，春雨微时引百官。"《寒食内宴》中的这两句描述的正是唐代大明宫麟德殿的盛景。它规制宏伟，属国宴厅，是皇家大宴、非正式接见和娱乐的场所，可容三千余人。当时，不仅唐代的官员以能出席麟德殿宴会为荣，而且边城来使也以在此受到礼遇而倍感骄傲。对于吐蕃的示好，武周表现出十足的宽容，奏百戏于殿庭，犹若狂欢。

"臣生于边荒，由来不识中国（指我国中原地区）音乐，乞放臣亲观。"

"臣自归投圣朝，前后礼数优渥，又得亲观奇乐，一生所未见。自顾微琐，何以仰答天恩，区区褊心，唯愿大家万岁。"①

武后恩准，论弥萨等高兴拜谢，就此翻开了唐蕃关系新的一页。翌年，吐蕃进一步遣使献马千匹、金两千两前来求婚，武则天终究答应了。

而现在，中宗的诏封，即是为这一国策埋下的伏笔。

喜讯的脚步越发临近，而主角尚不知情。专注的少女在书房里埋头阅读《文选》时，对于其中颇多典故显露疑问，思量着何时再请父皇指导一番，正沉浸于遐想之际，但听窗外人声响起。

"我们都一齐来向奴奴道贺来了。"几位姨娘边说边跨步而入，"圣上封了七位公主，听说我家奴奴就是其中一位，特来贺喜。"

她们正装在身，容光焕发，看得出来是为进宫特地打扮过。家人相见，喜事更加一等，奴奴忙不迭回礼，请她们坐下，献茶，福身道："奴奴身在宫中，有劳各位姨娘探望了。"一番家常之后，姨娘们并没有久留，很快就一一告辞离去。

虽然相见时间很短，但每次难得的相聚都会变成一股股暖流，在她心中流淌，家人离开后，她总细心地收藏着。

房中空了，奴奴拿起桌上的《诗经》，随手翻阅，心绪却早已飞远。

这一天，父亲李守礼也来了。血脉相连的情感即便一道道宫门也不能阻隔，对他的声音，她记得格外清楚："为父来给我的奴奴道喜了！——如今是时来运转了！皇上恢复为父的官爵，还赐我偌大的府邸。今天女儿又被封为公主，真是莫大的荣耀啊！"

喜悦之情，溢于言表。奴奴打记事起，从未见过父亲如此畅快得意，当下也不禁激动，高兴地说："这全靠圣上的恩典，不然我们家一直处于愁云苦雨之中，难以解脱。但愿父亲从此振作起来，不要再借酒消愁了。"大概是宫中生活并没有表面那般光鲜顺遂，奴奴过早地成熟起来，此时倒像是长辈似的细细嘱咐着已过而立之年的父亲。

---

① 刘昫：《旧唐书·列传第一百九十六上（吐蕃上）》，北京：中华书局，1975年版，第5226页。

"那自然！那自然！"守礼一想不行，不能说绝，又补充道，"不过我是以酒治病。还得喝！还得喝！"

他停了停，想起些往事，又叹道："我这身上挨打处的伤痕，没有酒可不行。一到雨天，就发痒难受……"

奴奴知道那是老病根了，小时候曾喋喋不休地追问过，但父亲每次都只以一声深长的叹息作应，并不愿多讲什么，后来她也就学着懂事不去碰触了。这一听，便让步说："那您少喝为好，多了伤身子。"

李守礼笑呵呵地说："少喝少喝，听女儿的。"

少女时代的奴奴，命运尚且安逸，受封带来的名利，只要一念及对家人有益，她便多一重感恩……

故事里的他乡

如果说家人的道贺与名字的更改还不足以让一位少女意识到旨意背后的深意，那么金城公主官邸的动工兴建则给了她一分警醒。她有些觉察那前所未有的体验，此下，陌生与未知并不生出怎样的惶惑，她反而笃定地确信：人生只有自己亲身经历过，才知前方是晴是雨！

这几年，她的宫中生活多以读书为伴，因兴致所在，她并不觉得枯燥难耐。中宗忙中抽闲会对她亲自教导，也派了专门的老师——她常常"夫子，夫子"地叫着，声音中充满顽皮可爱——讲授各类经典。现在，她感到生命中一个重要的时刻到了，她要用自己这些年所学去应对，心里千丝万缕的念头汇聚成一则强劲的号角式的宣言：她得靠自己的信念迎战风雨，突出重围。

这样想着，思绪闪光灵动，令她不免想到：成了公主就有可能被远嫁异域，到时那个王子，会是什么样子呢？长安城我还没有看全，这样的话，岂不得赶紧做功课了？我若走了，两位父亲是不是就孤单些了？噢不，父皇儿女众多，且国事要紧，可能还好，倒是父亲，我比较担心他啊！

可一转念，这个小姑娘又后悔了，父皇的亲昵和宠护给了自己莫大的快乐……她即时陷入了惆怅，好像马上就要分别，一脸认真的愁容，嘴巴渐渐嘟了起来。

"是谁惹我的小公主不高兴了？"中宗驾临时，所有奴婢跪拜行礼，只是少女正深凝于思，听到了这突如其来的一句才晃过神来，她几乎是迫不及待地往中宗身上黏去，小身子竭力抱着，有点撒娇的意味。中宗见状，且不闻她说什么，忙又问："我的奴奴，怎么了？"

他将她抱进怀里，纵然她已慢慢长大，可这温暖，是如何都不愿割舍的。幸福的摇篮，安定的堡垒，强大的守护神，他在她心里就是这样的角色。这份难舍的珍惜，让一个孩子默默将头埋在那宽厚的肩膀上，朝向脖颈处，眼睛不自觉闭合。任身体在他身上附着，灵魂于黑暗中游荡，她只想无所顾忌地依赖他。一个声音悠悠地传出："奴奴舍不得离开您。"

中宗心头先是一震，而后热流汩汩涌出，很快随着经络通道的发达遍布全身，至此，强劲的力量汇聚一起，盘结于心，却俨然拧成一种固执的捆缚，仿佛身体但凡一动，就必须拉扯或挣脱它才可顺利行步。

"父皇也不舍得离开我的奴奴啊。来，我们坐这里。"他就近坐下，认识到安抚这个小女孩才是要事。

其实，中宗亦未准备好如何劝慰，他觉得至少应该说点什么。

神龙三年（707年），吐蕃赞普之祖母遣大臣悉熏热来献方物，为其孙请婚，中宗以所养嗣雍王守礼女为金城公主，许嫁之。前后，仅一月之隔。[①]史书上简洁的文字，让人极容易察觉到使命完成得可谓异常顺利。中宗此时，不疾不徐，看着窗棂外翠竹丛丛，榆柳茵茵，好似在讲一个悠远的故事，将这一切坦露出来——那是一位父亲对女儿的真心话白。没有严词喝令，没有面红耳赤，没有谆谆教诫，倒有闲聊家事的清淡，夹杂着留恋与无奈。

当满朝文武齐声呼喝万岁英明时，她的命运就这样被决定了。

当来唐使者满面欢喜、朝圣般致礼时，他的心开始踏实下来，唐蕃之间几十年争乱，好不容易才换得又一个安定的时期——尽管这还尚且只是愿景。

可当这段姻亲的当事人靠在肩头时，他却有些迟疑了，并因不能动摇、无法改变而感到哀伤。皇帝身份赋予的职责，让他无法像一名普通的父亲一样，任性、自私地将孩子留在身边，可他何尝没有做过拖延时间的努力？

据学者考订，这一年悉熏热入唐的使命并非严格意义上的"请婚"，主要是敦促唐朝兑现其长安三年（703年）许婚之诺言。这或许正是大多数汉文史籍仅

[①] 刘昫：《旧唐书·本纪第七》，北京：中华书局，1975年版，第144页。

称其"入贡"或"献方物",而未直言其"请婚"的原因。①由此可见,中宗的诏令确实到了不得不为的时候。他这般想着,好似宽谅了自己一些。

"奴奴可以回来看父皇的。"眼前的小女儿反倒懂事地宽慰起皇帝来。这多少让中宗感到些许安慰,放心地移驾别处了。至此,新封的金城公主,才发现周身的氛围的确已经不同了。

宫中又流传起祖姑母文成公主奉旨和亲的故事,她与赞普松赞干布谱写了唐蕃和亲的美丽佳话,使吐蕃由原始的荒原进化成文明的殿堂。据说,她在吐蕃赞普家族和百姓心目中地位都很高,人们将之视为女神,膜拜至今;她好像无所不能,占卜历算、佛学医药、农耕纺织、酿酒制陶,样样精通,还学会了吐蕃的唐卡画艺;她带领藏族民众探索心灵与精神的经营之道,开拓佛法功业的新阵地……

或清晰或模糊的断章,入耳听来都像是金城公主努力的方向,这让刚"上任"的金城公主,俨然感到一种无从着手的压力,她觉得自己应该像先辈文成公主那样,练好"内功",方能为国家江山效力——她记得中宗隐约这么说过。

她像个任务型选手一样,在孩童的思维里,寻到了某种追求的乐趣,于是尽一切努力为之做出准备。而对于故事里的他乡,姑且就看作尚在憧憬中的美好的梦之彼岸吧,毕竟祖姑母是探过路的。

---

① 石硕:《关于金城公主入藏及出嫁对象等相关史实的考订》,载于《民族研究》,2000年第4期,第75页。

像曾祖母一样的女人

看着富丽的官邸行将建筑完工,金城公主心里种种思绪如藤蔓盘绕,但她始终相信父皇为择定她的人生一定是做过诸多考虑的。

确实,之前好些日子,宣政殿上的朝会频频论及此事。

"朕听报说,吐蕃特使悉熏热已抵长安,献礼、致书函都是表面的礼仪之举,大概又要提出和亲。这一天终归还是来了。"龙椅上的一国之君不经意长叹了口气,接着说道,"谈及和亲事宜,本来与吐蕃结亲通婚,是先祖太宗制定的国策。现蕃方来使为小赞普请婚,朕想先听众卿有何建议。"

"武后在世时,曾答应再结姻亲,重修秦晋之好。不过当时没有具体定下哪位公主。"

"彼时吐蕃的赞普是赤都松,他在征战南诏中,亲自带兵出击,溺水而卒,目前蕃臣是为小赞普求婚。使臣既然已到京城数日,臣恭请圣上马上宣召接见。"

中宗凝思一阵,道:"两年前朕曾派礼部的人入蕃致祭,并留心观察小赞普的情况,但是返回后,一直未见回报。"

"禀圣上,臣在逻些(今拉萨)见过小赞普,这位赞普少年英俊,习文练武甚为勤奋,是吐蕃一位出色的王子。目前年幼,由祖母摄政,一旦长大成人,定是一位英明之主。"

"既然如此,那就明日宣召蕃臣进见!"

这时的中宗,着实以一颗父亲之心审度着吐蕃的所有相关情况,毕竟战和交错的时局境况随时可能对和亲的公主造成困局,他得尽可能排除隐忧,确保她的安全。

很快，当吐蕃使臣将唐廷许嫁金城公主的喜讯，率先以飞书报送雪域高原之际，处于逻些的吐蕃政权中心已完成新赞普杰祖茹的继位暨成人大典。在传统深弥的高原大地，长妃必须从本族母系部落中寻找，不能是外族之女。掌权的没庐·赤玛伦祖母一面忧虑着这次向唐请婚是否能顺利如愿，一面还是为新赞普挑选长妃——这是牧区一部落头人之女，那囊氏细登。

"这姑娘美貌动人，身材长得也好，又聪明能干。马亦骑得好，敢与小伙子一比高低。但是个性上比较强悍，好争好斗，得理不让人。他的兄弟都怕她三分。"

听得来人这番通报，赤玛伦神色沉着，然后表情才微微平和下来，笑道："不错不错！敢作敢为，乃真女子！现在赞普尚小，需要一个先他成熟的女人来引导；何况，钦陵一党造下的余孽仍不可小觑，我吐蕃有一位强悍的长妃也是好事啊！"

曾经钦陵不断发动战争的年代总算结束了，不仅百姓疲于徭戍，就连其他大臣也吃尽了苦头，早企盼着邦交和睦，此际看到和平之曙光，不由得松了一口气。

就这样，中央大帐内，赤玛伦与众臣议事完毕，心里的石头总算落了一半："那就这么定了。立即与部落头人说合，送去聘礼，并尽快择吉完婚。"

"接下来就等大唐那边的消息了。"她悠悠地回忆起往事，大概是在感慨，"文成莫啦（祖母）薨逝都快三十年了，我夫芒松芒赞也继承松赞干布波啦（祖父）的英明事业，一度受禄东赞大相之辅佐，使吐蕃境土安定，发展兴荣。到了我儿赤都松时，唐蕃之间尽管时有阴晴，但仍保持互派使者的友好传统，吐蕃不断从唐朝引进茶叶、瓷器和各种乐器等，双方延续了经济技术和文化交流关系。"[①]

"不过，和亲事宜却一再未能结果：唐高宗显庆三年（658年），禄东赞'再至中原，向皇帝献金盅，再次为新赞普请嫁公主'[②]……高宗调露元年（679年）使臣论寒调傍献宝仍无果，后来只能请文成莫啦出山了，但当时武后不愿骨

---

① 恰白·次旦平措、诺章·吴坚、平措次仁著，陈庆英等译：《西藏简明通史》，北京：五洲传播出版社，2012年版，第42页。

② 根敦群培：《白史（第3册）》，拉萨：西藏藏文古籍出版社，1990年版，第291—292页。

肉相离，临时将太平公主送入道观，带发修行，为荣国夫人祈求冥福，一时变成了出家人……唉……倘若这次请婚成功，那真是一偿夙愿啊！"

近臣纷纷小议，又望回赤玛伦，并不作声，一切都只能等待了。

悉熏热一行回到吐蕃前，捷报先至。信使二人受令，几乎是毫无间歇地直奔逻些。这确实是个天大的喜讯，值得不顾一切地传送回吐蕃大地。

赤玛伦祖母当然激动不已，直到悉熏热返归后，她才得以慢慢细听详情："大唐皇帝，对于唐蕃和好，继续舅甥关系，十分赞同。还对芒松芒赞和赤都松两位先赞普的英年早逝，表示惋惜。

"当他宣称决定'将七位公主中年龄最小的金城公主许配小赞普'后，大喜之余，还夹杂了些许哽咽，应该多少有点不舍吧！听说这位小公主虽不是亲生女儿，却颇得他的喜欢！另外，唐皇还让臣向您转达：大唐愿意与吐蕃世代交好，坚持舅甥情谊。"

"好啊！好啊——好啊！"赤玛伦连连高呼，"文成莫啦显灵，又一位大唐的宗室女要眷顾我吐蕃了。大唐皇帝如此割爱，真令老妇感激涕零啊！"

历史总是惊人地巧合。在风起云涌的唐朝岁月里，中原出了历史上唯一一位正统的女皇武则天，其名"曌"就是她为自己创造的字，宣示了一统天下的威严。民间流传的打油诗"日月当空曌，则天长安笑；一朝作皇帝，世间我最傲"，于此可见一斑。而在她身后，乾陵的无字碑，更让世人热议不休。同时，在西南边域的吐蕃政权上，一位藏族的铁腕女性赤玛伦同样掌握了摄政的大权。

相较于武则天处心积虑地辅佐高宗到生出临朝称帝的野心，赤玛伦似乎明显不同。她像一个拾荒者，在夫卒子亡以后，为延续高原上赞普家族的血脉，才屡屡佐政，其间虽受钦陵的军权压制，但总算云开日出——在她看来，与唐结好，恢复文成公主在世时的盛景，正是吐蕃重拾辉煌的新契机。

合久必分，分久必合，不言政权之间的交往，单说人和人的相待还矛盾迭起，利益相争是最自私亦最正常不过的碰撞。好在唐蕃在向往和平的追求上达成一致，并朝着缔结永恒友好的方向共同努力，如是，中宗的愿望也趋近于圆满了。

有这样慈和主善的异邦祖母，小金城也应该是幸运的吧。

现在，一桩亲事尚算中意，至于其他的，就得看她的因缘造化了。

乡愁从那一天萌芽

世事不休，纵然一时尘埃落定，也须以滚滚热浪之态，迎接下一程的际遇。

自打唐蕃和亲再度议定，小赞普杰祖茹继位大典带来的红山周边的盛况并未消减下去，对于企望和平的吐蕃臣民来说，真正狂欢的日子才刚刚到来。满山遍野都是四方部族头人搭建的大小帐篷，方圆高矮，形状各异，色彩斑斓。其风马旗矗立于天空，迎风招展，桑烟比平时燃得更浓更旺，仿佛是要把前些年弥漫过甚的硝烟都覆盖翻新、重新净化一样。

吐蕃的确诚意可表，从此"频岁贡献"，下足了功夫。[①]就连边战连起之年，也仍与大唐维持着必然的联系，报丧、吊祭、会盟、报捷、朝贺、报聘、求匠、请市等，面面俱到。

景龙二年（708年）四月，左骁卫大将军杨矩上奏："吐蕃先遣使来此迎公主，兼学汉语，今欲放还吐蕃，于事不便，伏望报之云其使已死。"中宗正言："凡事须示人以信，宜应实词报之，使无猜贰。"[②]于是，蕃使安妥回返。六月，吐蕃使大相尚钦藏及御史大夫名悉猎又来献贡。

大明宫宣政殿中的龙椅是皇权威严的象征。吐蕃使臣随召令躬身阔步往前走。二人用相同的步调，以示恭敬。他们一路来唐，谋划着说服中宗的理由和策略，却不知道这一天的中宗，无论如何都不会答应。知己知彼，方有胜算，可惜

[①] 刘昫：《旧唐书·列传第一百九十六上（吐蕃上）》，北京：中华书局，1975年版，第5226页。

[②] 苏晋仁、萧錬子：《〈册府元龟〉吐蕃史料校证》，成都：四川民族出版社，1981年版，第82页。

现在只做到了他们在暗，他在明。

尚钦藏首先上言："臣等被派遣特来进送吐蕃赞普书函及贡品。"说着转递书信。

名悉猎补充："此信已由臣译为汉文。请皇上过目。"

中宗打开赞普来信，一边阅读一边面露满意之色。尚钦赞继续道："吐蕃上下对皇上允婚，一致感戴万千，吐蕃民众也因公主即将进入高原，正沉浸于欢乐喜庆之中。"

"对金城降嫁，吐蕃上下欢欣鼓舞，朕也很高兴。"中宗深知蕃使来唐的目的，便自然转了其他话题，"听闻赤都松去世后，吐蕃局势不稳定，不知近况如何？"

"承蒙吾皇关心，内乱已平息，当前政局稳定，只盼公主早日入蕃，好与我神圣赞普完婚，共续汉藏佳话……"

中宗想了一下，直接表态："今年不行，小女年龄不足，赞普也年岁尚小啊！请转告老太妃，要晚几年才好。"

"可是……"

二使本准备再作说服，却被打断。

"吐蕃地处高寒，空气稀薄。金城年幼，恐受不了高原气候，朕想待金城年龄稍长些再去吐蕃，朕才放心。"

"高原天高气爽，地灵人杰，公主去后，微臣保证她会像在长安一样快乐地生活。"

两位使者竭尽所能，仍未让中宗松口，反而一再让中宗转移话题："二位，是呵护大唐吐蕃舅甥之谊的重臣。朕早已御宴于承天门楼，给你们接风庆功，你我君臣可欢饮一场。哈哈哈哈——"

"臣等恭谢皇上！"二人对目，后齐声致意。

这时间，好似所有事情都沾染上和亲之事的喜悦。金城公主已乔迁至新的宅邸，那是一座近乎完美的建筑，明红与米黄的协调搭配，大方中带着庄重，纤巧中蕴含着华美，古朴却富有活力，既彰显了皇家的威严，又不失年轻人的活泼，正是当时时代精神的贴切体现。

小金城十分喜欢，几个月来似乎沉浸于这份美丽而新奇的享受之中。并且，自册封以来，中宗不断恩赏，绫罗锦缎、珠玉簪钗等应有尽有，如此，一位亭亭玉立的美少女越发出落得端庄。新赐的婢女心灵手巧，长安城中流行的各式辫发和高髻，都能满足小公主的要求。金城时常惦记着家里的父亲、姨娘与兄弟，总差人将这些礼物送回邠王府，连带宫中尝到的好些点心茶品也一并与府上亲人分享。

她仍如旧保持着听讲儒典，品读诗书的习惯。变或不变，她总能寻到趣味之所在。或许宫苑的肃穆与阔大，让她过早地识得了独处的要义。她在这里，从天真变得觉知、从活泼变得内敛，好似成为"金城"后，她便更加刻苦地充实自己，在学习藏文之余，她还对习武、骑马、射箭等均有涉猎。

这个小姑娘，在出嫁之前，做足了准备。中宗近在身边，往往前去探问，很少能碰上女儿嬉玩戏耍的时刻；一贯宴乐成瘾的守礼知晓女儿现状，禁不住皱眉恼思；姨娘们偶来串门，匆匆一坐，也不敢太过打搅，好像怕耽误了自家女儿的前程，又觉得封了公主自是升了官，不自觉多了几许疏离——对于这些，金城不是感觉不到。

而在她心间，此番努力：一是为父皇争气，以祖姑母为榜样，做个合格的大唐女儿；二是为自身素养下功夫，面对未知的旅途与遥远的人生，准备纵然是做不完的，她也要保有进取心；三就是最不愿触及的缘故：她能在其中，忘记乡愁的缠扰、离别的悲苦、思亲的眷念。

她不愿向任何人倾诉，既知父皇的无奈，又明世事的不自由，以至于感到无法获得适宜渠道的排解，所以自行转移心念，尝试调节。

一年有余，每每蕃臣到来，她不是第一时间得到消息，却正为此，分外惶惑，生怕某天一个诏令，就要忽地离唐了，忐忑焦愁，直到他们归去。下一次又是如此煎熬，循环往复。

幸好，近日获悉父皇明确表态，"今年不行，要晚几年才好"，她的小小世界才照进了一道异常明媚的光，这也才感到自己与大唐的联结，似乎依然亲密无罅隙。

再后来，中宗仍不忘予她关照，有时甚至来往得更加频繁了，两个人像普通人家的父女一般，亲切而温馨，这让金城感念不少，也驱散了埋藏在心中的愁绪。

她将他视为最亲的人，毕竟是他伴自己度过了许多年少时光，命途亦在他的权掌之中，因着敬仰和爱意，她从未有过如姑母太平公主那样的反抗之举，哪怕是一点抵触情绪。

时光如流水，对长安的了解，日渐如她所愿有所加深，有时也能得到准许，到宫外看看景致，有时也会参加庙会活动，似乎到这时生活才完全地美好起来。

709年，二月，吐蕃遣使贡献方物[1]；八月，再奉赞普祖母之命，遣使坌达延赞松——唐人叫他勃禄星，进献书信，对象是皇后、安国相王（李旦，即两度即位的唐睿宗）、太平公主几人[2]，礼物心意自然少不了——大概是想寻求助力，及早迎亲，以免后顾之忧，共享大唐之文明。不过，这些都看似风平浪静地过去了。

金城公主的心绽放出绚烂的花朵，植根于宅邸的墙垣间，摇曳于皇城的繁荣中，盛长于她灼灼其华的年纪下。这世界原本仅有一个，她却一心想瞧瞧外面的样子。

---

[1] 苏晋仁、萧錬子：《〈册府元龟〉吐蕃史料校证》，成都：四川民族出版社，1981年版，第361页。

[2] 刘昫：《旧唐书·本纪第七》，北京：中华书局，1975年版，第148页。

牵动为谁，喜悲为谁

出身高贵，成长安顺，受封公主，待字闺中，姻缘锦绣。

金城的人生就这样闪闪发光着，开始了。早熟的性子，称得上优势，因为这至少让她在面对如此重负般的使命时，有足够的勇气和魄力，她知道只要有脚，就会有路。

经走过定亲这一程，她就要真的踏上迢途了。

万事接受为先，而后便是尽全力应对。她会为父皇坚持延时和眷顾如常而感动，以为能再多几许光阴陪伴他及家人，却丝毫不知，时事大局还有隐情。

那是神龙二年（706年），唐郭元振改任左骁卫将军，兼检校安西大都护，负命安边，上书中宗说："今吐蕃不相侵扰者，不是顾国家和信不来，直是其国中诸豪及泥婆罗（今尼泊尔）等属国自有携贰。故赞普躬往南征，身殒寇庭，国中大乱，嫡庶竞立，将相争权，自相屠灭。兼以人畜疲疠，财力困穷，人事天时，俱未称惬。所以屈志，且共汉和。"[①]一并道尽了吐蕃赞普为南征献身的忠心，其内部间有离心，军中人财失落，及向唐请和的真实境况与意图。

在这迫在眉睫的紧要关头，唐廷方面虽凭借强大的人口和资源优势，最终控制住了西域的局势，但与吐蕃的军事较量中多处于劣势，尤其是河源地区的三次大败和完全失去吐谷浑故地，使其元气大伤，再加上朝廷内部的权力争夺已经持续太久，它如一个年轻却伤痕累累的青年，暂时经不起巨大战争的摔打了……长达半个世纪的复杂交往过后，竟双双落得如此惨状。

---

① 刘昫：《旧唐书·列传第四十七》，北京：中华书局，1975年版，第3045-3046页。

终于，摆在中宗面前的事实，让他选择迈向和谈之路，史称唐蕃"神龙会盟"，双方代表签署誓文，划定青海一带为边界。遗憾的是，唐朝与吐蕃之间的这次划界会盟，却在史料的记载中痕迹太少，甚难寻觅，或许连时代长河都是一位偏心之人，更喜欢价值不菲的珍珠或棱角分明的贝壳，而它便无声沦为了沙砾。正是这枚沙砾，为汉藏史上的第二次和亲铺就了道路，同时为后世"甥舅和谐、欲社稷如一"①打下了坚实基础。

所以在小金城异想天开之际，不可忽视的是，两地和亲，仍是无奈之下的折中方法，对唐亦如此。早期由于政治联姻的缘故，双方建立的舅甥关系本身就是政治上不平等的关系，唐朝从而也把吐蕃视为属部，所以"朝贡"才有其合法理由。②

如此，吐蕃内部武将势力也才肯"屈志"，低下头来，在没庐·赤玛伦的主政下，决定与唐郑重交好，他们确实一直是十分积极的。无数的眼睛在凝视着，大唐到底还能逞强国之能多久？

"臣启禀皇上，吐蕃诚愿今年迎亲，但皇上仍坚持'公主尚年幼，要晚几年才好'。臣等一再表明早日迎娶是吐蕃上下的愿望，但皇上仍未答应，所以臣只好回来复命。"

"皇上是否有悔婚之意？"赤玛伦忙问。

"微臣当时也注意皇上是否有取消允婚之意，但经臣观察，确无此意。只是认为公主年幼，怕不适应高原气候。"

"皇上与金城感情笃深，是看着她长大的，甚为疼惜。怕她年小到高原受苦，也是很自然的事。"

几位使臣纷纷进言后，等着赤玛伦指示。她思忖了会儿，款款地说："很有意思。你我先且来分析分析这盘棋。"

---

①索朗平措：《略考唐蕃神龙会盟之历史背景》，载于《西藏研究》，2009年第6期，第68页。

②张云：《舅甥关系、贡赐关系、宗藩关系及"供施关系"：历代中原王朝与西藏地方关系的形态与实质》，载于《中国边疆史地研究》，2007年第17卷第1期，第10页。

大论韦·乞立徐首先发言："现在从逻些到唐蕃边境的工程已经开始了，驿道驿站修缮重铺，并着力注重沿途治安的恢复与保证……不过比起这些该做的后备事宜，我吐蕃觐见唐皇，台面上的功夫也万不可小觑！"

"那是自然！"

"大唐讲究品级高低，等级秩序，那么我们派往迎亲的使臣，一定要身份尊贵。"

赤玛伦赞同道："这一次再派迎亲使，应该是有较高告身的大臣。"

——此处，提及告身，实有一些重要的政治制度之改革内容，须以明确。这还得从源头说起。

"论"和"尚"是吐蕃社会体制中最重要的丁卯，可以说其政权很大程度上就靠着"论"和"尚"进行运转，并且，二者正是吐蕃的两大贵族阶层。"论"主要来自吐蕃赞普家族——悉勃野家族和开创吐蕃基业的元老家族，而"尚"的来源基本上是几个固定外戚家族。

《资治通鉴》记载，"其王称赞普，俗不言姓，王族皆曰论，宦族皆曰尚"。[1]其中，"论"的主要家族来源，包括：末氏、韦氏、噶氏、属庐氏、娘（明）氏、勃阑伽、琼波、管氏、聂氏、吞米、朗氏、巴则等。"尚"家族则为没庐、琛（綝）氏、蔡邦、那囊。[2]

这些姓氏势力，多为前吐蕃政权时期著名的十二小邦之列。如韦氏，最早为沃域小邦的家臣，其活动的地域即在今西藏桑日县东部沃卡河谷。与韦氏一道，蔡邦氏、娘氏等也曾跻身早期的雅砻吐蕃政权四大族之中，最为忠诚，赏赐奴户、广封土地，担任赞普之论相：前者，起势于松赞干布生母蔡邦氏，彼时的蔡邦氏一族无疑就是第三十二代赞普朗日松赞的外戚家族了；而后者，原是赛木林西王之家臣，后为首带领江北豪族平定了朗日松赞被害的叛乱，确保了以继任者松赞干布为核心的新生吐蕃政权的稳定。

事实上，以上诸氏皆为江北豪族，同属受到赞普垂青的政治势力，其特殊

---

[1] 司马光：《资治通鉴·唐纪十》，北京：中华书局，1997年版，第321页。
[2] 多吉杰博：《五部遗教·大臣遗教》，北京：民族出版社，1986年版，第436-437页。

贡献为他们赢得了更多利益。但这也引起了同样归附吐蕃的另一方豪族——琼波·邦色苏孜的不满。苏孜在松赞干布和娘氏大论间制造不和，诱使赞普诛杀娘氏；在自己就任大论后，野心膨胀竟对吐蕃赞普之位产生觊觎之心，最终自杀谢罪。

如此一系列叛乱、内讧的波折后，不管是江北诸豪族也好，还是琼波家族也罢，力量受到了一定削弱，反过来，倒是赞普的政治地位相应地提高了。虽然原有的氏族贵族间力量平衡的关系发生了变化，但旧有传统在新的形势下仍继续发生作用。在明处，出身江北的噶尔家族——噶氏，原为埃布小邦的家臣之一，因多次使赞普家族化险为夷，获得了新赞普的信任，成为被委以大论重任的部属；在暗处，同为江北家族的韦氏始终保持着相对低调的活动。他们在冷眼旁观了娘氏、属庐氏被杀的变故后，并不急于出来争夺政治权力，而是确保现有利益不受损失。①

没庐氏，原为鲁吉米巴王之家臣，后为茹拉上部千户；②琛氏、那囊氏与蔡邦氏具有相同起源，均得益于与赞普家族联姻之缘故，当朝第三十六代赞普之母即琛氏，其后来的藏族正妃就是那囊氏……其他家族大致不出以上几种情形。

吐蕃的中央官制为"九大尚论"：尚意为舅，尚论即舅臣，与吐蕃赞普家族通婚的臣子即称舅臣。③具体地分为贡论、曩论、喻寒波，其中喻寒波又名噶伦，这系统中又进一步划分，各有大、中、小三者，共九人。贡论类似于家中男人，担起家外大事；曩论类似家中贤妻，操持家内生活；噶伦有公正判别之责任。所以，从其职司来看，此三系统有类似近代三权分立之功能，约略可判别贡论为立法，曩论为行政，噶伦为司法。④

---

① 周松：《吐蕃王朝早期的韦氏家族》，载于《西藏民族学院学报》，2007年第28卷第4期，第20–21页。

② 张慧：《吐蕃时期赞普的婚姻与继承：吐蕃史读书札记》，载于《西藏研究》，1993年第1期，第54页。

③ 巴卧·祖拉陈哇著，黄颢译注：《〈贤者喜宴〉摘译（二）》，载于《西藏民族学院学报》，1981年第1期，第22页。

④ 林冠群：《唐代吐蕃史论集》，北京：中国藏学出版社，2006年版，第84–85页。

《新唐书》所载稍有不同：其官有大相曰论茞，副相曰论茞扈莽，各一人，亦号大论、小论；都护一人，曰悉编掣逋；又有内大相曰曩论掣逋，亦曰论莽热，副相曰曩论觅零逋，小相曰曩论充，各一人；又有整事大相曰喻寒波掣逋，副整事曰喻寒觅零逋，小整事曰喻寒波充：皆任国事，总号曰尚论掣逋突瞿——"九大尚论"的藏译汉音。①

长安四年（704年）后，没庐·赤玛伦从后台走到前台，为防一人专擅，功高盖主，重蹈噶尔家族的覆辙，于是仿唐制，重新调整大臣结构，以加衔方式，形成"众相"之局面——大论即宰相之职由一人增至三人，尚论获得参与重大决策的大权。

此间，吐蕃的三大论即为：尚赞咄、乞立徐、尚钦藏。

值得注意的是，尚赞咄从701年来一直活跃在吐蕃政坛上，排名在韦·乞立徐尚聂之前，又与没庐·赤玛伦同属没庐氏家族，其地位变化，一是说明了赤玛伦的权力和执政策略，二是说明了尚论地位的提高，外戚势力开始崛起。当然，这是些旁的话。

吐蕃政权亦延续松赞干布时的律法，施行"六告身制"予以褒奖，有瑟瑟、金、银、金饰银、铜、铁六级。据说，松赞干布时期包括外臣有十六位谋臣为首的三百名大臣，每位大臣的权力大小是根据告身而定。②各级官员依据其官位与政绩获得相应的告身：授予大贡论大瑟瑟告身，副贡论与内大相为小瑟瑟告身；授予小贡论与副内相、大噶伦金字告身，小内相、副噶伦小金字告身；授予小噶伦金饰银，授予寺院轨范师和座前法师（密咒师）、上下部权臣大银字告身……亦是仿效唐制所为。

乞立徐接着进言："臣建议派尚赞咄，他是有瑟瑟告身，先前赴唐的小论（副相）尚钦藏、噶伦名悉猎（唐制为御史行使监察职能，因而赴唐时，他被通

---

①欧阳修、宋祁：《新唐书·列传第一百四十一上（吐蕃上）》，北京：中华书局，1975年版，第6071—6072页。

②恰白·次旦平措、诺章·吴坚、平措次仁著，陈庆英、格桑益西、何宗英、许德存译：《西藏通史：松石宝串》，拉萨：西藏社会科学院，2004年版，第66页。

报为御史大夫）也去，他俩是有金字告身的。这样足见我吐蕃对迎婚的重视。"

不难看出，他确是深虑过的。停顿片刻，又说："至于其他大小官员也都尽量选有金、银、铜告身的，要特别懂得'头和肩谁高谁低'的人。不知是否妥当？请祖母定夺。"

赤玛伦这时正了正身子，望向东方，让人猜不透她的心思。

风起云涌的时月，终究要辅以静默如谜的注脚。小金城又如何知道，正是朝局的连番变动，将她推入到肩负唐蕃两地和平重任的境地，她太单纯，以至于但凡一点不经意，就极可能错过真相。

可是，倘若她明了，大抵会替自己问心为谁牵动，泪为谁喜悲吧？

第二章
每一个韵脚都是别离

风吹劲草
马踏流沙
她将千里单程攥成一滴泪
和平重负将她模糊成单薄的背影
骊歌响起的那一刻
塞外阳春大雪纷飞

千呼万唤

面对大唐皇帝的一拖再拖，吐蕃赞普家族不再充满耐心地周旋，而是直接采取实际行动。这个豪放淳朴的高原民族，在严酷自然环境的训练下培养了凌厉的天性，和每一位爱好胜利的强者一样，从不愿打无准备的战役。即便这次是和平邦交，当逢着了僵持不下的局面时，他们决意主动改变。

景龙三年（709年）十一月，吐蕃派出迎亲队伍千余人——均是身份较高的大臣，浩浩荡荡从吐蕃行至青海边界，再从立誓定盟之地进入长安城。这些年与唐朝交往密切，通往长安的路程走得极为熟稔，而此次来朝，吐蕃似乎笃信马到成功。

这阵势，连唐中宗知道了都得定心掂量一番。想来，和谈已有三年了，这在显示吐蕃诚意的同时，不免让这位一直战战兢兢的皇帝觉察到危机之余的惊诧——大概亦是一种仁慈吧。

婚期确定得突然，朝堂上一句"明年过春就迎娶吧"，很快随一道圣旨传至金城公主的府上，众人如沐恩泽，而她终于迎来了这场势必到来的离别。

含元殿外，一席盛典拉开帷幕。

"千官望长安，万国拜含元""九天阊阖开宫殿，万国衣冠拜冕旒"，说的就是大明宫的这第一正殿。它坐落于三层大台之上，殿基高四丈多，其前左右分峙翔鸾、栖凤二阁，两侧为钟鼓二楼，阁、楼之间有飞廊相连，成"凹"字形——这是周汉以来"阙"制的发展，且影响了历代宫阙直至明紫禁城的午门。它轮廓起伏，体量巨大，气势伟丽，开朗而辉煌，极富精神震慑力，正印证了《易·坤》之说"含弘光大"。

第二章 每一个韵脚都是别离

在二百多年的光辉生命中,这里为举行国家仪典如册封、改元、受贡、朝会等重大活动之处,因而屡屡扬名于庄严的典籍之中。

金城公主第一次登上含元殿,是作为吐蕃准王妃出席的。而她初度会面的蕃方亲人,是首席宰相尚赞咄和御史名悉猎——赤玛伦最终决定派此二人领队赴唐,如此品级搭档尽显至高敬意,可以说再合适不过。

面对满朝文武欢聚一堂的盛况,金城霍地有些明白,为何今年以来,父皇有时上朝也带着她,原本以为那是早晨后花园一起散步后的额外奖励,他多念叨"奴奴,是我大唐的又一女杰"加以鼓舞,自己便莞尔一笑,心下更坚定了要勤进奋发的信念。可此时,她也似才明白公主之身份意味着什么,并不明缘由地庆幸自己坐在父皇身边。

典礼随着几场宏大的歌舞表演拉开帷幕。千娇百媚,柔情纤动,是女子的悠悠婉婉;孔武有力,俊朗刚健,是男儿的飒飒英姿,彰显了大唐的丰美与开放。接着,上场的是吐蕃的善骑者,表演马技——马上战立、翻腾、勾身取物,基本功稳扎稳打,精彩得很,随后马上花式射箭,动静转换得巧妙而敏捷,和中原汉子得到的训练着实有些不同。金城公主看得新奇又着迷,禁不住拍手叫好,惹得近旁的韦后、太平公主等几位长辈不时投来眼色,其中感情晦涩难辨。

倒是中宗,或看看她的明眸或拍拍小脑瓜儿,面露疼爱之意,而他御座另一边的吐蕃特使似乎也很喜欢这位真性情的准赞蒙[①]——对,在他们心底早已这样认定了。并且,他们更开心的是,引她称赏喝彩的正是高原文化的羽毛。那声势赫赫的迎亲使团中,个个都拥有这般精湛而朴素的才能,那是吐蕃人民的英雄,他们的到来就是要显示吐蕃愿与大唐荣辱与共的决心。

第二日,中宗赏宴吐蕃使团于禁苑。

唐朝三座宫城之外,又有三座大型苑囿,分别为禁苑、东内苑、西内苑。禁苑的规模最大。它原为隋大兴苑。因其中又包含东内苑、西内苑两个小苑,故也称为"三苑"。

[①] 赞蒙:吐蕃赞普之妻的称号,亦称为朱蒙。参见谢启晃、李双剑、丹珠昂奔等:《藏族传统文化辞典》,兰州:甘肃人民出版社,1993年版,第807-808页。

禁苑中有柳园、桃园、葡萄园、梨园，充满生机，是供应宫廷果蔬的生产基地，也可作为皇帝娱乐消闲等活动场所。葡萄园，为狩猎、放鹰的猎场。而梨园，是唐代皇帝与大臣们在禁苑游览和举行拔河、击球的地方。中宗每年春天都要到此玩赏，这一回，他对吐蕃来使倾其诚意而共享之。

梨园亭内，筵宴隆盛，酒食皆欢。中宗特邀吐蕃使臣一同观看马球赛，以示恩宠之意。

打球人员是宫中的专职，名为"击球供奉"，平素专事于训练，有时王公贵族获准玩儿上几把，他们自然也就成了陪练。这天，得知为皇帝、皇后、百官表演，所以特别卖力。球打得尚算精彩，众人喝彩声不断。

这一热场，让居于世界屋脊，出身游牧血统，有着悠久的养马、驯马、相马、马术和赛马等传统的吐蕃人按捺不住了，马球运动也是崇尚雄健、力量和勇敢的吐蕃人极为喜欢的消遣之乐。两位使臣一面观看，一面低语。

"……我们的球术完全能打赢他们。找几个人和他们赛一赛如何？"

名悉猎笑着，马上表示赞成。于是尚赞咄奏言："臣带着的一行人中也有爱好打球者，陛下能否让他们与宫中高手一比高低，切磋一下技艺？"

中宗、韦后等一听，兴致盎然地表示非常愿意再看一场唐蕃间的球赛。随后唐皇宫队和吐蕃使臣队，展开了激烈对决，数轮下来，蕃方连连进球。中宗见之，心中不是滋味：泱泱大唐，球技怎能如此窝囊，竟屈输于吐蕃人之手？他知道贵胄中也有打球高手，当即命令临淄王李隆基（即后来的唐玄宗，也称唐明皇）与嗣虢王李邕、驸马杨慎交、武延秀四人，跃马持杖上场，对抗吐蕃十人，局面稍许扭转，从白天到夜晚，胜负持久难分，最后以李隆基娴熟超群的球艺出击，"东西驱突，风回电激，所向无前"[①]，终于赢得了比赛。结果，双方各胜一场，以平局结束了这次友谊赛。

这场实力相当的竞技，简直是唐蕃实力竞争的具体写照，而画家学者的各种打探看起来倒更有生趣。画家阎立本据实画出《唐明皇夜打马球图》，就记录了

---

① 封演著，赵贞信校注：《唐宋史料笔记：封氏闻见记校注》，北京：中华书局，2005年版，第53页。

这一体育盛事。而在1972年陕西乾陵发掘的章怀太子李贤墓的墓道西壁上，同样发现了描绘完好的彩色马球比赛图，足见马球在内地尤其是皇室贵胄之间所受追捧的程度。

这段时日，中宗与金城都紧攥着最后几寸光阴，过着唯有身为皇家父女才知的温情日月，其中甘苦自知。两人都分外珍惜这最后可以相聚的时间，陪伴成了某种无须言明的仪式。

纸上的割舍

真正离别的日子,来了。

景龙四年(710年)正月,中宗下达制书:"圣人布化,用百姓为心;王者垂仁,以八荒无外。故能光宅遐迩,裁成品物。由是隆周理历,恢柔远之图;强汉乘时,建和亲之议。斯盖御宇长策,经邦茂范。朕受命上灵,克纂洪业,庶几前烈,永致和平。睠彼吐蕃,僻在西服,皇运之始,早申朝贡。太宗文武圣皇帝德侔覆载,情深亿兆,思偃兵甲,遂通姻好,数十年间,一方清净。自文成公主往化其国,因多变革,我之边隅,亟兴师旅,彼之藩落,颇闻彫弊。顷者赞普及祖母可敦、酋长等,屡披诚款,积有岁时,思托旧亲,请崇新好。金城公主,朕之少女,岂不钟念,但为人父母,志息黎元,若允乃诚祈,更敦和好,则边土宁晏,兵役服息。遂割深慈,为国大计,筑兹外馆,聿膺嘉礼,降彼吐蕃赞普,即以今月进发,朕亲自送于郊外。"①

阔阔数言,再次言明唐蕃间和亲缘由、意义,美好期望与不舍离情跃然纸上,同时亦对送亲事宜做了妥善安排。

即将成行,再多关乎告别的仪式恐怕都是不够的。

嗜爱诗文的中宗,于含元殿再宴请吐蕃特使。这一次的主要节目是吟诗联句。

群臣本是没有不陪之理的,但因知道中宗的喜好,在此场合总要大家即兴作诗,还要评头论足,分出优劣。有的大臣怯场,有的怕面子上难看,就纷纷托故

---

① 刘昫:《旧唐书·列传第一百九十六上(吐蕃上)》,北京:中华书局,1975年版,第5227页。

第二章 每一个韵脚都是别离

不来。名悉猎毕竟有过几次来唐经验,便将可能出现的情况,告知了比自己位高的大论尚赞咄。尚赞咄考虑到自身不善文才,怕有损吐蕃风范,便也未予出席。

总之,史上留下的这段故事,应该是高手的联会。

开宴后,中宗等酒过三巡,开始琢磨写诗之事。他想变个花样,终于思量妥了,就提议说:"今天,朕要与诸臣一起作'柏梁诗'联句。这是始于我国汉朝时的一种文雅游戏,十分有趣。众卿意下如何?"

诸臣一听,齐声附和。

中宗接着解释说:"参加者每人一句,且句句用韵,最后连成一首好诗。"接着,举杯朝向群臣,而后豪饮一口,说:"那大家一面饮酒,一面打腹稿。朕先开第一句:'大明御宇临万方'。"

"这一句正是圣主的气派,他人难以写出这般佳句。"

"不但气势好,而且寓意深刻。"

……

自古至今,奉承之辈总不在少数,有时也就忘了去计较其语词是真是伪,何况,历来帝皇听惯了逸言媚语,早已听如耳旁风。

下句轮到皇后韦氏来接。她步武则天之后尘,欲广置面首,不想却被中宗发现得太快,遭到训责。末了中宗宽念夫妻旧恩,其在流亡期间相伴有功,对之赦免。现下韦后只觉自己调子不能太高,于是接作"顾惭内政翊陶唐",其义自现,众人听了也不便议论。

而后,是中宗与韦后的两位嫡女——长女长宁公主(杨慎交即是其第一任夫君)与幼女安乐公主(驸马武延秀),圣历年间(698—700年)二人与太平公主等曾"给卫士,环第十步一区,持兵呵卫,僭肖宫省"[1],可说各有个性,因而也就将自己的经历或情绪藏在诗里了。

一句句接下来,笃定自己为皇位继承人的温王重茂、才人女官上官昭容……再往后,文人、著作郎等欣然献句,御史、将作大臣也不甘示弱,大家大抵均

---

[1] 欧阳修、宋祁:《新唐书·列传第八》,北京:中华书局,1975年版,第3650页。

"各怀鬼胎",以致气氛时而热闹时而紧张,中宗只得不时假以调节:"众臣仁者见仁,智者见智,不强求一律,还是各出自己的妙笔吧!"

名悉猎在一旁静静地观察着一切,他体味到但凡朝臣必有利益之争的现实——这与吐蕃的情状又有何异?他在这片繁华的土地上,见识了局中局的真实演绎,心中暗暗沉着地感慨。转而,他意识到这联诗的收句,应由自己来完成。众人的目光也都朝向他,像提醒,又似乎在过早地担忧,怕这位吐蕃人结不好尾,影响全诗。

中宗也想,柏梁诗连汉人写起来都不易,他族人就不用提了,便道:"下面不要难为吐蕃使者,谁自告奋勇,代写一笔就行。"

名悉猎一听这是替自己找台阶下,但自认多年学养的底子,还能胜任,就连忙恭敬回话:"皇上,臣愿意自己一试。"说毕,拿起笔来一挥而就,他写的是"玉醴由来献寿觞",意为献上美酒佳酿,祝福大唐皇帝平安长寿。

这虽称不上惊人之句,但出自蕃使之手,诗意有祝有颂,结得很妙,收束全诗联句倒也圆满。诸臣顿时发起讨论,赞叹声与喝彩声并重。中宗亦大喜:"好!看来是我多虑了。吐蕃人也完全能掌握汉人写诗的技巧啊!"

也正因此一句,他在《旧唐书》中得以千古留名:"颇晓书记,先曾迎金城公主至长安,当时朝廷皆称其才辩。"①

这场联句赋诗的盛会,就此在一片欢声颂语中结束。这首十四句诗也就成了佳话:

大明御宇临万方。——皇帝
顾惭内政翊陶唐。——皇后
鸾鸣凤舞向平阳。——长宁公主
秦楼鲁馆沐恩光。——安乐公主
无心为子辄求郎。——太平公主

---

① 刘昫:《旧唐书·列传第一百九十六上(吐蕃上)》,北京:中华书局,1975年版,第5231页。

>   雄才七步谢陈王。——温王重茂
>   当熊让辇愧前芳，——上官昭容
>   再司铨笔恩可忘。——吏部侍郎崔湜
>   文江学海思济航，——著作郎郑愔
>   万邦考绩臣所详。——考功员外郎武平一
>   著作不休出中肠，——著作郎阎朝隐
>   权豪屏迹肃严霜。——御史大夫窦从一
>   铸鼎开岳造明堂，——将作大臣宗晋卿
>   玉醴由来献寿觞。——吐蕃使者名悉猎①

大殿上其乐陶陶，酌酒言欢，庆贺无尽。那雷动的声响震颤着整座大明宫甚至长安城，可金城公主府的小女儿却再也掩不住积藏太久的悲愁，那制书无疑像"最后通牒"，警醒着她在长安的时光不多了。中宗的赏赐一直未断，这段时日也更频繁了……然而，她却无法如受封之初那样，错觉时日犹长，让自己心绪平定。

时光啊，请你慢些走，她只得使出浑身解数一遍遍这样祷念。

---

① 刘忠：《汉藏文化交流史话》，北京：社会科学文献出版社，2011年版，第33页。

必要而重要的事

中宗忙于与吐蕃使臣会谈和亲事宜，自然在这节骨眼儿上无从抽身，韦后几乎场场陪同出席。小金城任由自己的府门来人置赏，打点行囊，这一切活计，自不必她亲自动手，有时似乎感到那些宝箱与自己几无关联，但转瞬又止住这不当的想法，免得再徒增烦恼。

但小女儿的心思，终究被这整座皇宫的欢喜牵动着，她又安慰自己，这毕竟是件美事，人说花好月圆、鹊笑鸠舞，古籍中更是美誉佳话，绵绵长长。

日子当真是数着过的。一天，金城收到兄长承宏的信笺，说承蒙皇上赐宴，特受父亲之托，请妹妹明天回邠王府相聚，全家人要欢欢喜喜地为她饯行。

次日，当金城公主正想象着自己如何踏进家门，冲向父亲的怀抱，和姨娘、兄弟们亲热一刻，雀跃的心情仿佛是她前往哪个期许已久的新去处才有的样子。车驾不知不觉停下来了。

金城双脚刚一落地，就看到守礼身着金光闪闪的绸缎品服，已静等在门前。几位姨娘随后，也装扮起来，她们一直跟着守礼生活，苦熬岁月，已很苍老。守礼的翻身腾达，使她们也过上了舒心的日子——当然，金城的记忆中她们一直如此样貌，只是今时更显几分精神，薄施粉黛到底还是不同些，她又突然想起自己的曾祖母，那位传说到老都勤于呵护妆容之美的女皇……

"公主——"

父亲的一声称呼，让她怔过神来。姨娘们也都跟着，紧做要行礼的姿势。

"父亲和几位姨娘不必多礼，今天女儿就是回家，大家还叫我'奴奴'吧。"

守礼看着护送金城公主回来的小差，面不露色，欣慰而自豪地笑笑，也就舒心多了，好似是怕这不敬行为传到哪里去。这一天，也许是整个邠王府家味儿最重的一天了。团聚的温情勾连着每个人的沉默，食饮的豪华宣示着离歌的前奏，宴席坐久一点，好像整个邠王府都只剩下这对父女了——他们的确是这里最重要的主人。

两人就那么聊着话儿，金城这回也放开了陪父亲喝几杯，见他的杯子空了就尽快满上，小小的她不知如何表达儒典上的孝道，但这最后的一场尽兴无形中敦促和鼓舞着她这样去做。守礼笑着笑着，有时喝猛了会格外伤心一阵，但过会儿又恢复了常态，金城不知道，她从小就不知道，他的醉生梦死中到底含着怎样的苦？而当下，她只明白，他也是舍不得自己的。

有些问题，金城不是没有想过，甚至她的小脑袋转了不止一次。她借此机会问出了口。因为在宫中，小心翼翼是人尽皆会的本能，她不敢问，或者还因为找不到一个合适的对象。

好在，现在她到了宫外的家，而父亲也着实给了她一些回答。

"我的奴奴，之所以被选为和亲公主，是有两个原因：一个是吐蕃新即位的赞普，是先赞普和琛氏赞蒙所生，英俊无比，聪颖过人，从三岁时开始遍选吐蕃境土的女子，竟然没有一个中意的，所以才到大唐来选。使臣来了一拨又一拨，其间听说他们暗自也做了不少考察，总之认为只有女儿你可以配得上他们的新赞普。

"另一个原因是，圣上非常喜欢你，看重你的聪明和才气，虽然你还很小，但派你去吐蕃和亲，圣上是放心的。

"于是大唐将你许婚，也就皆大欢喜了。"

守礼说了个大概，其中关于吐蕃的不少消息都是这些年偶有所得，自然就谈不上时新了。不过这也倒好，金城听了至少都是顺遂如意之状，便也高兴地释疑了。酒还在接着喝，守礼趁着劲儿把一面宝镜交与女儿，嘱咐是母亲遗留的心爱之物，传说可以预知未来。

他的情绪开始不能自抑，该是要说些"女儿远嫁吐蕃是圣命所遣，自己只能祝福"之类的话，可声音变得豪气，令一屋子人都哭笑不得，而金城只是倚在父亲身旁，抱着那面宝镜，像看到了以后迢迢日月唯与之为伴的情景……

时间的确是越发紧张了起来。与邠王府的动人离情别愁截然不同的是，中宗遇上了选择送亲大使的难题。

他原本想在文官中挑选，便召侍中纪处讷说："金城公主远嫁吐蕃，行程万里。昔日文成公主出降逻些，先祖派了江夏王李道宗护送前往，他还主持了婚礼，责任何等重大。卿雅识蕃情，有安边之略，可为朕充吐蕃使也。"

吐蕃迎亲在即，朝中大事大概任谁都是掂量得出的。纪处讷自然有备而来，见中宗如此器重与信任，泰然回应："启奏皇上，任我以护送使的圣任，荣莫大焉！但臣实在不熟悉边境事务，故恐难胜任。"

"人言卿熟练边事，望接受此任务，为朕分忧。"

"此为外间误传。请圣上务释去所付之职务，另选良臣充任。"

这纪处讷是武三思的亲戚，很受韦后及太平公主的宠信，与中书令宗楚客共为朋党，被称为"宗纪"。他依仗有韦后做靠山，不愿出这趟苦差，一再推辞。[1]最后中宗只得松口："既然如此，朕当另选他人。"

思量之后，中宗传令中书侍郎赵彦昭觐见。

"文成公主出嫁是由江夏王护送入吐蕃，今金城公主再入高原，朕拟派你护送前往。如何？"

赵彦昭一听过去是王爵一级的护送，现若由自己出任，岂不也是品级升迁的好机会，马上表示接受。

没过几天，他越想越不乐观，生怕因外出而失了朝中权宠。

本家司农卿赵履温，听了赵彦昭为特使的任命，直言道："公国之宰辅，而为一介之使，不亦鄙乎？"[2]

赵彦昭忙问摆脱之计："请赐教，如何办？才可以推却之。"

"请兄静听音讯即好，包在我身上。"赵履温暗地托安乐公主，密奏留之，也成功拒辞了。

---

[1] 李鸿建：《和亲：那些远去的倩影》，北京：新华出版社，2014年版，第169页。
[2] 刘昫：《旧唐书·列传第一百九十六上（吐蕃上）》，北京：中华书局，1975年版，第5227页。

无奈之下，中宗只好转变策略方向，思及还是找武将为妥，武将有强烈的建功立业之心，一定愿意前往。果然，这"烫手山芋"，最后落到了左骁卫大将军杨矩身上，他也倒真的爽快："公主远嫁，事关国家大计，臣一介武将，以身报国为最大目标，愿护卫公主一路前往，不辱使命。"

中宗听后大悦，终于有了可托的大臣，立即命中书："速为朕书写敕文任命。"

万事无全。唐中宗可能自己当时根本没有想到，这一无奈之下的任命，却让唐蕃边境从此战乱不断，让这次和亲成果大打折扣……后世的声声叹息与连连烽火，当然无怪于时代苍穹之下的任何一个细枝末节，但素来因缘和合，酿造了诸般世相。

无论怎样，或欢呼或畅叹，金城到底上路了。

边陲小城的荣幸与哀愁

与七十年前文成公主和亲,江夏王李道宗护送入蕃相较,金城公主该是更幸运的吧,其故事也更彰显人情之暖。

唐中宗确实如他昭告天下的那般,亲自送金城出长安。彼时,皇家车驾浩浩荡荡,从大明宫北正门玄武门出发,穿过汹涌的人潮,路过繁华的街景,看百姓奔忙于蔬食日常,中宗心中不无感慨,小金城亦有所触动,想不到她第一次随皇帝出宫得以正式巡察民情,就是要告别这座城池。都说豆蔻之年,是人生风华正茂之起始,金城眼里见着这满城惊动,也体会了一种叫作众望所归、众目所视的期许。她小小的心儿不知道,远处的始平县,早已为她大兴土木,官邸行宫也已建成。

当天是正月二十七日。历史簿册上不经意的记载,让这一日不仅在金城的生命中默默刻下标记,也让整个唐王朝乃至后世共享了此间的荣耀。同时,"始平县"的名字也就注定成为漫漫时间长河中,探寻历史真相的焦点。

《元和郡县图志》记载,兴平县,本汉平陵县,属右扶风。魏文帝改为始平。晋武改置始平郡,领槐里县,历晋至西魏数有移易。……金城公主出降吐蕃,中宗送至此县,改始平县为金城县。至德二年(757年)改名兴平。始平原,在县北十二里,东西五十里,南北八里,东入咸阳界,西入武功界。①

《太平寰宇记》也详细载道,因原以建名……后魏永安元年(528年)移于

---

① 李吉甫:《元和郡县图志》,北京:中华书局,1983年版,第25页。

今县东北一十五里，恭帝元年（554年）又移于县东北二十五里，大象二年（580年）复移于今县东南一十五里文学城。隋大业九年（613年）自文学城移于今所。唐景龙四年（710年），车驾送金城公主至县，因改为金城县，置于马嵬故城，即姚苌时扶风王驸以数千人保马嵬故城，是此处也。至德二年（757年），复为兴平县，寻又复为金城，今改为兴平。①

由上述资料可知，唐始平县即今陕西省兴平市，在咸阳西，为入陇往蜀的要道。敦煌遗书中尚有唐高宗时期残卷《始平县图经》，是学者们研究唐代方志学和地方史的重要文献资料，虽片言只语，但弥足珍贵。②

在这里，金城公主的乡愁不近不远地散漫着，任车帘外乐队轮番演奏欢庆的弦曲，悠扬的调子不断溜入耳朵，洋洋喜气，不绝于声。车驾一行悠悠晃晃，进到始平就停了下来。中宗临幸于此，"设帐殿于百顷泊侧，引王公宰相及吐蕃使入宴"。③胡笳鼓乐，声震寰野，旌旗翻飞，仪仗林立，场面隆盛至极。一时间，飞觞醉月，宾主欢洽，金城也跟着收起离绪，心中漾开丝丝惬意。

大约过了一个时辰，觥筹交错已罢，中宗召吐蕃使臣进前会话。他告诉尚赞咄，金城公主是自己的掌上明珠，自幼没有受到任何委屈，记得八岁那年因为宫女不小心打破了她心爱的梳妆镜，这位宫女就被杖责二十，逐出宫门。如今公主远嫁吐蕃，假使受到什么委屈，也没有人在身边为她撑腰了。他还以威胁的语气告诫尚赞咄和名悉猎，公主尚且年幼，实在是不忍心将爱女远嫁他乡，但为了唐蕃两地的和平友好只能忍痛割爱，希望吐蕃赞普一定要好好对待公主④……说着说着，悲涕唏嘘，久久不能自抑，同行的王臣也难掩伤感。他继而命令侍从准备笔墨纸砚，群臣闻之，便知皇上又要让大家赋诗饯别了。

---

①乐史撰，王文楚等点校：《太平寰宇记》，北京：中华书局，2007年版，第577页。
②李并成：《唐〈始平县图经〉残卷（S.6014）研究》，载于《敦煌研究》，2005年第5期，第53页。
③刘昫：《旧唐书·列传第一百九十六上（吐蕃上）》，北京：中华书局，1975年版，第5227页。
④王东、张耀：《冲出高原：吐蕃王朝传奇》，北京：中国国际广播出版社，2012年版，第117页。

中宗先致开场白："金城公主远嫁吐蕃赞普，是大唐和吐蕃两地的盛事，从此亲上加亲，和好一家。此等大喜之事，朕在制书中详述其要，相信诸臣已经读过了。现在，众卿有何感想和评说，都可以谈，可以议，这是要让金城公主带走的，带在身边……"

言至于此，中宗望了望在席的大臣，接着说："今乃良辰吉日，加之如此大事，更不可无文。下面诸位爱卿就一面饮酒听乐，一面抒发诗词之雅兴，若写得好，朕有嘉奖。"

此情此景令在场的文人纷纷挥毫泼墨，受命赋诗以颂盛况，因而后人得以在《唐诗纪事》或《全唐诗》中见识咏金城公主和亲的应制诗共保存十首有余，都直接以"奉和送金城公主适西蕃（应制）"为题。而奉旨赋诗的既有政坛要人，如张说、苏颋、崔湜、李峤等，又有沈佺期、徐彦伯、刘宪等备受器重的文学侍臣，他们分别从不同视角，以不同情感基调抒写了金城公主和蕃这一盛事，可以说是精彩至极。

其一
苏颋（字廷硕，京兆武功即今陕西武功人）
帝女出天津，和戎转属轮；
川经断肠望，地与析支邻。
奏曲风嘶马，衔悲月伴人；
旋知偃兵革，长是汉家亲。

其二
刘宪（字元度，宋州即今河南商丘人）
外馆逾河右，行营指路岐；
和亲悲远嫁，忍爱泣将离。
旌旆羌风引，轩车汉月随；
那堪马上曲，时向管中吹。

其三
徐洪（字彦伯，兖州即今山东兖州人）
　　凤宸怜箫曲，鸾闺念掌珍；
　　羌庭遥筑馆，庙策重和亲。
　　星转银河夕，花移玉树春；
　　圣心悽送远，留跸望征尘。

其四
张说（字道济，洛阳即今河南洛阳人）
　　青海和亲日，潢星出降时；
　　戎王子婿宠，汉国舅家慈。
　　春野开离宴，云天起别词；
　　空弹马上曲，讵减凤楼思。

其五
李峤（字巨山，赵州赞皇即今河北赞皇县人）
　　汉帝抚戎臣，丝言命锦轮；
　　还将弄机女，远嫁织皮人。
　　曲怨关山月，妆消道路尘；
　　所嗟秾李树，空对小榆春。

其六
郑愔（字文靖，河北沧县即今沧州人）
　　下嫁戎庭远，和亲汉礼优；
　　笳声出虏塞，箫曲背秦楼。
　　贵主悲黄鹤，征人怨紫骝；
　　皇情眷亿兆，割念俯怀柔。

其七

崔湜（字澄澜，定州安喜即今河北定州人）

怀戎前策备，降女旧因修；

箫鼓辞家怨，旌旃出塞愁。

尚孩中念切，方远御慈留；

顾乏谋臣用，仍劳圣主忧。

其八

沈佺期（字云卿，相州内黄即今河南安阳内黄人）

金榜扶丹掖，银河属紫阍；

那堪将凤女，还以嫁乌孙。

玉就歌中怨，珠辞掌上恩；

西戎非我匹，明主至公存。①

……

华美的辞藻中，是送亲队伍的威武雄壮，是亲人离别的浓墨重彩，是远嫁他乡的眷恋哀怨，还是情系社稷的怀柔安边，是恢宏盛世的自豪慷慨。

末了，徐坚（字元固，长城即今浙江湖州长兴人）、阎朝隐（字友倩，赵州栾城即今河北赵县人）再和两首：

星汉下天孙，车服降殊蕃；

匣中词易切，马上曲虚繁。

关塞移朱帐，风尘暗锦轩；

箫声去日远，万里望河源。

---

① 黄次书：《文成公主与金城公主》，北京：中华书局，1947年版，第23页。

> 甥舅重亲地，君臣厚义乡；
> 还将贵公主，嫁与梅檀王。
> 卤簿山河暗，琵琶道路长；
> 回瞻父母国，日出在东方。

字字句句，洋洋洒洒，仿佛让人置身于凄凉哀婉的长亭外、古道边，离别的愁绪直涌心头，回忆着时光罅隙之中文成公主嫁给松赞干布的盛景，延续着唐蕃间万古垂青的舅甥情谊。

这一程的欢笑与荣宠、哀怨与别情，让一座边陲小城沾了光，更名金城县（当时金城即今兰州，距吐蕃境甚近，故以始平拟之）以后，改其乡为凤池乡，改其里为怆别里，并大赦该地所有罪囚，诏免其一年兵役与赋税。[①]

皇室的敕令既作送别金城公主之纪念，也为了给她积德修福，永葆大唐鸿运。

[①]索南坚赞著，刘立千译注：《西藏王统记》，拉萨：西藏人民出版社，1985年版，第117页。

一泓暖泉慰风尘

仪式一行再行,恩赐一赏再赏。

多年以后,当金城公主闻得在她少时行往吐蕃之际,故土的关中平原正值饥馑,斗米涨值到百钱,即便调运山东、江、淮诸地的食谷补给京城百姓,仍是民不聊生,牛死者十之八九。于是她想,若能重来一遍,自己宁愿再多停留几时,多出几个"金城县"来,以解天下黎民之苦忧,如此也能有更多时间陪伴父皇。

但千里之行,终须一别。"公主泫然涕泣,挥泪而作叩禀,帝父则以爱怜温语慰之"[①]未尝不是人间真情流露,在这离别的一刻,中宗与金城父女是真情还是假意也都无关紧要了。

金城公主西行之路与文成公主的路线基本相同,但略有区别。从长安出发,于始平饯别,经今兰州到西宁——文成公主未经兰州,取道河州。由鄯城(即青海西宁)经石堡城(今湟源日月乡石城山)至赤岭。往西进入吐蕃地区。再经尉迟川(倒淌河)、王孝杰米栅(今青海共和东巴乡东北台地)至莫离驿……[②]

车行迢途向前,有时在山峦起伏中悠行,有时在草原平野上飞奔。远游少女满载的忧愁很快就被赏心悦目的高原、山川、碧海、蓝天等美景所替代,她感到应接不暇,一个全新的世界在她眼中出现,她恍然明白,或许这正是自己期盼已久的生活。想到此处,她的精神随之一振。这一行,她终于可以自己做主:"进

[①] 戴金波:《送金城公主入蕃和亲应制诗略论》,载于《名作欣赏》,2012年第10期,第135页。

[②] 刘忠:《汉藏文化交流史话》,北京:社会科学文献出版社,2011年版,第35页。

入吐蕃腹地,每停一站,都要告诉我,文成祖姑母的事迹或传说也要通通道来。我要仔细观看、用心倾听,我要沿着她老人家的足迹前进。"

和蕃使杨矩将军问:"莫离驿是当年文成公主离开吐谷浑后的第一座驿站。公主是否下去一观?"

"去看,去看!这是第一站,怎能不看?"小身子轻巧一跃,跳下马车。

她看到这里有三四间房屋,空荡荡的院落中间一个大土灶稍显孤寂地堆立着,上面烧火的锅子还在隐隐发出声响,脚边堆放着树枝、草堆、牛粪,应有尽有,看来有一户人家在此居住。杨矩主动上前打听并向金城公主禀告说:"这家主人的父辈曾是驿长,几十年过去,这座驿站无人看守,他家就住在这里义务看管。"

金城公主边应着边示意送些银子给他们贴补生活,也好做修缮事宜。主家在门外就地叩头谢恩,感戴不已。

车继续往前行,又经公主佛堂(今兴海大河坝以北)、大非川(今青海湖南切吉草原),至那录驿(原为吐谷浑南界)。金城认真地欣赏着窗外风景,看视线里河原变幻,阴晴异色,这时,刚经过了一个温泉山口便雷电齐鸣,风雪交加。她抬头望去,天空上一片白雾缭绕,犹如空中仙境,十分梦幻。

"这是哪儿?"

她不自觉地呢喃出声。恰好迎婚使者名悉猎骑马在侧旁,立即答道:"回公主,所在之处是暖泉驿,实际上驿站已毁。这里有很多热水泉,为神所赐,它给来往行人增添情趣,沐浴活血,增加热量。"

金城公主十分喜爱这个地方,传令于此地休息。

"如此美好的温泉,是上天送给过往路人的礼物,应该在四周盖它几间房,以供人们歇脚时享受沐浴之乐。"

就这样,遵照公主的意思,随行的石瓦工匠们立即埋头苦干,用山上的石料,沿泉源分布,垒造起了齐整而结实的房屋,供公主、将臣及随从人等休息。她吩咐在最大的泉眼处,修建一所既大又格外别致的石房。就是在一泉眼上的石房里,金城率先体验了一把温泉泡浴,活水突突地涌起热流,白色液体像被磨砂了一样因积聚而看似粗糙,实则水质再纤柔不过,她舒服极了。自此人们称之为公主浴室。

逗留几日后，心情颇为愉悦的金城公主命令："恢复这一驿站，这几座房屋和浴室，就提供给唐蕃间来往的行人使用。"唐蕃古道上的暖泉驿就建在这里。

施与银两、恢复驿站，小小的金城公主尽力地践行着大唐公主的使命，或许她的处事手段还不够老练，没关系，她只是努力地效仿着她的姑祖母——文成公主。

她始终记得，她是大唐的女儿。纵然豪掷千钱，一个自幼在宫苑中饱读诗书的孩子又能做出怎样的不测之事？于此想来，中宗的确是放心的。

车队再度启程，经列谟海（苦海）至众龙驿（今青海巴颜喀喇山南麓紫山），又渡西月河（今扎曲河），至多弥（役属吐蕃，苏毗之东界①）西界。经犁牛河（金沙江上游通天河）、过藤桥至列驿（今玉树结隆）。再经食堂、吐蕃村、截支桥（在结隆南野鸡海，又称羊吉措）、截支川（青海子曲流域之给沙扁地）至婆驿（子曲上游的野云松多）。渡大月河（澜沧江上游杂曲）、罗桥至悉诺罗驿（今青海杂多县西扎曲与当曲之间）。又经乞量宁水（今当曲河②）桥至鹘莽驿③，此即当拉山（唐古拉山）口……

人生初尘，好似就要把一辈子的山川河海都看尽，雀跃的心情跟不上视野所及，车队的庞大比不上苍穹的包容，她就这样离大唐越来越远。

这一路上，金城没有留下更多的故事或传说。或许这才值得庆幸，彻底的沉默意味着她踏上了一段尚且安好的旅途吧。

冥冥中，她和文成公主不一样，她有自己的人生路要走。

---

① 欧阳修、宋祁：《新唐书·列传第一百四十六下（西域下）》，北京：中华书局，1975年版，第6257页。
② 周伟洲、丁景泰：《丝绸之路大辞典》，西安：陕西人民出版社，2006年版，第9-10页。
③ 欧阳修、宋祁：《新唐书·志第三十（地理四）》，北京：中华书局，1975年版，第1041-1042页。

遇见文成公主

如果说一路风景变换得太快，是对少女略带残酷的赏赐，她不得不被动地接纳随时汹涌而来的陌生，值得庆幸的是，人类的猎奇心理与对自然的崇拜，支撑着少女一路顺利走过，而途经贝纳沟，遇见历史隧道中的文成祖姑母就是她一路走来最大的惊喜。那是亲人的温度，仿若专程拜访，特意靠近，倾心倾身。

她有些后知后觉，直到被千山万水支离了细胞，撞碎了魂魄，才在某一刻蓦地领悟到那一场隔空的会面，对她意味着什么：孤旅毕竟是寂寞的，她需要先辈的慰藉。

贝纳沟，位于青海玉树藏族自治州首府——结古镇东南二十余公里，东起通天河右岸，西至巴塘草原边缘，是一个峡谷地带。两边的山脉不见边际，置身其中的探寻者，在这里自觉归于沉默，尽管山上松柏如画、山下小河如诗，头顶还晴空湛蓝，但眼前的路，似乎因即将接近目标而显得分外迷人。

经过一座水库，往前走，出现了一个岔路口，继续转向左行，进入一个山口，身前的景致仿佛开启了另一方天地。上千条经幡由地及天，横亘于山野，巍峨高大的气势，因这信仰的静寂标志，蒙上了一层世外仙境的神秘，使人不由得产生一丝亲和的惬意。绕过一个S形山口往里走，便依次见到山脚下一排八个如意小塔，塔下一条小溪，淙淙流过，无不舒怡，无不美好。

文成公主的佛堂就在贝纳沟中。整个佛堂依山壁而建，坐北朝南，从正面看去，它是掩映在苍松翠柏间的一座三重檐金顶褐红色建筑，风景幽静，金光闪闪的屋顶光芒四射。外表看似共分三层，内部实为一堂，底层是双开的大门，第二层是巨大的双扇藏式窗户，第三层又开一排六扇藏式窗户。①常人看了或许觉得过于朴素，但金城在心下默默确证，这应该正是她的风格，简单明了。

她想象着祖姑母在这里打坐调息，亦在这里参佛悟道。

她仿佛能听见那檐壁中传达的字字真言：

我们总是试着要有所不同，渴望新的存在模式，的确无法长久维持在某个状态里。每个"行"都会引来下一个"行"，每个状态都只是另一个状态的前奏。因此，生命里没有什么是恒常不变的。人应该被视为历程，而不是不变的实体。②

她继而再一遍遍细细观察着这修身养性之佛堂，这令人安心的家园，似乎能让每个到这里的访客都能受到福祉的护佑。

金城数度听闻文成祖姑母弘传佛教，至此却是第一次识见，感受果然非同凡响。世人猜想，或许佛祖释迦牟尼正是在这里点化，由文成公主传扬给金城公主，一脉相承的信仰加上少小萌生的灵性，不难成为智慧的根器，以延续善法事业。这地方俨然成了她的课堂，她开始聆听佛家的教谕：每个人都必须亲证佛祖的法才能达到证悟。于是，文成公主佛堂的内置布局立即为她所铭记与瞻拜：以建筑、岩壁浮雕佛像及岩刻汉藏经文构成整体。

抬头观望，一尊大日如来彩色塑像，坐在主供莲花宝座上，座下两只雪狮承托，狮头向外。它头戴朝冠，两耳配有垂至两腮的金环，双手自然交叉，垂放腹前，双腿盘坐，佛面五官端正，清秀有致，双目正视，显得神态端庄稳重，性格娴静慈祥。③佛像两侧分上下两层各侍立四尊菩萨，皆站在小莲座上，即普贤、文殊、金刚手、除盖障、虚空藏、观世音、弥勒、地藏菩萨，俗称八大随佛弟子。他们手持花、瓶、钵、剑等物，姿态各异，栩栩如生。值得称道的是人物着装具有汉藏结合的特点。

整组浮雕佛像依山就势，安排巧妙，结构精巧，人物造型大方，体态丰满，

---

① 马兰：《文成公主庙略述》，载于《古建园林技术》，1996年第3期，第51页。
② （英）凯伦·阿姆斯特朗著，贤祥译：《佛陀》，北京：生活·读书·新知三联书店，2014年版，第117页。
③ 程舟：《文成公主庙：藏汉友好的历史见证》，载于2010年3月2日《中国民族报》，第7页。

第二章 每一个韵脚都是别离

形神兼备，唐朝元素显现淋漓，立体感极强。加之，堂内光线暗淡，香烟袅袅，猛看上去，给人一种飘然欲落之感。

在佛堂东侧的峭壁上，刻有藏、汉文字的四块石壁，由于长年风雨侵蚀，大部分字迹已漫漶不清，但专业人士还是将真相琢磨出来，呈现给世人以近乎明朗的答案。藏文刻字可能是古梵文，汉文部分则是佛经用语，如浮雕左边崖壁上，文刻了吞弥·桑布扎书写的藏文"尕洽"（即说明）十八行；右边刻有藏文佛经十二行和汉文楷书《般若波罗密多心经》十六行——据说可以推算出时间乃贞观十五年（641年），确信是文成公主当年的遗迹。另外，庙的西侧约一百米处，小溪两边对称两块高十三米的石壁上，刻有宝塔的轮廓线条和古藏经文三十四行，其内容大致是修身养性、行善积德之意。[①]

据《西藏王臣记》载，文成公主在和亲途中雕刻有佛像经文一百零八处，其中最大的在贝纳沟和巴勒沟，也就是玉树县巴塘乡。[②]

蔚为壮观，不言而喻，金城公主沐浴在佛光与先辈的呵护下，心头一紧，眉宇蹙起，倏忽感到降临于己的责任，或者在这一刻是完成了一个仪式。她初入身这静地，便别去了一切陪同，哪怕是较自己对此更熟悉的两位吐蕃使臣——她决心与文成公主来一场单独的约会。

佛堂观礼后，金城豁然开朗，为使文成祖姑母之千秋功德不被风雨剥蚀，她令侍从工匠和当地匠人一道建造了佛殿加以保护，并赐名"文成公主庙"。

往事历历在目，清晰如昨。在当地人口中，文成公主的故事似乎更加鲜活。佛教讲究三佛天，即佛像（身）、经文（语）、佛塔（意）。文成公主一行雕刻了佛像，在佛像后面的山石上又錾刻了经文，还应该修筑一座佛塔才算工程完整。据说她在此地只住了一个月，想到建塔已来不及，便雕刻了一个佛塔图形——自然与现今的造型有所不同。[③]

而她一离开，玉树境内的僧侣和善男信女纷纷前来观看、膜拜，很多人还仿

[①] 马兰：《文成公主庙略述》，载于《古建园林技术》，1996年第3期，第51页。
[②] 霍福：《唐蕃古道上的文成公主庙》，载于《文史知识》，2006年第2期，第121页。
[③] 霍福：《结古镇文成公主庙》，载于《西藏民俗》，2003年第4期，第61页。

照公主的做法，在岩崖上凿刻佛像和经文，久而久之，贝纳沟的大部分岩石都被人们虔诚的手迹覆盖。

后来，人们传说，由于文成公主的神奇造化和无上功德，贝纳沟所有岩崖峭壁和大小石头上都奇迹般地出现了释迦牟尼的如意化身和显映过各种佛像、经文，良善的民众也承续了公主对佛陀的审慎，保以虔敬，所以一直不敢轻易动用这里的石头。

嗒嗒的马蹄声叩响了继续向吐蕃进发的节拍，百姓的传颂敦促着金城对那片行将抵及的境土充盈起坚韧的希望，她开始清醒地意识到，那是自己日后终老的地方。她依然想循着文成公主的斑斑印迹，不仅是弘法，而且也能帮助沿途各地藏族人民学会驾牛开荒、耕耘播种，学会垒石砌墙、伐木盖房，学会纺纱织毯、唱歌跳舞等——七十年前高原人民认定了文成公主是天界的菩萨娘娘，是上天派来的"佛"，七十年后，她怎能落后，怎能不继往开来？

正所谓，人间无处不道场，世事处处皆佛事。在金城公主身上，也许命运带给她的成长，正借着这契机，勇敢壮大起来。毕竟她的远嫁，肩负的是一个国家的重任。

踏着新路去逻些

据说，从长安到吐蕃，文成公主跋涉三年的路程，金城公主一行走了七个月就完成了。这一方面自然是文成公主和亲后唐蕃往来频繁所致，而另一方面，诚情挚意的吐蕃境土，在赤玛伦的主政下，的确充满了谦恭之心，早早做足了准备。

"首先要设立侦察队伍，了解沿途的匪情和动向，做到心中有数，可控可扼，此由贡论负责。另外，要整修驿道驿站，由曩论主事，命令各地出民工、派劳力去沿途修路，务使路面平整，公主车辇人马行走安全；驿站房舍也得修缮整齐，粉刷一新。"

实然，这是吐蕃赞普祖母与择定赴唐迎亲使同期所下的指令，至此一年有余，该是修成正道、派上用场的时候了。当拉山口，确为遥望喜马拉雅群峰的好视角，这里云天绵连，雪山与大地亲密地结成屏障，随处可见的湖泊则沿周紧抓着湿地，自身却与蓝白瑰丽的天景缠绵。站在山头或原野远望，群峦错落有致，无序而个性迥异，以至于人无论居于何处，都是渺小且微茫的一粒，并甘愿对此献以无上敬畏。

当金城公主沉浸在这迷醉的高阔中时，尚赞咄和名悉猎两位特使，已和杨矩将军打好招呼，快马加鞭率先走到公主前面。他们要打头站，一是从安全保卫上考虑，二是落实检查各地对贵宾的迎候工作。

果然自当拉山口地界内，焕然一新，驿站不仅屋舍齐整了不少，人事配置完备，而且于悉结落岭（今察仓山）[①]凿石以通车，开了一条新路，正是对金城公

[①] 次旦扎西、阴海燕：《吐蕃十赞普》，拉萨：西藏人民出版社，2012年版，第101页。

主特有的仪礼——后来唐臣刘元鼎进藏会盟,过此地时,还不无感慨地说:"逆金城公主道也。"①——二人一路仔细巡察,和前来接应的尚钦藏一起往宫中行去,风尘仆仆数月,不仅要复命,里里外外一切动静也得了若指掌才行。

"听说公主行到当拉岭了……"

这一消息几乎第一时间传遍了吐蕃。赤玛伦当即召众臣在中央大帐垫坐议事。

"从一路的情况来看,越接近本土,越要加强安全保卫。依目前情况看,大论乞立徐,你要立即出发去见迎亲队伍,慰问公主一行。另督责安全事要,按'里三层,外三层'的标准,进行部署。"

乞立徐不懂,便直言请教:"敬问什么是'里三层,外三层'?"

赤玛伦解释道:"里三层指的是公主身边的女侍、护卫,还有唐的仪仗兵;外三层是吐蕃的禁卫队、本土士兵和军事部落。这样就可以万无一失。"又盼咐小论尚钦藏说:"必要时沿线可增派兵力,以防不测。"

尚钦藏应道:"保证前方兵力足够应战。"赤玛伦料定这时的武将力量比较安稳,他们只是出于建功立业之心,跃跃欲试罢了,便不再多言。

赞普在旁补充说:"公主的安全是万事之首。"

《敦煌藏文吐蕃史文献译注》记载,祖母驻于"准",于尺帕塘召集议事会,摊派赞蒙公主来蕃之用品。②史籍里简单的一句,吐蕃方面实则忙作一团——他们多年的愿望终于要实现了。

乞立徐奉命先行看望金城公主及迎亲队伍,途中正与尚赞咄、尚钦藏及名悉猎汇合,也就四人同行,加带若干亲信,一起前往公主的营帐。

不得不说,对于金城公主的入蕃,这个淳朴的民族显示了他们最大的敬意。几位大论同时迎接,真是难得的盛况。

晋见公主时,和蕃使杨矩亦在场,同金城公主一道接见了大论。双方行礼如仪,落座、献茶。

---

① 何耀华:《论金城公主入藏》,载于《云南社会科学》,1998年第4期,第51页。
② 黄布凡、马德:《敦煌藏文吐蕃史文献译注》,兰州:甘肃教育出版社,2000年版,第47页。

第二章　每一个韵脚都是别离

乞立徐说:"臣奉祖母、赞普之命,前来迎接并慰问公主,祈望玉体安适。"

金城公主回礼:"感谢祖母等的关怀,金城一切尚好。"

短暂的停留以后,公主大部队一行离开了这地势广阔、群峰林立之地——不难猜测,旧时厮杀拼搏、双双交战,此地确是十分适合的。车队秩序井然地往前赶路,人迹开始多了起来,引人注目,各色的藏袍犹如流动的旌旗,成了异域同胞最频见的讯号与标识,再走半天里程,前方一排排建筑讲究的汉式房屋涌入眼帘。

"禀公主,鹘莽驿到了,这是文成公主入蕃后,在千里之外特设迎接唐使的一站……"不及杨矩说完,金城公主已做掀帘状:"去看,去看!这是重要的一站!"

她下车立身,先听到打石的铿锵声,再看到一队队的民工筑路砌桥,忙碌而愉快。他们持着心念开山劈岭,因与自然的灵魂勾连而奋身投入,只为了喜迎来自大唐的公主。

人群聚集在道路两旁,翘首张望,多时的等待终是随着车队的来到而获得满足,并激起热情。欢呼与歌舞,自觉响起。

"欢迎金城公主远嫁吐蕃!"

"恭贺金城公主与我吐蕃赞普联姻!"

"唐蕃和好万岁!"

"蕃汉永为亲戚!"

许多远处的工人们一听呼喊声,也都停下活儿,加入到队伍里。金城公主第一次见识到这般热闹的人群,自小清净冷寂的宫苑境况显然与当前人山人海、水泄不通的热潮完全是两种氛围,她虽不善应对,却本能地愿意接受他们朴素的情意。杨矩将军尾随公主缓缓走入人群,他是穿惯了战甲的人,面对百姓也只冷冷地行使好自己的职责,倒是金城新奇得多,踏在崭新的石路上,望着人群越来越密,好像一下子跌入了疑似长安城里的景象。

沿路再启程,至野马驿(今西藏白雄),经吐蕃垦田,至閤川驿(今西藏黑河,又名那曲)。最后到突录济驿(今西藏桑曲桥北),南行经旁多、列乌增,逻些就到了。

一路风尘，一路车辙，进到吐蕃境内，驿站设置得更加频繁。当乞立徐、尚赞咄等人的热心介绍和众多百姓的昂扬呼声围堵在金城公主的耳畔、周身时，她觉察到一种前所未有的亲昵。迢迢征途行将收尾，远方的长安是否繁华如旧？

第三章
人生无定数，回首已天涯

故事还未发生就结束了
你还未等到我就离开了
前无通路，后无归途
人生，变成一场尴尬的荒唐
却一定要在荒唐中开出花朵

王子等不及

关于金城公主的爱情，史书中将更多的笔墨放在了一位叫姜察拉文的王子身上。大抵窈窕的大唐公主和英俊的吐蕃王子，本就该是美妙故事的主角。

姜察拉文王子，相貌如天神，鼻梁隆正，前额宽阔，甚为俊朗。他出生不凡，是吐蕃赞普家族血脉，见过他的人皆称赞说："此真乃吐蕃之赞普也！"如祥瑞般的降世让深谙吉兆的众臣颇感欢喜，又言："此子非人，而系天神之孙。"[①]他始终令吐蕃赞普家族引以为傲，为此，他的婚姻大事也引人注目，有大臣提议说："如为姜察拉文王子迎娶相宜之妃，吐蕃人乃系猴与岩魔女之后裔；以此种后裔为妃怕是不妥。应循先祖松赞干布之法，迎娶中原公主。"

在吐蕃赞普世系表中，松赞干布的确是一位雄鹰般的人物，他十三岁即位，豪气勃发，平定内乱、收服象雄，统一吐蕃，不仅开疆扩土，攻占唐境和吐谷浑，兵临恒河岸边，而且开与异域联姻之先河，同中土大唐和泥婆罗的两位公主喜结连理，还引进佛教，创制藏文，制定律法……操办了许许多多惊天动地的大事情，正可谓文治武功样样显赫，诚为藏族史上划时代的、不啻为创世纪的一代英主。[②]

所以，往后每一代的赞普、王子乃至臣众，都尊崇他的功德，视之为信仰。这期间，诸臣的谈议自是纷纷仿效着，转向了文明开放、举世昌荣的唐王朝，不

[①] 巴卧·祖拉陈哇著，黄颢译注：《〈贤者喜宴〉摘译（四）》，载于《西藏民族学院学报》，1981年第3期，第17页。

[②] 马丽华：《风化成典·西藏文史故事十五讲》，北京：中国藏学出版社，2009年版，第61页。

多久便一致议定迎娶唐中宗之公主，即金城公主为吐蕃赞普的另一位妃子。

原来她的地位早已拟定。在广袤的高原上空飘扬着的传说中，她是那备受想望和瞩目的女主人，苍穹粘连着沃土，雪山支举着云天，浩渺茫茫皆为了等待她的到来。她是朴实的藏族人民口中长久保存的秘密，她亦是那充盈美好和智慧的女神，听说她是文成公主的亲后辈，人们便不惜将一切美意和赞誉，通通都加诸于她，而后欢天喜地静候她的到来。

彼时，喷薄而出的热情，像漫山遍野的格桑花一样，绽放得绚烂。很快，吐蕃赞普家族派尼雅墀桑阳顿及随员等三十人为使臣，赴唐而去。① "箱箧"是对唐朝皇帝尊贵的献礼，关于它的神秘，世人无从获取一丝信息，甚至不知其究竟为何物，但这依然不妨碍广受"万物为灵"教养与熏陶的吐蕃臣民生出虔敬之心，而唐皇的准允进一步提升了它确定无误的神圣性。

婚事进行得很顺利，中宗向金城公主嘱咐了些处世之道及为人为妻的话，这是长辈的谆谆教诲，也是亲人间郑重的辞别。她拿出宝镜，忍不住对着母亲遗物投注了诸多愿景，想借此化解自己对未来的忐忑不安。

她照见了与吐蕃的姻缘，确证了这份天赐之良缘；她又预见了王子姜察拉文的样貌，状若天神之子，与来唐使臣所言恰为吻合，中意至极，从而决定前往吐蕃。

其中传说的玄妙色彩自然兼有，不过如若据此来说，金城公主的婚姻，虽由中宗降旨，唐臣合议决定，但她也通过宝镜做了鉴定，说明她心里也是极为满意，因而十分圆满。

可世事怎会完美无缺，悲情就此埋下伏笔。

当金城公主满怀憧憬与期待向吐蕃行去之时，为爱情雀跃不休的王子已经等不及，像所有疯狂而多情的恋爱中人一样，准备好了去一饮这甘露般的甜酒。他早早地启程出发，亲自迎接将至的眷侣；他痴痴地守候，在心中勾勒出一幅幅丰美的蓝图；他期许与她相向而立、并肩携手，甘愿接受她的全部。在他胸中，

---

① 巴卧·祖拉陈哇著，黄颢译注：《〈贤者喜宴〉摘译（四）》，载于《西藏民族学院学报》，1981年第3期，第18页。

千万种想象鲜活着奔腾，如他身下的马蹄，疾疾向她赶来……

一个刹那，猝不及防，王子却先逝而亡。

故事流传得越长久，内容就越精悍，不免略去了细节，徒留模糊的轮廓。人们醉心于缠绵的爱情故事，而宽容地忽略了其逻辑的漏洞。金城不知道，她的人生因一位王子而多生曲折，同时亦因他而变得丰富，这场命中注定的西行，如一叶扁舟，载着她顺流随往，往后不复不返。

未曾开始的爱情，因之太美而过早凋谢，她的愿景该将如何达成？

爱之哀曲，情之歌吟

目击众神死亡的草原上野花一片
远在远方的风比远方更远
我的琴声呜咽，我的泪水全无
我把远方的远归还草原①

诗人的才情，在时空的无边无际中，因思索而怅然。恋人的遐思，在车辙的徐徐驶来款款靠近中，因盼望而热切。许是心中千万重的念想，一再踊跃，或仓皇或不安，传说金城公主行至汉藏交界时，心中骤然剧痛，旋即观看宝镜以慰焦虑。

她是信赖它的，且一旦离开长安，它更是她不可多得的宝贝。

她几近急迫地取镜而视，想要在无助中得到抚慰。怎知，镜中全无那俊朗王子，而是一个长满胡须的老翁——"王子已变为丑夫"……

遇此情状，恐怕任谁都会大跌眼镜，讶异与惊慌并存，无所适从。这一刻，金城公主感到自己的血液似乎停滞了，她不由得更加惶然无措。

适时，吐蕃遣使来报，说姜察拉文王子猝然而逝。

原来，在迎接金城公主的路上，王子中箭身亡。在她情绪稍许平静后，才听到具体解释：王子赶赴而来的途中，于夜间遛马，至旁塘格热，被咒师施放毒箭，暗杀而亡，但也有传言是王子驰马之时，坠落而逝。事情的真相已无从考

---

①海子：《海子诗全集》，北京：作家出版社，2009年版，第205页。

证，如果说过分偶然的劫数不易取信于人，那么纷纭的史实探究的确还存在了另一场阴谋之论——因未选尼雅墀桑扬顿之女为妃，故暴怒而刺死王子。①

《西藏王臣记》上将尼雅墀桑扬顿写作聂氏，即聂·赤桑羊敦（应为同一人，藏译汉的不同取字而已），并解释：聂，家族名，吐蕃时为上约茹千户，领地在雅砻一带，他首先创议把藏族居住区从高山迁往平原，开荒种地，为七良臣之一。不过按《世系明鉴》说此人为松赞干布时的大臣，为何又出现在杰祖茹时代，可能是人名有误②……于是这等事实也就待查，不予定论。

不过，无论基于吐蕃原始苯教的咒术之由，还是起于当时唐蕃政坛共同的症结即边将好大喜功、贪妄荣华，大抵皆为一些现实境况的衍生或反映。时人不曾关心这些，倒是金城的哀伤引发共鸣。

金城来不及怎样怅惋，吐蕃赞普的谕旨已降临于前："卿见我之后，来去均凭你决定。"——她还是自由的，只是这自由来得足够跌宕。行程的艰辛，与情路的颠簸，不知是何种因缘作用下的考验，总之，她要做决定了。

想来，文成公主在赞普松赞干布身卒后，实有归唐之机，却为爱坚守了她的忠贞立场，不能说不让人佩服。而金城公主，与王子尚未谋面就已然面临着死别，怎奈上苍这般狠心？

"女子主意，唯此一次。"

她学着梦境中祖姑母的气度与坚韧，仍然执守入蕃联姻的决定。于是，残存的卷籍上也只留下了她坚定不移完成和亲的记录，纵使伤心欲绝，但公主实为女中楷模，没有因为王子的去世而返回大唐，毅然踏上了前往吐蕃的路途。③

前尘情事无缘寂灭，世人难想她年轻的心中揣度着何种思绪与力量？身前美轮美奂之景，终因一人的消逝而落寞，她的哀愁连通天地，可到底无处纾解。她转而随行听听吐蕃的故事，在他的乡土中浸润那份未果的凄凉。

---

① 巴卧·祖拉陈哇著，黄颢译注：《〈贤者喜宴〉摘译（四）》，载于《西藏民族学院学报》，1981年第3期，第23页。
② 五世达赖喇嘛著，刘立千译注：《西藏王臣记》，北京：民族出版社，2000年版，第186页。
③ 次旦扎西、阴海燕：《吐蕃十赞普》，拉萨：西藏人民出版社，2012年版，第102页。

摄政的赤玛伦本是芒松芒赞的正妃，赤都松之母，经历至今已三代佐政，势必魄力非凡。她继续文成公主的未竟事业，和在长安和洛阳的唐廷不断沟通，从未忘记为吐蕃请婚。

这次向唐请婚是为她的长孙姜察拉文而求——其母姜摩赤尊所系为曲水和堆隆间的一大世家——姜氏，而"赤尊"意为赞普之妃，"姜摩"即姜氏之女。相应地，"'姜察'意为姜氏外甥，'拉文'亦可读为拉本，王孙之意"。[1]祖母对这个嫡孙宠爱备至，她一直强调将来一定要为之娶一位美丽且有教养的贤妻，就像当年伟大的松赞干布与慧敏的文成公主之结合那样……

听到这些，金城公主不由得想到，在那圣洁的吐蕃宫室里，有一位长者在等候着自己，她虽是曾祖母一样女皇式的人物，但此时也需要自己慰藉吧。金城心下随即多了一丝希望，它擦燃了火焰，时而隐灭，时而又明亮，慢慢地摇曳成一线明光。

《拔协》一书载，当建造姜察拉文的陵墓时，金城公主来到穆热日山——或称穆日穆布，在雅砻琼结白日山的东北面，但此墓之主仅系一位胡须老人[2]——仍和那宝镜照见的噩梦一般样。终究是这样的结果：在有关姜察拉文的劫难中，她势必得面对切实的境遇，积蓄的悲愁一时不能自抑，旋而爆发出声。

晨间，金城弹着银琵琶，低吟浅唱；暮时，她又以笛子伴奏，昼夜哀歌，郁悒不乐，真是缱绻难思量……

---

[1]五世达赖喇嘛著，刘立千译注：《西藏王臣记》，北京：民族出版社，2000年版，第186页。

[2]巴卧·祖拉陈哇著，黄颢译注：《〈贤者喜宴〉摘译（四）》，载于《西藏民族学院学报》，1981年第3期，第18页。

"胡须老人",还是六岁新郎

难说是命运的戏弄,还是岁月的玩笑,难说是深情的无处安放,还是姻缘的南柯一梦。

"我们等候您已然许多年了。在您来的路上修了官道和驿站。而如今,您,您带给我们的却是一个死人。"

直到金城公主醒来,她都没有弄明白脑海中那个礼貌、似乎正气,或洋溢些许善意的声音源自何人。她稍许冷静一会儿,明确了些,是做梦的缘故吧,但绞尽心思也无从得知那应该还带点警醒的话端的前后片段。

至于之后的故事,真的谁都不得而知了。也许世代生长于高天寒地的藏族人民,怀着天性的慈悯之心,并不愿将悲剧继续流传下去,所以斩钉截铁地将之斩断,再无后话。而随着年轮的积淀与科学的发达,执于钻研精神的学者成了这一疑团的揭秘者。

据记载,杰祖茹小赞普在712年受尊号为"赤德祖赞"正式亲政之前,一直以本名为载,因其胡须多如老翁,故藏籍又称"梅阿充",有美髯公之意。而在汉文史书中所称"弃隶缩赞""弃隶蹜赞""弃肆蹜赞"等均为"赤德祖赞"藏文的汉语对音。[①]原来,语言的误会竟造就了另一个别样的故事,这误会该说是美丽的忧愁还是淋漓的震撼?

于是,那个叫作姜察拉文的王子,也就随真相的浮现而被抛回陈年的传说中,而关于他的再多生动故事,都沦为唐蕃史话中一段可闻不可信的传奇。

[①]次旦扎西、阴海燕:《吐蕃十赞普》,拉萨:西藏人民出版社,2012年版,第97-98页。

第三章　人生无定数，回首已天涯

传说中王子的父亲正是赤德祖赞，当这位吐蕃赞普经历丧子之痛，有意仁心宽解金城公主的哀绝，便下令道："那么就赐予金城公主丰厚礼物，将她送回其父之地。"

此言被报知金城，她回应道："只有我和英俊王子是心心相印的。我无意返回父亲之地。同王子之父相聚吧！"于是金城公主被奉为赞普之妃。[1]

如此，金城的坚韧性子与自己选择的命运，倒无论真伪版本都没有丝毫改变，也许时人正是为此而赞颂她吧。她饱尝争议的夫君终于得以确定，就是赤德祖赞，就是杰祖茹——即便经过与姜察拉文的不实插曲，她的人生终究还是归宿到了他这里！

百转千回，素来是永恒爱恋的前奏。对于穿山越岭、踏水渡河而来的金城，等待她的赞普究竟是怎样的年龄怎样的人，成了谣传粉碎后世人最关心的问题。

先前三次无果的请婚事端分别为：658年，赞普芒松芒赞年仅八岁；679年，赞普赤都松年仅四岁；703年，赞普赤都松时年二十七岁——由是可见，吐蕃向唐请婚之时并不拘泥于赞普是否达到了婚配年龄。赞普无论是年幼孩童，还是成年男子，也无论其有妻与否，均无碍于吐蕃向唐提出请婚要求。[2]那么，710年金城公主所嫁的赞普杰祖茹到底多大？

《敦煌藏文吐蕃史文献译注》的《编年史》中，在704年条下这样写道："春，杰祖茹诞生于科章园。夏，赞普父王驻于马重木——又名马益恰卡或马次，为松赞干布始十八封地中澎域的一座碉堡，该地带常发生战争，是兵家争夺之要寨，属今堆龙德庆县马区[3]——之由底纠桑，母后赤玛伦驻于羊卓之沃塘。议事会于扎果（疑为今尼木县帕果区一带）召开，冬，赞普于赴蛮地主政期间升

---

[1] 巴卧·祖拉陈哇著，黄颢译注：《〈贤者喜宴〉摘译（四）》，载于《西藏民族学院学报》，1981年第3期，第18页。

[2] 石硕：《关于金城公主入藏及出嫁对象等相关史实的考订》，载于《民族研究》，2000年第4期，第73页。

[3] 黄布凡、马德：《敦煌藏文吐蕃史文献译注》，兰州：甘肃教育出版社，2000年版，第101–102页。

[4] 同上，第46页。

天。母后赤玛伦驻于来岗园，尚钦藏于加尔岭园召集议事会。"①

按此得知，杰祖茹出生于其父牺牲之前，且为同一年，于是710年金城入蕃时，他为六岁新郎。

但汉文史料所记却与之相悖。《通鉴吐蕃史料》载：长安三年（703年）四月，吐蕃南境诸部皆叛，赞普赤都松亲帅出击，卒于军中。诸子争立，久之，后"立其子弃隶蹜赞为赞普，生七年矣"②。《新唐书》谓杰祖茹此时才七岁③，《旧唐书》亦谓时年七岁④。所以依此推算，到710年，小赞普与金城公主联姻年龄应是十四岁。

是未至韶年的童子还是舞勺之年的少子，藏汉学界虽各执一词，但"编年史"中还是承认，从可靠性来看，汉文史料所记更为可信。另外，《西藏王统记》中也写明：赤德祖赞，别号麦阿葱（梅阿充）者……年十岁时即王位。⑤史上赞普继位在前成婚在后，继而后人明了，原来缘于姜察拉文的情节实际上恰好与史实做了个彻底的颠倒，自然也就落实了它的确出自演绎之说。

有趣的是，在吐蕃民间，仍有丰富的故事令百姓津津乐道。有的地方还传说，因误传赞普去世，金城公主在林芝等地守节三年，最后因神鸟指点，才去逻些完婚。

汉妃公主行至达域龙增歇息，
丑恶的乌鸦说了谎言诳语，
公主停留下来度过哀痛的三年。

---

①黄布凡、马德：《敦煌藏文吐蕃史文献译注》，兰州：甘肃教育出版社，2000年版，第46页。

②苏晋仁：《通鉴吐蕃史料》，拉萨：西藏人民出版社，1982年版，第47页。

③欧阳修、宋祁：《新唐书·列传第一百四十一上（吐蕃上）》，北京：中华书局，1975年版，第6081页。

④刘昫：《旧唐书·列传第一百九十六上（吐蕃上）》，北京：中华书局，1975年版，第5226页。

⑤索南坚赞著，刘立千译注：《西藏王统记》，北京：民族出版社，2000年版，第115页。

神鸟大鹏飞来告诉真情：
"公主莫要愁苦伤悲，
去逻些可见到赞普健壮的御体。
我已经赐福你吉祥如意，
人们将赶着百匹骏马迎接你，
人们将献上百条哈达欢迎你，
载歌载舞的百伎美女也会迎接你。
赞普在逻些请公主登上绿松石宝座，
簇拥你的是幸福美满的五彩大旗。"①

显然，这一版本以丑恶的乌鸦和神鸟大鹏给公主以不同指点，并造成悲欢起伏，示意了人们对公主太多的同情、祈望和欢迎。也许人们还不甘于史籍中公主的沉默不言，才有心推说了如此之多的故事……对于爱情，流言总是无法穷尽，而她的答案，自始至终，只有挺身迎接、赤心经历的那一种：

大唐的金城公主从来就与吐蕃赞普赤德祖赞联结在一起。

---

① 刘忠：《汉藏文化交流史话》，北京：社会科学文献出版社，2011年版，第36—37页。

妃子的次序

登程远行,一如锦绣,金城公主终于抵达逻些了。

来路上,大片的龙胆草,低矮的翠菊,以及许许多多她叫不出名字的花卉植物,都是天然的迎宾卫士,无须特意安排或演练,就可站成队伍,自行致意,令她感到喜悦。而进入逻些,这个气候宜人的河谷地带,灌木丛生,不疾不徐,彬彬有礼,向她问好。

她的眼神随这片开阔境土的接洽,不自觉收敛起来,显得淡然,只有见得文成公主当年栽种的多处垂柳,才在心下激动连连。白垩色的墙体,将这里的房屋建筑连成体系,她切切地嘱咐自己:我将在这里落定脚跟,一如七十年前的祖姑母。她还是需要文成公主赋予精神力量,尤其身处于这座城,仿佛每一寸呼吸都极可能与之相逢,每一次相逢都能让她多一分从容。

赞蒙金城公主来到逻些之鹿园。[1]——人生的另一篇章,就这样展开了。

忐忑之间,到底还是印证了女人天生灵敏的直觉。纵使已用几年时光做足了文韬武略的功课,藏文、骑射均不在话下,可有一个消息,谁都没有明告她——好似不是刻意规避,只是人尽皆知便以为她也心中有数,看起来像极了偶然之遗漏。

直到走进鹿园,金城公主才知道了那囊·细登的存在,或更准确地说,直至见到这位明丽的藏族长妃,金城才及时说服自己接纳事实,不去怨天尤人。诸事顺其自然,竭力应对就好。她想起文成祖姑母入蕃时,赞普松赞干布也已经有藏

---

[1] 黄布凡、马德:《敦煌藏文吐蕃史文献译注》,兰州:甘肃教育出版社,2000年版,第47页。

族蒙妃和泥婆罗尺尊公主等几位妃子，历来君王妃嫔无数，自己在大唐也早已见惯，不足为奇。现在，她要求自己做到的就是，与夫君相敬如宾、同心同德，与其他妃子友爱相待。

而从祖母赤玛伦的角度来说，吐蕃历来以本土藏妃为正，金城公主下嫁亦不能违逆传统，同时，她考虑到，那囊氏为四大"尚"族之一，家势显赫，不能亦不必要得罪。何况，文成公主能与松赞干布琴瑟和鸣，这大唐的第二位公主应该也是极好的。

其实，吐蕃人惯用的择偶标准在《仪礼问答写卷》中早有明确记录：娶妻要选有财富与智慧者，若两者不兼备，应挑选有财富者；选婿要选有智慧与有财富者。[1]而接下来，除了身体健康、长相出众、品行端庄，为人处世的能力是缔结一个家庭的最基本因素。在牧区，男子的才能表现在搬迁牧场、捻绳子、打猎、屠宰和做买卖等方面，女子则表现在挤奶、做酸奶、放牧、织氆氇等方面；农区的情况亦相似，在耕地、酿酒、建房和买卖等方面可看出男子的本事，女子则在种田、挤奶、酿酒、织布等方面接受考验。[2]

与初来乍到的金城相较，长妃那囊氏毕竟轻车熟路，优势卓然。虽然二人的暗中比对，不同于民间婚俗文化要求的那般细碎，但换种视角来看，金城意识到自己只有像文成公主一样贤娴淑雅、心灵手巧、无所不能，才能造福百姓。她总是隐忧于临行前父亲李守礼的那席话，将它视为入蕃使命的警钟。

很快，鹿园内张灯结彩起来，有关金城公主的传闻逸事，也就理所当然成为大家谈论的核心话题。婚典行将举办，该有的仪礼还得一一行过。

在鹿园前，吐蕃大臣纷来迎祝，敬献礼物，金城公主也早有准备，回赠唐礼，既作答谢，也是赏赐。

往里一进门，赤玛伦破例在外等候，表示欢迎。公主上前拜见了祖母及赞普家族的其他至亲，最后与赞普相见，又敬见了长妃那囊·细登。

金城以为，在这一刻她尚未放下对故乡的眷恋，就要挺身面对眼前这些陌生

---

[1] 王尧、陈践：《敦煌吐蕃文书论文集》，成都：四川民族出版社，1988年版，第140页。
[2] 陈立明：《藏族传统婚俗文化及其变迁》，载于《西藏大学学报》，2002年第17卷第2期，第39页。

的亲人，他们真诚无比，着实让无所适从的她感到安慰。对赤玛伦祖母的印象是含糊而清晰的：关于她的各方传言因时地的远隔变得不可捉摸，但现下感受到一份切实的慈祥让她想起了心里对曾祖母的某种揣想；对赞普，该是一面之缘的确认，小小的心儿此前从未有过多憧憬，或许正为了这一刻的相遇，他是像哥哥、像伙伴一样的孩子，并不算大，她甚至因这年龄的相仿生出莫名的欢喜。

唯有那位藏族的长妃，气场十足，傲然地站立着，好像一直在护持着什么似的，眼神凝聚在金城身上，待她向自己走来时，便先行施礼了——像下一盘棋一样，走到这一步，对手大概因重新审视过阵局而突然凌厉了，所以金城无法不捕捉到这种极有可能为错觉的转变。

"公主好！"那囊氏声音简练而干脆。

金城直觉跟上，还是顿了一下，回敬道："……姐姐好！"

近旁声响如许，无不热闹，金城好似挤进了一条人潮涌动的巷子却听不到一丝喧嚣，直到这问候——对，那一次简单的问候礼完毕后，才终于走了出来，一如自动解绑。她暗暗地舒了口气，这时才明白，自己方才太紧张了。

这场合中，杨矩自然是重要的。在吐蕃上下看来，他才是直接沟通唐廷、向中宗汇报消息的使者。他不失礼，也参拜献敬："大唐护卫使杨矩，拜见老太妃，拜见赞普。"

赤玛伦当即慷慨回应："你们和我吐蕃将士并肩作战，解决了钦陵余党，为吐蕃立了大功啊。"

大论乞立徐接着说："杨将军计谋高明，所以几乎无有闪失。祖母原意要招安这批残孽，既往不咎，给他们生路；他们却抵制，想流窜作乱，与赞普家族为敌到底。这次总算将他们一网打尽了，又正逢公主入蕃，真是一片祥和喜气啊。"

赞普也喝彩道："要给参战之将，重发奖赏才对。"

"是应该赏！不只赏将军，下边的士兵也要赏；不只赏唐将，吐蕃的将士也要赏……"赤玛伦高兴地许诺。

而金城，眼睛静静浏览过周身的人影笑脸，静寂得好似被真空抽离般，越是努力融入他们之中，却越想起那座因自己而更名的小城，那里的百姓多久才等来了一次大赦，进而换了一种人生。再联想自己，如今远嫁，的确已经在走另一条路了吧。

她的筵席亘古绵延

时间稍许安宁了片刻,整个逻些就又热闹了起来。

久违的婚期终于要在这一天完成仪典的见证,是确认也是宣告。不错,这的确称得上这片雪域圣土上的一大喜宴。七十年太长,峥嵘与纷扰都间或夹杂了深沉的感情,就让金城公主与赞普的婚典洗礼那些过往的沧桑吧。

实话说,人们热爱一切欢庆的现场,天性的豁达与感恩,让他们善于在生活的田园里播撒丰收的种子,将日常盈满欢乐的歌谣。从地理条件来看,藏族人口居住较分散,在牧区往往一家一户一原野,户与户之间除了简单的生产上的联系,大规模的活动实属甚少。如此,相互间定期定时的集会就显得特别重要,而这大概亦是导致藏族民间节日发达的主要根由。人们把节日作为对平素单薄来往的一种补偿,老一辈也希望通过这类场合向下一代传授自己的生活经验和思想感受,向青年人讲说本民族、本地区的历史故事。

于是,藏族的婚礼也跻身于重要节日的行列,这不单是个人的联姻活动,而且凝结了公众意识,成为一种夙愿,表现为包纳各种民间戏剧形式以表达夙愿达成的仪式。所以婚礼和宗教一样,也是一种原始仪式,有着严苛而传统的规则。

婚姻关系的缔结,先由男方请一媒人前往作伐,如得允许,便问其女方生辰八字,回报男方,男方马上请喇嘛卜测二人命数,合则即送礼物于女家。若女家以"其女不美不才,恐不足充执箕帚"的话拒辞,媒人便盛称郎君之善,相配得宜,极力劝和,女家商定后也就诚意答应了:既蒙不弃寒微,愿缔秦晋之好……如此礼数,任谁都不难想到,金城与赞普的姻亲不正也合乎了这番流程:使臣为媒，唐蕃为双方大家长，经过了蕃方一请再请，大唐几度推延的曲折，才有了今时的花好月圆。

黄道吉日，红山当然是举行婚礼的宝地。

屋宇崭新如一，无尘无埃，红白相映的外观让人既惊叹又敬畏，各种佛像亦被擦拭得锃亮，或悬挂或置放，得体而安宁。这一天，吐蕃赞普的宫门是开放的，贵族官宦受邀去为民族的盛事道贺，而普通百姓却鲜少真的走入这宫苑内，去接受上层礼节的束缚——他们更愿意在宽阔自由的街道上，在热情如火的帐篷外，在广袤无垠的草原上，在丰盛喜乐的餐桌旁，一起把酒言欢，一起歌舞欢度，总之殊途同归。

和文成公主全民狂欢的婚礼相比，金城公主的婚宴更像一个家庭式的集会，宫苑里举办着高雅形式的民间活动。矮几一列列地摆放开来，毡毯为盖，尊贵无比，其上置着酥油、奶饼、茶、酒、糖果等食物，两旁皮垫为座，外包花式氆氇，来客无不感到宾至如归。

赞普和公主身着红色丝绸礼装、头戴毡帽出席，上缀图案精致而锦绣、明亮而丰美，拜堂行仪后，从此单独的个体为着同一份情意携手为亲密爱人。行礼方式是男跪女揖，但跪姿为屈体，系印度佛教五轮俱屈之姿，二肘、二膝、头顶谓之五轮，五轮着地，其余躯体悬空，有三名侍女从旁站立以作助力。①

祖母赤玛伦欣悦地将一切看在眼里，神态满意之余又展露出些微认真的感慨，大抵是在告慰历代先祖，期许吐蕃兴荣。众臣及宾客在礼席间高兴地观摩，男女杂坐，男子的透额罗（一种专用于裹发的轻罗）、小礼帽非常精神，妇女则多辫、喜戴胡帽，颇显风情，就连端盘侍女的氆氇缺胯衫，亦是别具风味——当年文成公主不仅带来了锦缎绢帛、金玉饰物，还传播了蚕种纺织技术，让爱美、长于学习、精于色彩的藏族人民学习改良，如今已有一方成就。

礼成前的最后环节，是向亲众奉赠哈达。赞普首先把这洁白圣物献给自己的汉家新娘，这既是对金城公主表示尊重，也是借此教授她藏族礼节；而后金城将

---

①马德：《敦煌石窟知识辞典》，兰州：甘肃人民美术出版社，2000年版，第227-228页。

这献礼回敬，再一一挂戴到祖母、长妃那囊氏及几位舅臣颈上。接着，众人相互举杯酌饮，把酒对唱，个中细处无不流露出中原文化的影响，显证着两地往来交流的结晶。

其实，吐蕃早期盛产米酒、小麦酒、蜂蜜酒和青稞酒等，但酿造技术较为落后，随着与大唐的联姻，文成公主入蕃的惠泽而发展起来的汉藏文化交流，才使藏族得以掌握中原传入的复式发酵酿酒法，不仅改良了原有蘖酿法——所谓"蘖"，为发芽的麦、米，因含糖化酶，能将谷物、麦类中的淀粉转化为糖，进而发酵成酒——易酸败且火候难控的缺点，而且发展出了与内地制曲法基本一致的藏曲制法。①

后来，藏族婚俗中的青稞酒品质得到大幅度提升。它是用高山上洁净的雪水和饱吮了日月精华的青稞酿造的，是修行、安乐、长寿的饮品，又是幸福、美满、祝福的象征：

<blockquote>
那边金刚岩上，长着青青柏树；
柏树青青长起，烧成白烟缕缕；
缕缕白烟烧成，空中弥漫浓雾；
浓雾弥漫空中，降落及时甘露；
甘露及时降落，长成金黄五谷；
五谷金黄长成，醇厚美酒酿出；
酿出美酒醇厚，尽情欢乐歌舞。②
</blockquote>

酒歌后是表演。由一个大型歌舞开场，真是声势巍巍。金城沉浸在吐蕃礼节文化和前辈文成公主的感召下，对这片沃土的好感不断加深，经年以后，她势必把这生命的节日铭记，或者也正是以这一天为契点，生发着对吐蕃绵延久久的爱

---

① 任新建：《藏族文化构建中对汉文化的吸收与整合》，载于《中华文化论坛》，1994年第2期，第27页。

② 王春华：《青藏酒歌》，载于《酿酒》，2005年第2期，第96页。

恋。眼前场面浩荡,她的嘴角不自觉地扬了起来。曲调非常熟悉,其中的舞姿大部分也曾见过,乐器中突出大鼓,其声铿锵,气势雄伟。

赤玛伦欣赏着,这时,她仿佛专门放下了一贯持有的威仪,笑着问道:"金城公主,可知这是什么歌舞?"

"我知道!是大唐的《秦王破阵乐》!"好像一下子转了场似的,金城见祖母和善地向自己抛出话题,几乎是脱口而出。

"哈哈,哈哈——是啊!文成莫啦进吐蕃时带来的,已经表演了几十年了。"赤玛伦乐开了怀,又兼含丝丝感叹。

"每当重大节日,都要演出。"

"为了怕绝传,吐蕃特地有一班人专事研习,以便能随时上场。"

几位大论也加入讨论,不断应和。金城听着,愈发激动:"太好了,真没想到在高原上也能见识到这曲鼓声乐舞。"见公主如此兴奋,周围的大臣们也都来了兴致,连赞普杰祖茹也打趣地讨教起这节目的由来。

她蓦地脸红着稍露羞涩,转而正了正身子,大方开口讲道:"这本是一首作战时的军歌,是先祖太宗为跟随自己打江山的战士们而作,并根据队伍的进退、回护、突破、包抄等行动编制成舞。他先画出队形图叫《破阵乐舞图》,让起居郎吕才选择一百二十人,穿盔甲,拿着戟,照图排练。音律高亢慷慨,舞容纵横凌厉,可谓声震百里,动荡山谷,相当粗犷雄浑。"[①]

正值金城眉飞色舞、声情并茂,在浩荡的满场歌舞之余,响起了热烈的掌声,那是诚情挚意的喝彩,是恰如其分的赞美,是身随心动的合奏。

[①] 窦培德:《大唐盛世的皇家宫廷舞蹈》,载于《当代戏剧》,2003年第1期,第50页。

纷乱中，一抹真挚的柔软

喜悲有意，这时的金城公主绝对应该说是幸运的。

当她盛享着逻些满城惊动的荣耀时，当她新婚燕尔长大成人时，当婚宴上的唐风鼓乐激发了和平带来的龟兹乐时，当吐蕃众臣共同观赏大唐"帝念幼主，赐锦缯别数万，杂技诸工悉从"①的嫁妆时，赤玛伦和她的孙儿把和亲的喜悦付诸实践——为这位静默留守的大唐公主专门修建了傍塘宫。其遗址尚在，就位于今乃东颇章乡，以至于史书上又留下了"别筑一城以居之"②的佳话，一如文成公主时的布达拉宫。

对于这座殿宇的富丽与辉煌，藏汉文典籍都几无明确记录，这着实让世人感到奇怪。不过，如若听闻此时大唐政坛上的一些风云，大概谁都会理解这点疏忽吧。毕竟在金城大婚的这一年——景龙四年（710年）阴历六月，她的故土发生了重重变故，以至于顾不上她这刚刚出嫁的女儿。

自武则天称帝以后，唐室便隐隐兴起一股女性擅权的热潮，好像一个先例榜样的树立和鼓舞，是这个一贯开放的家族势必要追寻的脉迹。韦后就是同样有野心的女人，她之所以能完全驾驭丈夫中宗，是因为他要感谢在流放期间她给予的支持，"累年同艰危，情义甚笃"——她或许还为自己的先见之明沾沾自喜，而他还曾答应，一旦自己复位，就把全部权力给她。③中宗果真履行承诺，韦后

---

①欧阳修、宋祁：《新唐书·列传第一百四十一上（吐蕃上）》，北京：中华书局，1975年版，第6081页。

②刘昫：《旧唐书·列传第一百九十六上（吐蕃上）》，北京：中华书局，1975年版，第5228页。

③刘昫：《旧唐书·列传第一（后妃上）》，北京：中华书局，1975年版，第2171-2172页。

获得权力后，和武三思加紧策划拥立安乐公主为皇储的活动。这位公主，因生于去房州（今湖北省房县）的途中，又是韦后唯一活下来的子女，颇受中宗宠爱。705年，她下嫁武三思之子武崇训。

这是一个巩固了帝国最大的两大家族之间关系的联盟，唐廷的阴谋在一步步向中宗靠近。

当时的继任者是中宗与另一妃子所生的李重俊，韦后及其支持者当然对此极为不满，这位太子发现自己处境不妙后，于707年绝地反击——他先是带领三百羽林军冲入武三思府第，杀死了武三思及其一子，即安乐公主之夫。而后他又带领亲信转向皇宫，但在那里就不那么容易得手。中宗带着妻女已躲在玄武门城楼中，并紧急调动羽林军护卫，难得的是，在面对自己的儿子的威胁时，他第一次站在了韦后身前，展现了一个男人本能的勇气和作为帝王实有的威武，说服所有士兵把矛头转向他的儿子，他——成功了，这也许是他人生中最豪迈的一刻。

自此往后到710年，中宗忙于应对吐蕃频发使臣来唐请婚的事宜，认认真真地扮演着父皇的角色，把他生命中不多的光彩与温柔都与金城共享，同时，韦后和她的女儿仍在毫无节制地攫取权力，更加过分的是，堂堂国母面首连续不断；新寡的公主与亡夫之堂弟武延秀大婚①，并在一个与她志趣相投的妇女小团体鼓励下，通过出售委任状和所谓的斜封官来增加自己的财富……然而，与不负韦后之器重的安乐公主相比，更加能干的是太平公主。

此时，整个中国处于令人惶惶的休战状态，政治生活的极度消沉也似乎只展现着金城公主和亲这一道星光，但事态仍在发展。

太平公主深受女皇的影响，她雷厉风行的处事风格常被武后以"类我"②相赞，是宫中觊觎帝位王权的重要一员。她永远不会宽恕韦党想消灭她的背叛行径，她在稳步培植支持自己的力量同时，也不忘对她同胞兄长睿宗李旦施加影响。约从景龙三年（709年）年中起，她还开始引起她的另一同胞兄弟中宗对他妻女的不正当行为的怀疑。而这一切都在暗中进行，韦后母女还未察觉危险临近。

---

① 司马光：《资治通鉴·唐纪二十五》，北京：中华书局，1997年版，第689页。
② 欧阳修、宋祁：《新唐书·列传第八》，北京：中华书局，1975年版，第3650页。

景龙四年（710年）初期，中宗公开了他的不满，多年来那个缘于感激的理由终于不再奏效，韦后开始为自己的地位担忧了。

再往后，阴历六月，皇帝突然崩于神龙殿。

据一些历史学家推测，中宗是被妻子或女儿在他喜爱的糕点中下毒所害[1]，这一指控或无实据[2]，但韦后确实隐瞒了他的死亡。直到她命自己的亲戚担任关键的军职和把中宗仅存的十五岁的儿子李重茂扶上皇位才公布中宗死讯。

惊心动魄的大唐风云变了又变，待丧讯传到吐蕃时，已经尘埃落定。吐蕃赞普家族虽然上下举哀，但只有赤玛伦和几位大论知道，彼时力促和亲之事，是有韦后、安国相王、太平公主等人之功劳的，而此间尚不明朗唐廷政权各派系势力变化，亦不敢轻举妄动，唯讨论决定，按例遣使前往长安致祭。

不管中宗的离去有多少谜团，但对金城公主来说，这就是丧亲之痛。祖母赤玛伦就声明过："此事由我做主，可以缓告公主；公主年幼，又刚到吐蕃不久，不适应高原气候，不宜悲伤。不许走漏风声……"纵然如此，她还是得接受这一残酷事实。

他是她的养父，他看她出生，给她优渥的生活环境，对她细心栽培，陪她成长，还授予了她公主的身份。他在她人生华章初启时溘然离去，像是放心地完成了某份责任，而后回身，亦有不多岁月等候着他。原是千山万水的阻隔，于这对父女，此刻变为永远的生死之别。她禁不住哭泣，却觉得毫无慰藉可依。

祖母拍打着她的小肩膀安慰，她却愈加悲从中来；赞普亦常相伴，但到底未能给她妥帖的宽解……或许这时候，谁的能力都是不足够的。怪不得，古人说生死为大，她终于体会到其中的无奈。

她的悲伤，或者该是纷乱中那片故土最为真挚的柔软吧。

她清醒着为他祷祭，只在疲累之极沉沉睡去时，方能再见他的容颜……

---

[1] 司马光：《资治通鉴·唐纪二十五》，北京：中华书局，1997年版，第697页。
[2]（英）崔瑞德著，中国社会科学院历史研究所、西方汉学研究课题组译：《剑桥中国隋唐史.589—906》，北京：中国社会科学出版社，1990年版，第295页。

蛰伏的翅膀

阴历六月,历史上这个故事迭出的时间,好在只牵连了中宗一个人的死穴。

战战兢兢地,韦后仿效武后临朝、立安乐公主为皇太女的黄粱一梦终究还是粉碎在唐廷动荡的间隙中,而废除少帝李重茂之政变的成功,通常归功于未来的玄宗李隆基,原因与唐之建立归功于太宗相似。与他曾祖父一样,李隆基也亲自插手干预了这一时期的历史,以确保任何史料都不能与这种官方解释有矛盾。但种种事实却暗示了不同的解释。

是月十二日晚,李隆基及其少数追随者(包括太平公主之子)再次把玄武门的禁军争取过来,杀死了韦党首领,强行闯入宫内。仓皇出逃的韦后、正在打扮的安乐公主和想改投主子的上官昭容无一不落首。[1]这是一次顺利的行动,时任卫尉少卿的他,能在二十五岁时便如此勇猛敢为,显然是做了姑母太平公主策划下忠实的执行者。两天以后,太平公主傲慢地打断了一次朝觐,把年轻的皇帝拉下皇位,并把睿宗召来。

睿宗也许并不愿意接手这个位置,因为实权并不在他手中,而是转到了武后女儿的手中——从这一点来看,他和刚逝的哥哥实在太像,两次继位,却都逃脱不了做女人掌权下的傀儡君主的际遇。没有人敢抗议。史家也无比正视这一变局:"御承天门,赦天下,复以少帝为温王。"[2]

---

[1](英)崔瑞德著,中国社会科学院历史研究所、西方汉学研究课题组译:《剑桥中国隋唐史.589—906》,北京:中国社会科学出版社,1990年版,第295页。

[2]司马光:《资治通鉴·唐纪二十五》,北京:中华书局,1997年版,第702页。

"公主所欲，上无不听，自宰相上下，进退系其一言……趋附其门者如市。"①这一时期的太平公主几乎复制了她母后的传奇。她的亲信被安插在朝廷最高级的职位上；未得她首先批准，睿宗甚至拒绝做出批复，他似乎乖乖地遵从着她的指令。

不过，太平公主并未插手立嗣之事。太子人选为睿宗长子李成器和因领导政变有功而成为候选人的李隆基。睿宗尚且犹豫不定，但随着朝臣支持李隆基的声浪一浪高过一浪，以及长子知难而退，他不必做出困难的抉择。就这样，还是在这个阴历六月，未来的玄宗成了皇太子。

历史上没有关于太平公主反对这一立储的记载，但很快，父子二人的联合声望就让这位幕后实际掌权人动怒了。她发起了一场诋毁同胞的阴谋，而睿宗想以暂时将她流放的方式结束这场家庭争端。他非常了解她的权势范围，但渐渐地受了有独立精神的高级官员的支持和鼓励，他不再甘心做一个傀儡。

她居住在濮州（今山东省、河南省境）附近，忍辱负重，势力几乎保存得完全。而睿宗在长安城，仍然要苦心谋划，稳定朝局。

为子当孝，是人间最熟常的情感。和中宗一样，睿宗也不忘为其母追封，此时，则天大圣皇后复旧号为天后②，后又尊为大圣天后③，大抵仍能暗示出他不敢小觑同胞太平公主的能力。也正是此时，那位险些为人所遗忘的雍王李贤被追谥为章怀太子。

清淡绵远的日子，金城的哀愁，与吐蕃雪山壮丽的沉默、神奇的嶙峋，云天诱人的自由、放荡的丰富粘连在一起，并从中得以释放。远在千里之外的都城的一丝丝牵动，皆照应在那面宝镜上，她承认，自己现今捧卷念经的时间并不比掌镜遥思的时间更长。

窗外暗流涌动，而她毕竟尚未培养起捕风弄月的能力。

风浪是悄无声息传来的。大唐的宣政殿上，睿宗勤勉地恢复了早朝议事。适

---

① 司马光：《资治通鉴·唐纪二十五》，北京：中华书局，1997年版，第704页。
② 同上，第703页。
③ 同上，第708页。

逢监察御史李知古上奏：姚州（今云南西北一带）诸蛮，先属吐蕃，请发兵擎之[①]，而黄门侍郎徐坚认为蛮夷与华夏之制区别有致，恐劳师远伐，得不偿失。睿宗权衡利弊后，还是派军队前往，但同时也不忘叮嘱将领，武力固不可免，但广行仁政才是边境长治久安之道。他确实想做出一点成绩。

不料，好大喜功的李知古受命到任后，就将皇帝的旨意忘得一干二净，非但没有缓解边境紧张，反而变得一触即燃。南诏诸酋感到危机逼近，纷纷来向吐蕃求助，赤玛伦镇定地分析道："自赤都松讨伐南诏溺水身亡后，吐蕃与南诏的关系牵牛下井，他们拒我征税，断我往来，如今遇到危险，又想缓和关系让我们施以援手，边将自守为妙！记住，南诏各部已不属于我吐蕃，他们只是想利用我方的力量对付唐兵。"小论尚钦藏等听此言并不以为然，战火点燃了他们的贪心，并做好了支持南诏的十足准备。

不久，以李知古为名的唐方的残暴，激怒了群蛮酋首，边境战火重燃，而且断其尸骨，高悬祭天。侠气之下，吐蕃果然重新获得了南诏诸部的信赖。

当接到蕃方出于仗义相助而导致唐将丧命的消息后，睿宗吸取了用人不当的教训，朝堂之上多番下诏晓谕边将，今后切勿挑起事端，要严格管束官兵，不可破坏边境和平局面——这也是金城公主许嫁吐蕃的良好愿望和利益。

唐蕃之间的再次联姻，的确带动了双方民间贸易繁荣发展，这种和谐的局势终究镇压了吐蕃赞普家族内部间或猜测的交战谣传。金城公主偶有耳闻，不免激起心绪涟漪，但也觉得无处问询，和赞普、长妃过着名副其实的宫苑生活，如旧时光。

然而，比起宝座上指点江山的睿宗来说，靠近吐蕃北境的安西都护张玄表明显更能及时而直接地了解到吐蕃政权的具体情形。他认识到，目前吐蕃内部争斗不断，赞普家族一心系在与唐联姻之上，娶得公主后陶醉忘形，他深信这是出兵的好时机，怀抱着攻其不备、一举成功的野心欲图给朝廷一个捷报，届时论功行赏都是他的英才成果。他果然很快就付诸行动了，权杖总比幕僚们的恭言慎行更

[①] 刘昫：《旧唐书·列传第一百九十六上（吐蕃上）》，北京：中华书局，1975年版，第5228页。

容易让人信服。

赤玛伦接到来报，陡然吃了一惊，但马上就对这反常之举厘清了逻辑："不可乱放箭，情况还不明朗。如果是唐廷的决策，边境战事当会持久，否则就会停止。"

大论乞立徐也进言："祖母所说极是，是边将贪功求利而为，还是唐朝皇帝的指令？这大不一样，务必冷静，摸准情况。大唐已将公主许嫁到吐蕃，即表明有交好之心，当下就是考虑到赞普和公主，也最好静观其变。"

尚赞咄一并严词："外敦和好，外敦和好为要啊！"

这场史载"互相攻掠"的不义之战，后来不了了之。与边将张玄表的擅作主张截然相悖的是，景云二年（711年），睿宗专门派遣甘昭等人为使，册封金城公主为"长女"，意在提高公主的地位和身份，"俾乂蕃服"①。

吐蕃禀礼诚谢，这对金城而言，仍不失为一个好消息。本也是侄孙辈分的睿宗与金城，承袭中宗之爱，对她予以远程的呵护，以友好方式播撒威慑吐蕃的种子——至少睿宗是这样考虑的。

放飞的风筝，离家的鹰鸟，姑且只需要蛰伏着翅膀，乘风飘举，越过山水，穿行而往。

---

① 刘忠：《汉藏文化交流史话》，北京：社会科学文献出版社，2011年版，第37页。

琴声不改，初心不移

转眼间，金城来到吐蕃已一年有半，她在这里日夜以雪山相伴，高天厚土渐渐让她习惯了冬日冗长的下午和慵懒的夜晚，晨光熹微前总是太过贪恋黑色的神秘，以至于虫畜生灵都养成了睡眠充足的习性，不是一时厚待，而是天然需要。她渐渐学着去做伉俪关系中应有的样子，与赞普杰祖茹相敬如宾地于扎玛尔①共度温暖日月。

两人有时像是一对合拍的玩伴，有时也调换角色，互作对方的师友，沉迷于歌诗、经籍、乐器、绘画等汉藏文化的学习，因为嫁妆的充裕，金城在吐蕃的生活很顺心，兜转间，不过换了宫苑，日子不疾不徐往前走着。她也会定时去拜访长妃，亲切地姐妹相称，彼此倒还和气得很，远没有初见对方时那般畏怯和生疏了。而那囊氏，起先同这位来自中原的妹妹恭敬相待，后来也就不拘礼数，自然真切了些，这让金城舒服不少。她在与人交往方面，毕竟欠缺经验，疏于热络的本能，更不愿违心强装什么样子，不张扬，也算适应得很快。

祖母对赞普潜心栽培，赞普也会积极前往中央大帐学着参议政事，亦不落下文武功夫，样样训练有素，金城一天天看在眼里，也勾起过去中宗对自己养育的记忆。她有时会臆想，当朝的睿宗是怎样的人？她依稀记得见过这位长辈几次，并无什么直接的交集，反而是骨子里血脉的相通，让她感到一种无以名状的亲

---

① 扎玛尔：在今扎囊县桑耶区桑耶寺以北几里路的地方，有一座寺庙叫作扎玛尔天成寺，寺庙附近有许多废墟，即扎玛尔宫旧址。参见黄布凡、马德，《敦煌藏文吐蕃史文献译注》，兰州：甘肃教育出版社，2000年版，第96页。

切——他是当今圣上,是她远方的至亲。金城每每念及,就这样一遍遍确认着:至少还有一个人可以保护她!

另外,自来吐蕃后,她对当地的茶饮格外喜欢,装满酥油茶的银壶成了她眼中的新宝贝,虽不同于中原的式样,但并不妨碍她对器物之美的欣赏。在这里,牧民们用茶喂马,是为了催膘助长,还让奶牛吃茶叶,如此就能够使牛出奶量增加一倍……关于这些,金城初从赞普那里听说时,不禁咯咯地笑,觉得很有意思,又称赏藏族人民十分聪明。

喝茶是藏族社会生活中不可缺少的一部分。在"世界屋脊"的青藏高原上,人们饥肠辘辘时,喝上一杯酥油茶,会浑身充满力量;精疲力竭时,喝一碗热清茶,顷刻能消除身体困顿,提神醒脑;在那狂风怒吼、滴水成冰的大寒天,什么都比不上待在家里,守着热炉,喝几杯甜茶暖肚舒服。甚至有人说,当身体欠佳、卧榻不起时,也得喝上一碗浓茶,解毒疗疾、消病祛邪再有效不过了。藏族有一句流传广泛的谚语:茶渣如油,让孩子们吃。[①]连茶渣都这般贵重,那么清茶、甜茶、酥油茶的价值便不必说了。

金城也早已把"宁可三日无粮,不可一日无茶"的习惯融入日常生活了。这天,大论尚赞咄竟受祖母之托送来了礼物。片刻寒暄,执礼相待,尚赞咄见金城公主谦恭之态,不自觉地流露出笑意,简言说明后,也就告退,操忙他事去了。

少女的好奇心,早已盯着那锦丝缎面的包裹猜测了百种可能。这下终于可以一睹真容了,有种答案揭晓之际的雀跃与期待。她连忙解开包裹上的带子,小心地打开,发现里面是一把琵琶——不,确切地说,这是一把月琴。

女子雅才,她从小受教,安于宫中,光阴之间尽琢磨了这些功课。把玩器乐,相关知识触类旁通,辨识更是最基本的能力。月琴起源于汉族的阮,西汉武帝时以"弹"和"挑"为主要演奏手法,笼统地称作琵琶。到了东汉,有个博学能文的人叫傅玄,所写《琵琶赋》介绍说,阮是当时乐工参照琴、筝、筑、卧箜篌等乐器创制而成,"中虚外实,天地象也;盘圆柄直,阴阳叙也;柱十有

[①] 赤烈曲扎:《西藏风土志》,拉萨:西藏人民出版社,1982年版,第199页。

二,配律吕也;四弦"。而后,它是通过丝绸之路传到了西域各地。

　　大唐历来有乐舞之好,曾祖母当政时,就因东晋竹林七贤中阮咸善弹这种乐器,称其为"阮咸",后来慢慢有了月琴之名,取其形圆似月、声如琴,怎能说不含有一种美妙的寓意!

　　金城几乎是静静凝视着这把月琴,在脑海中完成了这连珠成线的回顾,好像就该郑重地对之抱以敬意,不一会儿,她才蓦地想起,就在刚才,她被告知这是文成公主用过的东西。

　　现在,她似乎有点不敢相信这一事实。如果说,彼时来路上与祖姑母佛堂的相遇已经让她恍如会面,那么此刻前辈的月琴简直让她受宠若惊。但一转念又想,在吐蕃,恐怕没有谁比自己更能与这把琴亲近了。

　　她把它视作信物,掠过岁月的遗迹和朝代的尘光,不断累积,亦独身静默见证过一程繁华与喧嚣,一如赞普松赞干布去世后,文成祖姑母寂寞留守三十年整。想来,雅砻河谷的一马平川,悄然记录着她的声声叹息;那阡陌纵横的原野,亦承载了她的缱绻希望;汩汩流水,唖摸着她的灼灼年华;还有一座座庙宇,回味着她的绵绵心意,永世传承……

　　金城越往深里想,越不急于触手弹奏一曲,反而思绪不自觉地牵引脚步,踱向了放置那面宝镜的梳妆架,她似乎有些明白祖母的用意,也越发加深了对文成祖姑母的景仰。

　　心中的调子丝丝缕缕地拉扯,似从悠远的陈年中传来,而那声音有高度但共鸣欠缺,金城觉得正是自己远嫁而至的心境,大抵当时的文成公主也是一样的吧。

　　她细细地追忆往昔,心中坚守吐蕃的信念也深深地扎下了根。

我不是归人，是个过客

那个冬天的中国，好像只在金城公主的寝宫，稳稳地安顿下来了。

凡政权所在之处，必然明争暗斗、权力交锋，纷乱不曾停歇。吐蕃如此，大唐更是仇怨未止。

太平公主与睿宗父子之间嫌隙越来越深。太子李隆基知道她把自己的放逐归咎于他，"太子非长，不当立"[①]——至少流言是这么传的，所以经常担心被报复。他没有忘记，如果不是姑母的那次提携，他作为父皇与一个妃子所生的第三子，是没有前程的。于是，在一次企图使太平公主息怒的行动中，他要求将自己的盟友姚崇、宋璟二人分别贬逐到外地。她立刻抓住这一机会，以自己的人去取代他们，斜封的官职被恢复，从此纲纪紊乱，像是又回归了景龙年间。[②]

景云二年（711年）晚秋，声望日隆的皇太子还是没有抵过老谋深算的姑母，他完全投降并已做好了放弃皇太子之位的打算，他请求将她召回京师。她同意回京，在几个月中，七个宰相中就有五个是她的人了。

睿宗对事态的发展没有视而不见，反倒日益有所醒悟。在熬过漫长的严冬后，他仍因自己不能控制局势而备受精神上的折磨。仲夏又至时，苍天以一颗明亮的彗星来示警。皇帝觉得这一迹象有其用意，当宫廷的占星术士证实了他的解释时，他宣布了让位于儿子的决定。这时太平公主强烈反对，但无济于事。她设法强行达成一个妥协，即睿宗成为太上皇，保持任命高级官员和决定死刑的控制权[③]，

[①] 司马光：《资治通鉴·唐纪二十五》，北京：中华书局，1997年版，第708页。
[②] 同上，第714页。
[③] （英）崔瑞德著，中国社会科学院历史研究所、西方汉学研究课题组译：《剑桥中国隋唐史.589-906》，北京：中国社会科学出版社，1990年版，第297页。

不过也是杯水车薪。712年阴历八月，李隆基称帝，庙号玄宗。

中原的江山终又换了皇帝，赤玛伦依然在吐蕃主政，但因路途遥远，长安特使报告的内容总会滞后。新皇嗣位的诏书传来时，吐蕃便即刻派出使臣前往大唐进行朝贺，丹心如故。但在此之前，外甥方面还另有考虑。

唐蕃驿道上，信使疾驰不停。进入逻些，直奔中央大帐投递。赤玛伦正主持议事会。

"睿宗皇上登基以来，因操劳国事，身体一直不好。尤其是今年以后，因图吉利，先改'太极'，又改元'延和'，可病体仍不见好转……现在他想退居太上皇，让位于太子……太平公主种种阻拦，也难怪……"

赤玛伦接过诏书，边知会众臣大唐变局，边发出些许感慨。她心中还掂量着什么，稍后命人速请赞普、公主一同议事。

金城公主鲜少旁听吐蕃上层议事，平常只从赞普口中或与祖母聊天时听到一鳞半爪，完全是亲人间的闲聊，但这次被召请到中央大帐，想必就是有重要事宜了。

聪慧如她，提前在心里做了准备。不过，听了大唐的近况后，她的情绪还是略有波动。赞普忙问："睿宗皇上目前御体如何？新皇选定没有？"

他果然点明了两个最关键的问题，也正是她心中最想知晓的。一系父皇健康之详情，一系天下苍生之命运。

"圣上应该可以颐养天年了。至于新皇人选李隆基，飞书说，他早是朝野上下一致拥护和爱戴的太子，如若成为新君，那将与前三代皇帝不同，举国欢庆，以喜驱悲，终归是蓬勃之向啊。"

金城听后，表情平静，离了座，面向祖母下拜："启禀祖母，金城有一想法，也未事先与赞普商议，不知是否妥当？金城嫁入吐蕃已有两年，今番想返长安省亲，亲自吊唁祭奠中宗先皇的英灵，同时看望即将退下的父皇，也想与将继帝位的新皇一叙，使今后唐蕃两方更加友好，往来更加亲密。"她字字句句，诚意款款。

赤玛伦听后没有惊诧，毫不迟疑回应："公主的意见很好，是应返唐一聚，这既可密切唐蕃两家的舅甥情意，也可代表吐蕃赞普及朝野上下，向大唐致意慰问。"又转问赞普:"孙儿意见如何?"

"我支持公主归唐省亲。要是我能同去,祭奠先皇,那就更好了。不知祖母同意与否?"

赞普刚一言毕,武将、文官等竞声相劝,说了些吐蕃不可一日无主的意思。赤玛伦及时发话:"赞普不过表示一下心愿,瞧你们倒是当真起来了。"

就这样,金城"归国省亲"的消息即刻随唐使出发报往长安,而她很快也踏上了归途。由此,她成为史上第一个得以归省的和亲公主,也让人不禁想起当年她对中宗的那句安慰!

"奴奴可以回来看父皇的。"

当她身下的马蹄奔腾着向大唐赶去时,这更像一个久远的承诺,她现在终于能够兑现了。与来时静坐车辇截然不同,她在能骑马处必骑马,这样速度可以快很多。

赞普情深意切,一路护送金城到唐蕃边境,走至青海湖的大非川地区时,他从小就听说这里过去是吐蕃人与唐朝士兵打仗最多最激烈的地方:先祖松赞干布就曾在此一展他雄鹰般的英武,而后成功迎娶文成公主;叛论钦陵也一再吹嘘他在这里打败了唐朝的常胜将军薛仁贵,有过许多一击必溃的功绩。回首往事,应该说荣辱共有。这些自然是心里话,不便跟公主讲述,他只是一路观察,心有思考。

再往后,赞普与公主惜别,一个巡边视察而后返城,一个快马加鞭东往大唐——她亦是要回到她的故乡去!

《全唐文》言:"公主,邠王守礼女……太和中归国。"[①]

相关文字再无细载,她的孝心与情怀,尽在日月山的兜转、长安城的流连、定陵(今陕西富平县北凤凰山上)前的哀祷,返蕃的仆仆风尘中。

[①] 董诰等:《全唐文·卷一○○》,北京:中华书局,1983年版,第1030页。

靠山突倾

这一年夏季后，大唐易主，玄宗改元先天。吐蕃的赞普之名也由杰祖茹改称尊号赤德祖赞。①祖母赤玛伦终于卸下了她三代佐政摄权的重担，说来也是迫于因缘，或该说她早有预感而交还大权，因为不久后，她的去世给吐蕃带来了空前的哀声。

赤玛伦是藏文史书记载中唯一享有政治才能和智慧双重美誉的女政治家。②她曾分别以赞普之妃、之母及祖母身份辅佐、代理或主持吐蕃政治，深受吐蕃人民的敬仰。

她出身于吐蕃著名的四大尚族之一的没庐氏，有着深厚的家族优势。在吐蕃赞普正妃世系中，这一家族先后出了好几位正妃，如在松赞干布之前赤聂松赞就娶了没庐氏洇姜热，生子没庐年德热。还有几人担任过吐蕃大相。③所有这些，都为她登上吐蕃的政治舞台，参与和摄理吐蕃内外政务，成为"一代女王"提供了条件。

唐高宗龙朔元年（661年）前后，她成为吐蕃正妃，给了性格比较软弱庸柔的芒松芒赞一针强心剂。就是这期间，她开始参与一些政事。咸亨二年（671

---

①黄布凡、马德：《敦煌藏文吐蕃史文献译注》，兰州：甘肃教育出版社，2000年版，第48页。

②恰白·次旦平措、诺章·吴坚、平措次仁著，陈庆英、格桑益西、何宗英、许德存译：《西藏通史》，拉萨：西藏古籍出版社，1996年版，第105页。

③陈崇凯、刘淼：《一代女皇和一代女王：武则天与赤玛伦生平及藏汉关系评议》，载于《西藏大学学报》，2008年第23卷第1期，第31页。

年），芒松芒赞为了与象雄等属邦建立良好的商贸关系，特将"赞蒙聂姆登"嫁与聂秀·崩日叶日究①为妻。次年，又派大臣仲琮出使大唐，向唐高宗献礼求好，以缓和因前几年与薛仁贵大战及征灭唐的属邦吐谷浑而造成的紧张关系。②因而，芒松芒赞对长妃赤玛伦非常尊重和喜爱。他虽在位时间不长，但在她的协助下，于晚年时把集会议盟形成制度，每年夏、冬二季各召集一次，由论、尚一级的官员主持、各有关首领参加，要征收贡赋，要征集兵丁粮草，要写定法律条文，要清查户口……③这样，集会决定吐蕃的军政和农牧经济大政，使吐蕃社会安定，实力强盛。

仪凤元年（676年）冬，赞普芒松芒赞在仓邦那逝世，不久后长妃赤玛伦生下遗腹子赤都松。尚在襁褓中的王子无法主政，这位坚韧的女性看到噶尔家族权强势盛，一些心怀异志的大臣也有趁孤儿寡母势弱之机蠢蠢欲动的迹象，为防止发生争权的动乱，她大胆地以先赞普名义秘密摄政，而将丈夫的遗体隐匿于巴拉木，秘不发丧，前后达三年之久。

当年，正在外征伐突厥的大相噶尔·赞聂多布尚不知朝内变故，继续进兵，取得了克服若木（今新疆哈密）的胜利。然而第二年，可能是赞普逝世的消息走漏了风声，先是属邦象雄地区聂秀·崩日叶日究等发动叛乱，野心的贵族麴·播布及交拉之仁祖暗中窥伺，等待时机。④面对这些政治动乱，赤玛伦并未惊慌失

---

①聂秀·崩日叶日究：据《敦煌藏文吐蕃史文献译注·编年史》，4条（653年）记事中"热桑王"、22条（671年）记事中所指"聂秀·崩日叶日究"及29条（678年）记事之"热桑王崩日叶日庸"，三者似为一人（写法上有小的差别），聂秀可能是其姓，标志其为李聂秀之后裔，其身份似为李聂秀之后的象征酋长。参见黄布凡、马德：《敦煌藏文吐蕃文献译注》，兰州：甘肃教育出版社，2000年版，第83页。对于此人名字的写法，《敦煌本吐蕃历史文书（增订本）》在653年、671年、678年各条记事中分别作：罗桑支、"聂秀绷野究"、若桑支·彭野芸，以作参考。参见王尧、陈践：《敦煌本吐蕃历史文书（增订本）》，北京：民族出版社，1992年版，第145—147页。

②王忠：《新唐书吐蕃传笺证》，北京：科学出版社，1958年版，第35—37页。

③王尧、陈践：《敦煌本吐蕃历史文书（增订本）》，北京：民族出版社，1992年版，第10页。

④同上，第147页。

措，她以赞普名义牢牢笼络住噶尔家族，坚决讨平叛乱。到仪凤三年（678年）冬，叛犯等先后获罪，内外动荡皆有所平复，吐蕃政权继续依靠噶尔家族及舅氏力量处理政务，局面稳定下来。永隆元年（680年），又下令清查麹氏与聂秀·崩日叶日究等人的家产，收归赞普家族。

赤玛伦摄政期间能审时度势，又有胆有谋，的确做了许多利于吐蕃赞普家族的决定，她的厉害着实不易参透，却让人不由得生出佩服之心。中宗嗣圣元年（684年）以后，噶尔家族逐步成为赞普之权的最大威胁和内部祸乱的潜在祸根，唐蕃友好关系也因之受到严重影响。鉴于其势力雄厚，赤玛伦不动声色，一面有意识地去培养自幼聪慧过人的儿子的政治才能和树立声威，一面静等时机让噶尔家族横行肆意造成民众怨愤后走上自取灭亡的道路再加以铲除。

果然，当武后垂拱元年（685年），大论噶尔·赞聂多布在家族内部的权力斗争中，被芒聂达乍布杀死于孙波河后，她先是稳住噶尔兄弟，任命赞聂多布之弟钦陵与赞婆接替大论、将军之职，再由论钦陵主持布穷的冬季集会议盟，给赞普上尊号为赤都松。[①]这时，她将年仅十岁的儿子推上赞普之位，自己以其母身份退居幕后全力辅佐。

藏族学者根敦群培收集的于阗文献中记载：赤都松赞普，年轻而功大，宰野猪、擒老虎英勇无比。众望所归，故奉为"幻神王"。常训斥噶尔氏等人，为此噶尔氏一派不服又怕而远之，又降服吐谷浑部，武功胜于前赞普。[②]不错，他的确不负于母亲的培养，从一开始就表现出与其父相反的沉着果断和雄才大略。自天授二年（691年）起，吐蕃的集会议盟，连续三年没有噶尔家族主盟，而到延载元年（694年）所举行的两次集会议盟，则分别由芒辗细赞及垄达延主持，完全撇开了噶尔家族[③]，吐蕃赞普家族与其的矛盾正是因此全面激化，进而予以撬动和镇压的。这不失谓母子二人合力的结果。

[①] 黄布凡、马德：《敦煌藏文吐蕃史文献译注》，兰州：甘肃教育出版社，2000年版，第43页。
[②] 次旦扎西、阴海燕：《吐蕃十赞普》，拉萨：西藏人民出版社，2012年版，第85页。
[③] 陈崇凯：《吐蕃女政治家赤玛伦考略》，载于《青海民族学院学报》，1999年第1期，第41页。

久视元年（700年）到长安四年（704年），赞普赤都松大多时间在外亲征讨蛮，赤玛伦以赞普母之尊再次出面协助掌管吐蕃内部的重要政务。她的身份和际遇注定了她的使命和命运。而当儿子早逝，年方七岁的杰祖茹无法主政，其母琛氏又不谙政治时，历史舞台的光辉第三次聚焦于这个女人身上。从此，五十六岁的赤玛伦摄理吐蕃内外政务，也正是在这之后，她的卓越作为，越来越配得上世人授予她的"女王"冠冕。

她整治内政，不仅翦灭噶尔家族，而且采取扩大军队编制、征调兵丁马匹、征集"平民"黄金赋税等措施加强军事和经济实力；她消灭小邦悉立国（在吐蕃西南①），使之归附，从而扩大了吐蕃的版图；她先后为赞普赤都松、赞蒙芒邦和可敦（后二人均为芒松芒赞之妃，另，"'可敦'是突厥语，义为'王后'，此妃可能娶自突厥②）修灵堂、祭祀、入葬——吐蕃时期，赞普家族成员的遗体葬于陵墓，还要举行隆重的祭祀仪式，也是当时的一件大事。

总之，赤玛伦掌政，并未另立旗号与悉勃野家族对立，恰恰相反，是她保持继承了悉勃野家族的王统，使其政治不致中断，在她苦心经营了八年之后，于临终前，给幼主杰祖茹上尊号，并将大权交还给悉勃野家族……③

所有这些历史过往，对于此时的赞普来说，都只能是压力，他必须负重致远，做他本该几年前就做的主政之事——先祖松赞干布十三岁继位便一展雄风，一生功绩累累，实在是他的楷模。而他也不得不说是幸运的，同父亲、祖父一样，深受祖母的恩惠，直到十六岁的今天，他才必须一个人，顶天立地。

现实是即刻就要求他成为一位成熟的赞普，尽管他深得她的教诲，一直在学习如何做合格的赞普，但这靠山突然倾倒的滋味太不好受，确切地说，他现下几乎不应该有任何负面的情绪，他——赤德祖赞只能勇敢，一往无前！

---

①黄布凡、马德：《敦煌藏文吐蕃史文献译注》，兰州：甘肃教育出版社，2000年版，第105页。

②陈践践：《吐蕃时代的杰出女王墀玛类》，载于《中国藏学》，1994年第3期，第81—82页。

③次旦扎西、阴海燕：《吐蕃十赞普》，拉萨：西藏人民出版社，2012年版，第105页。

金城公主对此，或许不能亲身体会他身上肩负的责任，她至少感到悲切而沉重，在尽力安抚赞普的同时，她亲自向大唐报丧、上书，郑重地做着这些事，反倒比往昔更沉着了。或者归省一行，让她有了快速成长，或者长安的皇亲教给了她一些实际有力的办法，或者她认为现在和以后她都该站在他身旁、同他一起挑起责任……

玄宗先天二年（713年），唐朝命左清道率李敬撮、宗正卿，持节使赴吐蕃会葬。[①]双方虽因边将起乱而未完全修好，但仪礼照旧——大抵多半系在金城公主一人身上。

赞普初成，她无人维护，处境尴尬，前程任重道远。

[①] 王溥：《唐会要·卷一百》，北京：中华书局，1955年版，第1781页。

第四章
山雨欲来

当全世界都离你而去
黎明还没有苏醒
任凭长妃的笑声穿透风暴
群臣对赞普伸出恼怒的手指
一片阴影掠过头顶
一个神秘游戏即将启动

松赞干布的预言

唐蕃关系因历史渊源的几次碰撞，而注定纠缠联结。

当雅砻部落首领松赞干布在高原建立吐蕃政权，并迁都逻些时，大唐的太宗在中原亦在同样为新兴的政权寻求大展宏图的机会，于是"吐蕃自古不通中国"成为这一对君王合作的基点。

当吐蕃正妃赤玛伦走上政治舞台，大唐的武后亦开启和引领了女性擅权的热潮，二人既为各自的政权积下功业，又为唐蕃友好做出了卓越贡献。

而当赤玛伦圆满升天，结束了"一代女王"摄权佐政的历史，中原大地上也随着太平公主的密谋未遂被赐死，而永远地告别了由女性长期影响中国政治生活的历程。

可能不同的是，唐玄宗亲手遏杀了太平公主欲图武装政变的密谋，彻底为自己扫除了权力隐患，展示出了卓然的政治才能；比之小十来岁的吐蕃赞普赤德祖赞，刚刚行完祖母丧礼"剖殓"仪轨，开始主政，作为新主，他虽自认尚有自卫能力，但还是免不了有些仓皇。

对于金城公主，他知道自己必须保护她，但随着与唐关系的缓和，她的协助议事和上书等举动已经引起了长妃那囊氏的不满——相处久一点，她发现那是个硬脾气的人，还因错以为姐妹间不拘礼节的亲近是同为直率性子之缘故而受过刁难。赤德祖赞渐渐也对这位稍许年长的妻子的猜疑感到反感，但当前他无暇顾及这些琐碎事端，只好安慰金城宽谅之。或许她能够了解他的处境，也就体谅了这时候他出外巡察的选择，而另一方面，他未尝不是得下功夫，才好充分掌握整个吐蕃的现状。

广袤的平川，连天的草原，一望无际。年轻的赞普看到飞翔的雄鹰和雪鸽悠闲自得地畅游在蓝天的怀抱中，抬眼所及全然是自由的况味，这让他感到放松和愉悦，他随即专注地合目养神，俊朗的脸庞上不禁露出惬意的笑意，他刹那间有些后悔没有带金城公主一同携手作伴，但转念又舍不得她受旅行之苦。

他渡过吉曲河（拉萨河古名），尽量放缓速度，不愿意打扰了农家少年木头方舟上的玩兴。视野中，更多大人顶着炎炎烈日在挑拣饱满的青稞粒，以不同大小的碗具盛着，似要分出三六九等来，心思深处无非是想做个最合理的分配，并拿最优质的煮茶酿酒，当然不会一次性用尽，而是十二分珍惜，做一点便满足地分多次享受完，然后再重复这个过程，乐趣和满足感俱在。他沿途走了很远，发现很多人家或早或晚甚至一天之中任意时间都有可能"投身"于食饮的制作，这好像是随时都能开始的活动，又好像他们从来没有停止过。

离王宫越来越远，他呼吸着清新的空气，周身的风光也将浓郁的民间生活气息带到他的心坎上，想及自己一定要守护好他们简单的幸福，责任的重量就在不知不觉间又加重了。他也有路过颇为贫苦的地方，慷慨地送些银饰或食物，羞愧和歉意染上面庞，心想神灵的某些安排还真让人搞不懂，幸运与残酷并行。

走进山南地区，已是黄昏时分，天过早地黑沉下来，赤德祖赞也就决定先在此歇下脚来。忽地，天色骤变，一场风暴迅即降临。沙尘卷起，扑面而来，零散物品四散而去，本就带着不多的几个随行一瞬间差一点分辨不到彼此的位置，为了应急，他们擎着刚燃着的火炬往临近山洞深处躲避。他们没有了退路。

在变幻莫测的自然面前，人类鲜少能在第一时间显示其英雄本色，总是退居弱者的位置以后才有回击的机会和妙法。这个时候，没有尊卑之差，没有长幼之别，他们紧紧地靠在岩石之间，随手撕一大块衣角蒙住脑袋以挡风沙，末了也就这样睡着了。

赤德祖赞醒来时，这一夜漫天飞舞的沙石并没有停歇，其他人也来不及观察眼前的情状，只得狼狈应对，本能的实力似乎是全然不奏效的，幸好只一会儿混沌，就尘埃落定，恢复安静了。

人们惊魂未定，神情露出些许呆滞，视线的合谋倒因本能的反应，似乎在期望着等待下一个盛大场面的到来。果然,就在石头坍塌下来的地方露出来一个壁龛,好像这场风沙就是为了送它而来,绝对是此时天地间最醒目的东西。

全部的目光渐渐向它靠近。赞普边走边观察他们身处的地方,这里是秦浦——山南地区桑耶东北面的河谷深沟内,《地形图》上标作"建达",即秦达的音变,是秦浦的河谷口,今属扎囊县境,为古时最重要的修道之处。[①]这里,离吐蕃文明的发祥地雅砻河谷并不远,历代赞普的陵墓也仰赖于那里的天时地利得以滋养……他想着想着,或者已经在体察什么了。

赤德祖赞回神过来后,天色已经完全大亮,随从举着的火炬却没有及时灭掉。他们好奇地朝着那壁龛走去,顾不上其他,只是盯着越来越近的目标,又再次陷入了猜想。一整面崎岖的石壁上,竟画满了各种奇特的图画,几人感到茫然不解,就连其中无事不通且同赞普一起长大的那位朋友,也锁着眉心,无奈地摇摇头。年轻的赞普试着往前走,眼神迅敏地扫过近旁能及的一切,终于发现了一个写有文字的东西。

他从未想过,自己作为赞普的一生是从这个时刻正式开始的。

快马加鞭赶回宫中,而后坚实有力地作为起来。史书上载,点拨和启迪这位赞普的发现物,就是记载有先祖松赞干布遗训的一块铜牌。多年来,他如何获得这一宝藏的过程已被渲染得足够传奇,他也因之在民众中树立了威望并展现了才华,人们说着他是怎样将上面一些古老的藏文轻易地识别并流利地表达出来,进而越来越相信,这是高原上无数神灵引导的结果——和他一样,相信。

不久后,他将那块铜牌上的内容公开昭告整片境土上的人民:"我的后世中称作'赤'和'德'的赞普当政时期佛法将隆盛。"[②]并且慷慨表示,自认此遗嘱应在其身,决定大兴佛法。

一代英雄赞普的感召,后来又被演绎成更为具体的故事,俨然像是当世人的想象。

[①]五世达赖喇嘛著,刘立千译注:《西藏王臣记》,北京:民族出版社,2000年版,第187页。

[②]韦·囊赛著,巴擦·巴桑旺堆译:《〈韦协〉译注》,拉萨:西藏人民出版社,2012年版,第50页。

在松赞干布的后代里,将有一位名字里包含"赤"和"德"的赞普来统治他的臣民。他的妻子将是大唐皇帝的女儿。她将由六百名随行人员陪同来到吐蕃的境土上,成为赞普的强大支柱。他们将共同使神的教义复活并传播开来。许多圣者将来到这片圣地传教。许多断念者将削发、赤足跟随达摩。他们将骄傲地身披蕃土的赫色旗帜,而且诸神尊敬的其他对象将会显现。神圣的宗教将比以往任何时候都更广地得到传播,赞普及两位赞蒙,连同所有臣仆将生活在和谐与幸福之中。①

对于失去靠山的赤德祖赞,这的确不失为一个极好的开端。他决心并欢喜跟随先祖的引导,又想到金城公主方面的助力亦是他可利用的力量,便笃定许多。从此,他真正地成熟起来。

---

① (德)莫尼卡·封·鲍里斯伯爵夫人著,杜文棠、李士勋译:《黄土地的女儿:金城公主》,北京:中国社会科学出版社,2011年版,第162页。

反对的力量根盘蒂结

赤德祖赞料到了金城公主听闻复兴佛教时的欣喜，毕竟她的祖姑母文成公主就是在吐蕃正式弘传善法的第一人，她的身上必定继承了先辈的愿望；他设想着如何通过请僧建寺淳化民风、教化社会，一如先祖松赞干布那样功德显赫。他开始明白，为何祖母要数度向唐请婚，缔结姻缘，同时又庆幸这份幸运落在了自己身上——他和金城公主，注定要走上松赞干布与文成公主般相似的道路，这是唐蕃双方共同的期盼，他当然得好好地借此发力。

金城确实乐意为之。她虽不是从小潜学经论佛理，但借由对祖姑母的钦慕，断断续续翻阅过一些经典，现下倒也能贯通常识。她思量着，七十年前，这里一片净土，几无佛法的真实痕迹，人们深谙于自然和苯教的教旨，对各种神灵百般敬奉，祖姑母的功业到底经过了与之时时刻刻的斗争、妥协、融合与改良；而近几代赞普时期，无寺无僧，总无佛法，这突然性断代，没有人过问其中的缘故，亦不关心它的存活或消弭。[1]

她心里很明白，虽然在自己入蕃联姻那年，由上层主持曾进行过大、小昭寺的复修[2]，但那大抵也是出于对唐的尊敬及对自己的迎接事宜中的一部分，余后再无任何响动；何况，祖母及大论尚赞咄等人，也是苯教的忠实信徒，倘若现下，赞普一定要复兴佛教，恐怕又阻力重重，如同松赞干布之初，无疑是重头来过。她姑且先想到这些，觉察到事态并不乐观，就赶忙向赞普献议……谁知，中央大帐里，早已炸开了锅。

---

[1]王森：《西藏佛教发展史略》，北京：中国社会科学出版社，1997年版，第5页。
[2]黄明信：《吐蕃佛教》，北京：中国藏学出版社，2010年版，第212页。

尽管有史为鉴，赤德祖赞和金城公主毕竟还是第一次面临这种场面。反对的呼声此起彼伏，叫嚣般四起，苯教巫师的阵营亦好似从来就备战在那里，但逢需要，势必即刻出征。她第一次见识到政治联盟的威力，也立刻了解了吐蕃内部始终存在着派系间的争斗，只是和大唐的表现方式不一样，因为它在对抗军队、人心、分派势力的同时，还要与万千古老的神灵——这些虚幻却异常坚实的力量砥锋挺锷。

在古代藏族社会，人们之间出现是非、善恶难辨时，主要通过盟誓的方式来解决，而盟誓起到准线的作用，并且为了突显其郑重，举行仪式时，人们要穿着专门的服装。人们杀牲祭祀，以天、地、山、川、日、月、星辰等为盟，一年一小盟，三年一大盟，兢兢业业又虔诚地完成着与自然神祇之间的约定。

和任何民族的先民们一样，生活在独特环境中的藏族先民在漫长的生息繁衍中，不断地和大自然做斗争，并试图用自己的理解去解释自然。他们对日出月落、电闪雷鸣、生老病死、梦幻昏厥等现象困惑不解而产生种种"奇怪臆测"。他们"臆测"人体之中存在某种幽灵，并可暂时离开或一去不复返，这便是所谓的"有灵观念"。由此类推，动物、植物以及其他任何事物皆有灵，于是便产生了"万物有灵"的观念。慢慢地，"灵"又演化为"精灵"，继而又演化为鬼神等，最后成为人们头脑中具有超凡力量而不可触犯的神灵。

随之，一种约束人们行为的虚无而神秘的力量产生了，正是在这一力量面前，一方面对神敬畏，一方面对鬼惧怕，人们建立起一种道德标准和行为准则，借助于神灵的力量来完成人力所不及的事情。从而，构成了"人创造神——人受制于神——人利于神"这一人神关系的三部曲。因此，人们以神灵赌咒发誓；两人或两个派别为某一目的联合起来，并借助其力量来保证互相的忠诚。[1]这样，盟誓就产生了。

自然崇拜是藏族原始宗教——苯教的主要内容之一，而盟誓仪式中"杀牲歃血"等祭祀习俗正来源于这一多神崇拜，相信万物有灵、灵魂不散的古老文化中。

---

[1] 王维强：《吐蕃盟誓之根源探讨》，载于《西藏研究》，1990年第1期，第21页。

自然崇拜、苯教与盟誓之间的根盘蒂结，当然是金城公主这位外来者难以想象的，就连身系藏族血脉的赤德祖赞，也不易一时了解祖先们的思想渊源和约定俗成的诸多现象。但这对年轻的伉俪有一个共同的想法，就是仍从其中找寻合适的机缘。

往近想，在祖母赤玛伦的协力下，祖父芒松芒赞晚期将集会议盟制度化，加入到政治秩序中，并寄予它非常重要的核心纽带地位。来自吐蕃原始社会后期的部落联盟的产物，早已发挥和验证过它是成为部落和氏族首领彼此联合力量、取得共同利益的重要手段。于是，它的发展更为健全和细致，分为帮主与赞普、臣属之间的盟誓，臣属之间的盟誓和个人间的盟誓，还衍生出了相应的历史文书——盟誓文诰，例如各类红册、清册、木牍诏令等就是每次集会议盟时，针对议事项目和内容的不同而书写的不同文本，并在书写形式上具有写于纸、刻于石，长久保存，循旧为据，昭示历史告诫未来等特点。[1]

而藏族古史上多有自第八代赞普止贡赞普或第九代赞普布德贡杰时起政事"以苯教护持"之说，没有异说，可谓根深蒂固。苯教类似内地古代的巫觋，以占卜休咎、祈福禳灾以及治病送死、驱鬼请神等事为主要活动。在松赞干布以前，苯教的领袖人物已经跻身到统治者的行列，往往居于高位，辅佐赞普于左右，参与一部分政治、军事事务的决策，自然也协助赞普威慑、控制臣工属民，所以从这个意义上说，以苯理政与集会议盟是一脉相承的传统做法。

往后，松赞干布虽以其雄才大略对内创建行政制度，外则兼并异族，又与唐朝联姻，树立了赞普的崇高地位，但仍委政大论，议事自下而起，每年冬夏召集诸族奴隶主开会集议政事，与当时内地封建专制政权之如臂使指直达民间者，尚有不同。

赤德祖赞和金城公主明显遇到了一个前所未见的难题。他们竭心忖度，周全考虑，试图奋力撬开苯教在吐蕃境土上的一隅之地……

---

[1] 孙林：《盟誓文诰：吐蕃时期一种特殊的历史文书》，载于《中国西藏》，2003年第2期，第75页。

谁动了我的宝镜

长妃那囊氏，无可置疑也是吐蕃境土的主人，而她自己更是坚定地强化着这一身份。

她并非有祖母赤玛伦式的魄力，也无中原"武韦之祸"的野心，但她日日将金城公主与赞普的亲密无间看在眼里，俨然将那大唐公主视作地位威胁的对象，嫉妒的火焰不觉间已燃烧成灾，她越发视之不顺眼，也就再无初始时彼此姐妹相称、你来我往的和善礼节了。

她终于决定主动出击，只是还欠缺一个拿得出手的完整计划。

"砰"的一声，这位长妃私人卧室的两扇大木门朝里面打开了。少顷，门口缓缓现出一个身影，一整个儿身子裹在黑色大衣里，两个仆人搀扶在旁。然后，酥油灯在一阵穿堂风中扑扑地熄灭了，她平素焚香敬酒及盛放各种草药的小桌子摇晃着倒在地上。

她的身体颤抖起来，但不害怕，毕竟老者是受她之邀而来，她知道，只要保持冷静，以她的气场还是可以应对苯教巫师的。她才是主人，他是来为她效力的。

然而，阵局一旦开始，谁主沉浮都还待定。

黑色的藏袍卷带着地面的引力在灰尘中划过，她听到老人费力地靠近时传来拖沓的脚步声。他的第一句声音响起，是命令紧随的仆人守住大门，一瞬间的错觉好像是要封锁她的出口。

两人在晦暗不明的灯光里对视了一会儿。此刻，裹着巨大黑头巾的苯教巫师正欣赏着自己对年轻长妃施加的影响,她明显暴露了些微恐惧。他笑了,那是一种魔鬼般的狞笑。

"我请您准备的东西都有了吗?"他对她严厉地问道。

那囊氏大胆地回想起自己的打算,鼓足勇气说了一声"是"。她又再次明确自己和这位老人结盟的目的。她要以毒攻毒,这使她兴奋起来——既然要呼唤苯教的神力来助已一臂之力,那就不应该畏怯。

这时候,苯教巫师已经坐在供桌前面一个厚厚的垫子上,粗质的氆氇上,那"卍"的绣纹样式,是他内心确认的第一符号。这是苯教的重要标志,在藏语中意为"雍仲",与神秘、光明、永恒等蕴含力量的词汇紧密相连。他瞟了一眼桌子上摆开的为他行仪所准备的小工具,思绪却转而飞回了上一次进到这个房间的那一天。

当时这里的主人还是赤玛伦,就是她把自己从这里轰了出去,那是他永远不能忘怀的一次羞辱。究其原因,远没有深重到信仰的悖逆,而单单只是他的某个举措与她的命令有些微差池。她太强大了,甚至在她薨殁的最后时间,人们都没有邀请他来为她的亡灵做祈愿法会。当想到她的气息还飘浮在这间居室的上方,他爆发出一阵嘲讽的大笑。当然,他也没有忘记,趁着重新踏入这座宫殿的时机,自己应该如何报仇雪恨。

那囊氏听到这种充满怨毒的笑声,浑身一震,她突然对自己的行为产生一丝后悔的慌张。只是,假若这一切都是个陷阱的话,那么,这位巫师和自己的敌人——如今宣扬要大兴佛法的赞普家族成员,结盟的意图何在呢?

她终究镇定了许多,开诚布公地说:"只有让我生下一个赞普之位的继承人……"她重申了这次会面的重点。

"长妃的意思是,只要能实现这项宏图伟业,您愿意一切听从我的安排?"他故意缓慢地说道,应该是在显示自己神明般的号召,又似乎是要对方明确她现在处于有求于他的劣势地位,她必须听从于他,而不要摆什么长妃的架子。

为了顺从一个心怀嫉妒的女人的意愿,更为了维护和捍卫苯教在吐蕃境土上不可动摇的神圣地位,他们完成了预定契约中的一部分,现在就要施行一些关键的仪式了。

"……那就让我们开始吧，我请您做的事都准备好了吗？"

那囊氏这时的确恭敬有余，她双手庄重地捧过金城公主的宝镜，递给老人。如果说，此前两人的隐隐较量，让那囊氏在苯教巫师那里略失了赞普家族中人理应受到的尊敬，那么此刻看见这面宝镜，认识到这位长妃的确大胆地完成了他提出的困难任务，他也就不再介意她显现的得意了。

她从未有打算向谁透露这一过程，即金城的宝镜是如何稳妥地落到自己怀中的，而他也并不关心个中细节。他现在必须集中自己的思想，以免忘掉他的咒语要取得成功的任意一点要义。正是为此作法仪式，他需要掌握与金城公主本人有关联的器物。另外，要使法术灵验，他就必须满足强大的阎王和他的子神的欲望——一顿应有五种动物的珍贵肉体、骨头及血液的饕餮盛宴，与此同时，一面镜子是任何一个苯教巫师不可缺少的用具。

镜子是一切可见之物的象征。他本人始终把这个重要的礼仪物件用链子挂在胸前。如果这个物件属于被驱除之人，那么它对事情的成果就会更加有效。有人说，这面宝镜的特别之处是可以在镜子里看到未来。他十分感兴趣，且自从这谣言入耳以后，他最渴望的就是把它据为己有，因为凭依他多年的经验，如果这个传说中尚有某种东西是真的，他不该忽视这些细节，至少要将它拿到手，好好地端详、领略一番。

他握着宝镜，很快有了结论。看来金城公主并没有真正地使用这件宝贝，否则她可以为自己确定一条更有利的人生道路，不然，在遇到所有与她的命运相关联的困境或责难时会得到警告。而她究竟为什么只身负命到这片高原来呢？她曾经与那囊氏谈到过"报应"，还有中原也讲究天人合———那囊氏几乎把所有关于金城的情况都转述给了老者，他要求她提供无比准确的信息，说这样对施法有一种潜在助力。他认为，如果她真的有能力预见人生前方等待着她的是什么，她很可能采取不同的态度，做出另一种选择？

苯教巫师继续思量着，也许这镜子会使他一个专业的咒术师成功地探寻到某种秘密。那囊氏满足了他隐藏在心中的愿望。她听从了他的要求，连问一下公主的任何一件衣服、一根发丝或者一枚首饰是否也有同样的功能都没有。

两人各怀鬼胎，却为了一个互利的计划立契结盟。

此时，身处发现松赞干布遗训铜牌之地的赤德祖赞和金城公主，汲取着雅砻河谷的福佑，借力于历代先祖的英威，就在秦浦开始修筑他们的第一座佛堂，从这一天开始，它作为生命的修行地，将吐蕃与大唐情谊的种子再度孕育，将年轻的赞普与其中原妃子的功业结晶再度续写……

雅砻河畔的风暴

当苯教巫师研究公主的宝镜时，在远处的雅砻河谷刮起了一阵强烈的沙尘暴。

大自然变化无常，突袭的风暴，改变了苯教巫师和金城公主出于不同原因当作好日子的那一天。日常的轻松的礼仪活动受到了严重的破坏和威胁。

金城与赞普一行，把秦浦囊热[①]（或作钦浦南若[②]）事宜处理妥当，而后沿周勘察，认定这一带是块风水宝地，也就陆续做了准备事项，这里很快将再立起几座佛堂，以告慰先祖松赞干布。回到那文明最开始的地方，哪有不停留祭拜的道理，尤其是来自礼仪之邦——大唐的金城更是重视，她与赞普不谋而合，决定好好敬奉一番先祖之灵。

因天色将晚，仪式进行得简单。回宫的路程尚远，估计赶到前面一个驿站就得歇息下来，过一晚上，明日再行路。可车马队还未出这山好水好的雅砻河谷，风暴就来了。许是他们出发得太迟了。

赤德祖赞感到些微奇怪，这天遭逢的沙尘与上次的显然不同，不是眩乱的天地之力，反而刮得过于秩序，像包裹着一种阴谋，他又想，也许是受河谷的地形影响。眼下沙尘飞扬，呼啸着爬上河岸，抽打着河水的波浪，然后又奋力冲向

[①] 韦·囊赛著，巴擦·巴桑旺堆译：《〈韦协〉译注》，拉萨：西藏人民出版社，2012年版，第50页。

[②] 旺多：《论汉藏佛教界的交流与吐蕃时期的佛经翻译》，载于《中国藏学》，2009年第4期，第61页。

田野和山上的一切有生命之物。金城公主几分钟前尚悠游其上的小木船大概还在那儿，由于沙尘漫卷，人们只能估计河流中的情形，而赞普也在第一时间发出警告：全部人马不要再退回雅砻河畔，往外走，并尽量保全车驾的完好和马匹不因过度受惊而不能上路。

空气中，可怕的叫喊声随着风沙晃荡而过，逐渐加强，好像在传递某种讯息，然后又同样快速地变换成咆哮声戛然而止。

金城留在了岸上，她和马一起蹲伏在一块突出的巨石下面，并把脸贴在了马鬃上，想要安抚它。其实，习于奔跑的马匹比人更善于应对大自然的各种变化，它们本就生长于野外，就算是豢养的也早已习惯了风吹雨打没有外衣的日子，但它还是静静地倾听着她近在耳旁的温柔："安静，安静，那是凄厉的风声，你现在听到的才是女主人的声音。我们不会有什么事的。要是我把宝镜装进行囊带在身上就好了，现在的情形必然已见分晓……"

对，金城想起了她的宝镜，她多多少少有些依赖它，像一件能够获得庇佑的信物一样。接着她又想起些别的事情，就在为秦浦囊热向土里打下第一颗钉子的前一日，就在她与赞普为使吐蕃的信众们尽快得到一个安于生活和念经的家园而有所行动的前一日，一位老侍女竟第一次把送到手的甜茶给弄洒了。

金城后来几经思量，那位老侍女行事一向稳妥，这样端茶送水的活儿她真是干了一辈子，她连忙向公主道歉，但金城一点都没有责怪她的意思，不单是因她从来都慈和待人，也困惑于那一瞬的些许幻觉——金城好像记得自己已把茶杯接到手，如果是这样的话，并非对方的过错，而是自己的不小心。她始终无法断定那个细节事实的真相是怎样的。

当时，跟随她一同入蕃的中原卜筮师也并未算出有何不测，只是提醒她谨慎行事便好，金城公主点头听从。

风暴乘着来时的轨迹又忽地消失了，俨然令人有种毁尸灭迹的错觉。外面的风光仍是一片绿，现下不过多蒙了一层白纱。这时候，致力于视察和保护先代赞普陵墓的赤德祖赞放心地往金城所在的方向走去，相较于自己的爱妃与伴侣，他在灾难到来之际，的确更应该以整个吐蕃为重，守护先祖的亡灵，以获得他们的福佑，延续他们的英气与豪情。而现在一切终于应该平息了。

第四章　山雨欲来

　　他边走边转头回顾身后的动静，但越发集中和清晰的是，身前方向传来的泣诉声。他心下一紧，疾步朝他的公主跑去。

　　在那巨石旁，马的缰绳是松开的，周围几个随从和侍女哭泣着向诸神祈祷，口中颤颤地说着希望保佑公主之类的念词，他们明显被吓坏了。但赤德祖赞再往近看，才蓦地发现金城躺在地上，一片紫花将她呵护起来，尽管花儿都压在厚厚的沙子下面，可绚丽的颜色仍让它们显得鲜艳异常。也许年轻的赞普第一次遇到爱妃近在眼前却昏迷不醒的情况，他显得有点后知后觉，这才注意到她柔弱的样子，脸色苍白，许多小的血道子不明所以地干扰了她的美丽，而侍女们为她精心梳理的发型已经不在了。

　　一时间，他竟感到无所适从……

　　好日子总是繁忙的，因为需要完成太多人的夙愿和请求。就在金城公主无故受伤陷入昏厥时，逻些城中，长妃那囊氏的静室里，经过漫长的作法，进入了最后阶段。

　　苯教巫师凝神聚气，一以贯之地奉献着他的虔诚，虽然体力已临近极限，但好奇心的驱动还是使他再次振作起来。他仍希望能够对镜子施加影响。于是，他很快抓起镜子。

　　他认为自己没有受骗，令他无法认读的文字在反光里显现出来，然后又消失了。而后他把镜子放进神圣的刺柏枝条的烟雾中，沾一点杯器中的神秘液体，使劲擦拭，直到它闪闪发光为止。镜中之像，渐渐明晰起来，那是那囊氏怀里抱着一个小男孩。如果这面镜子真的能预示未来，那么他就达到了自己的目标之一。当然这种快乐仅仅持续了很短一会儿，转即，镜像变幻，令他生出失去控制般的躁动，他尽力又使自己平复下来，可原本等待的其他预兆之像再也没有显露一丝端倪。它如一面已死的镜子，令他爆发出绝望，他只能拉扯着自己的胡子再做最后一搏。

　　可终究是空。

　　对于那囊氏而言，她看到了那镜面中的小男孩，就已然觉得在这场结盟中获得了胜利。但苯教巫师没有对她解释的是，如果最后没有出现与阎王相对的龙之像，一切都是徒劳无功的虚境。

苯教信奉"天空为神界，中间为赞界，下面为龙界"的三界神灵。其中，赞是藏族本土自然崇拜的一个精灵，遍及各处，人们必须对它保以特别的尊敬。[1]藏谚有言，人死而赞魔生，说的就是人在死后变成一种赞魔。另外，赞也是一种火神，藏族赞的信仰与中亚、突厥地区最重要的民间拜火信仰相融合。苯教经典中描绘的赞，往往是一身红焰，居于高高的西方铜色山，铜色红类火。

赞系凶神之主阎王，不是居于地下，而是地上的"魂城堡"。所以说，向阎王作法祈愿，只是向这位神主恳赐那被认定已死而未降世的小男孩的生还机会，最后还得请龙——又被称为水神，主雨水，管避水旱灾害，防止疾病、饥饿、受伤和人们的贪心、嫉妒等——驱逐掉那囊氏久存的仇嫉之心。

可是终究成空，连同他的愿望和报复都失败了。

镜子里的光熄灭了，眼泪顺着他布满皱纹的脸颊往下流。他只是还在揪心地思考，如何阻挡继续遭受伤害。他不得不委托他的盟友把那面宣告灾难的镜子送回去。为了安全，他不得不提醒她，每个占有宝镜的人有可能万劫不复。镜子的来历证明了这一点。然后憎恨金城的那囊氏，将会想方设法让镜子重新落入公主手中，从而战胜她。今后，就要靠金城自己，或者凭借一次偶然的机会再来揭开这面镜子的秘密了……

---

[1] 王尧：《走近藏传佛教》，北京：中华书局，2013年版，第34页。

命悬一线

远在雅砻河谷的赞普和公主,并不知道这一切与宫中苯教巫师作法有关。但无论如何,赤德祖赞必须为她宣医问药了。他那位见多识广的朋友当时就在公主不远处,现在一时也无措,只是向赞普说明了他眼中的情况。

沉沉的夜色在众人的惶然中变得更加难以揣测,他们很快将金城转移到就近的山洞中。又是这样相似的情景,赤德祖赞抑制着思绪的肆意蔓延,小心地让公主不离开自己的视线。火把再度应需点了起来,路上碰到的牧民都愿意提供帮助,几壶酥油茶是他们最本能的心意。简单的热茶,对于高原上的任何一个病人都是最紧要的药饮,可任凭几个侍女如何配合着努力,还是没有一滴热液渗入公主的口中。跟随出行的藏医,多能处理跌摔等体外之伤,赞普让他们加入抢救队伍,但作用只是杯水车薪,谁也没有想到会有如此离奇之事故。

他发出了新的命令:不顾一切地赶往昌珠寺。

只有尽快到达那里,金城公主才能及早求医。当年松赞干布和文成公主联姻时建立的那座寺庙,此刻成了他们唯一的希望,而最主要的原因是,宫中的医者之前正是听了金城公主的建议,到那幽静之地去钻研医药典籍的,好避开争斗纷乱——她说,他们是技艺之才,就姑且许他们一份安宁的专注吧。

没有人去计算他们心惊胆战地跑了多少时辰,他们只是担心公主能否醒来。山峦与原野在黑色中沉默到底,偶尔露出几分让人错觉的悸动,兴许是对公主的问候与怜意吧。与这一夜的异常难熬相比,赤德祖赞想及往常在宫中和金城一起秉烛夜谈实在美好太多,灯火通明,早已习以为常,而今却因她的昏迷,黑暗了整个山南。他下意识地静静凝视着她，月光都在身后自动隐退了，车驾的颠簸声和马蹄声也渐次藏匿了，只留下她盈满了他的全部世界。

他不得不承认，或者是因这境遇才仔仔细细凝望着她的脸庞，觉察到她别致的美。想来他们只经过两次见面，就结了连理，做了夫妻。那时他都来不及发掘她的千般明媚、万种风情，只一个耀目的少女胚子，就令他满意无比。他后来知道她的智慧、学识、教养……无一不是卓尔不群的，他明白了大唐皇帝为何那般舍不得这个出色的女儿，他也告诉自己：我赤德祖赞当然没有理由不爱惜如此珍贵的娇娘！

当先行的报信人到达昌珠寺时已经天亮，整个山南的焦点又随着日月重又交替的光明的降临，汇聚在这个久违的热闹的地方。人们赶忙为遇险者的到来做准备，金城公主是最重要的一个，而其他人在此刻之前的确像被忽略了似的。

宇妥·琼布多杰刚从印度回来，金城公主邀请他住于昌珠寺，以便能够潜心整理其研究成果和翻译梵文。这确实是一名人才，作为医学世家的儿子，他从医研究已经八年，又八次赴印度学习，和其父辈一样，颇得吐蕃赞普家族的赏识和器重。如今，金城陷难，似乎正是给了他一个考验，一次施展习得成果的机会。他知道他的任务是赶紧去救助公主。

她的样子是那样弱小和安静，一眼瞧去，完全看不出任何异常。他小心翼翼地再三为她号脉，感觉她脉搏的跳动及特征，希望以此找到出现异常现象的原因和部位。公主的脉象甚是虚弱，难以清楚地进行分析，他判断由于耽搁了一夜的时间，更不可急于下论。她的状况可谓奄奄一息，各个器官好像并无明显受伤的样子，但她对敲打试验无动于衷，于是他果断地放弃了此种测试，另想他法。

他不是束手无策，只是想先了解病况。他自然懂得不时给予尊敬的赞普一个眼神，告诉他自己正在努力抢救公主。时间对于病人，总是显得太珍贵又太苛刻，年轻的琼布多杰在为公主进行了全面检查后，就意识到了什么，似乎下了某种论断。他左思右想，再做一些细节的观察，还是解释不出她失去知觉的医学道理，某个间隙，他希望争取时间，也向神灵做了祷告，祈愿神灵保佑这位命悬一线的赞蒙。

他的论断是，金城公主体内很有可能被一股神秘的黑暗势力控制。他虽出外求医多年，领受了他国先进之道，但在青藏高原上，常常会见到这样的病例。他不想这样不负责任地归因，最后却还是推测到了这里。他当然知道，眼下最要紧的就是让公主苏醒过来。

琼布多杰向赞普提出并立即得到准应，请昌珠寺里的一位老藏人出面与自己合作。这是位很是了解神秘巫师阴谋诡计的老者，也许在他身上就加注着苯教与医学的双重力量，他总能以一种别的方式给生命带来新的出路，似乎也可以叫作起死回生——不管琼布多杰愿不愿意承认或接受。

说是合作，其实在后一阶段，金城公主的病情疑难就全权交给了老藏人，毕竟他们是两个不同的体系，至于如何融合彼此的长处治病救人，他们还没有研究出足够成形的体系。年轻的琼布多杰见识过老藏人数次类似做法的虚虚实实的一番操作，他并不想探求其中的要义，只是随着老藏人轻唤了公主的名字后，她的眼皮轻轻地跳动了一下。

老藏人面向大家做出了简短的解释，拔除簪子使她恢复了生气。众人当然不明就里，可高兴的是，公主就这样慢慢醒过来了。尽管结果和事故之初的缘由一样令人糊涂，但连赤德祖赞在这一刻也没有顾上追究金城昏迷的深层原因和醒来的缘由，所有人感到庆幸，连连再向神灵献出恩谢。唯有琼布多杰在浅浅的叹息后，陷入了沉思之中。

他看见了某种令人不安的东西，一种在现实中极为强大的玄幻法术，而对抗这种力量的人——他先后担任过赞普贴身医师的祖父洛哲希宁、父亲斋杰加或巴扎，都失败了，他没有沮丧，只是知道来日方长。后来，广为世人所知的藏医学杰出代表人物宇妥·宁玛云丹贡布就是他的儿子，此时过早显露出医学天赋的神童，当然离不开琼布多杰的孜孜引导和教育，他将继续继承宇妥家族的事业……

"公主醒啦！公主醒啦！她睁开眼睛了！"

从一点点知觉反应出现，到金城完全苏醒过来，昌珠寺似乎也经历了一场虚惊，沉默而神秘莫测的冲破与较量，无法言说清楚，一切只在她身心之上留下了不可抹去的痕迹。

日月下的昌珠寺

遥远的音容，只时空跳转之间才会变作相遇的讯息，连通的使命，嫁接于唐蕃交往史上的斑斑印迹，驻留几许亲人的熟稔与崇仰、生动与高贵。金城公主缓缓醒过来时，目睹周身围堵了一圈又一圈，她的苏醒让所有人欣喜若狂，连赞普赤德祖赞也经历了无措、惊慌、静待、欢喜的跌宕起伏，此刻更是攥紧她的手，表达着对失而复得的喜悦之情。

而金城则更像经历了一场梦，她用眼睛环视片刻后，马上意识到自己身在什么地方，原来梦中早已有了相似的导引。她自然很高兴，尽管先前的不幸仍让她心有余悸，但至少此刻待在昌珠寺——每每碰触到有关文成公主的气息，她便认定了这是祖先的眷顾，它来得恰逢其时，让她倍感珍惜。

只一会儿，她便安慰大家自己已经没事，只是想静卧休息，好像她才是医生，她完全知道自己的情况。众人退下，赞普也被她温言几句嘱咐着去吃些食物，不可太累，这样才有精神料理政事。房间里，只留她一人清寂，呼吸，思考，眼珠迅敏地转动，思绪着实没有停歇下来。

她不得不念起祖姑母的伟大榜样及杰出事迹，那是一个不可超越的传奇，每每思量，她都甚觉惭愧。她在反省，自己现在究竟做成了什么？根本不能与其辉煌功绩相提并论，除了……她不无骄傲地想，今天——应该是昨天，在这个不幸发生的日子里，为第一座寺庙奠定了基石。这与文成公主帮助建立的大昭寺相比，虽如一颗沙粒，但却是善法正业的希望之开端。这比她原先预计的时间已经早了一些。

第四章 山雨欲来

她思忖着，现时有那么多佛教信徒来往吐蕃，基于这种需求，应该是发扬藏传佛教的大好时机，她的信念当即通过了内心的阀门，获得了升华。

她又回顾文成祖姑母在吐蕃建立第一个圣地之前，不是也冒过许多风险吗？为了镇伏仰卧在雪域吐蕃上的罗刹女——藏族先民的一种古老的自然观，也做了很多准备。大昭寺镇压的是女魔的心脏，此外，在两肩、两足、两肘、两膝、四掌心等部位皆通通建寺降服，而昌珠寺为其左肩上的一根"镇妖桩"[1]……总之，这一寺庙是彼时吐蕃寺庙的一个缩小版本，即便如此，它也显示为统一新旧势力、进入文明世界的一个胜利的耀眼的标志。

据寺史记载，昌珠寺最初规模较小，只有六门六柱和祖拉康。祖拉康铜铸三世佛，塑造精致秀美，似融进了中原某些风格，门柱上有木雕护法神（系保卫佛教的天神）坐像，体型矮胖，形态怪异，雕刻浑厚，刻风古朴，是早期的艺术创作。[2]它的风格是简练的、质朴的，并不张扬，或许因其本是大昭寺工程的附属物，天生便没有涌动的活力，而唯留镇静的特性。

擅长堪舆的文成公主，测出吐蕃地形如一女魔仰卧，而其一只胳膊就在山南地区贡布山的西南方。那是一个大湖，湖中有一条五头怪龙作祟。有诗云：

> 松赞干布长于武，
> 文成公主巧于算，
> 拉萨要建大昭寺，
> 算出妖魔在作乱。
> 五头怪龙在湖里，
> 祈求大圣来除患。
> 镇服怪龙驱鬼邪，
> 松赞干布修成仙。

---

[1] 布顿·仁钦珠著，蒲文成译：《布顿佛教史》，兰州：甘肃民族出版社，2007年版，第115-116页。
[2] 杨辉麟：《佛界神秘的西藏寺院》，西宁：青海人民出版社，2007年版，第44页。

>摇身一变成大鹏，
>飞上高高铁布山。
>怪龙出水一露头，
>大鹏俯冲把头啄。
>一连五次大搏斗，
>五头怪龙永不见。①

为了镇服怪龙，使它永世不得兴风作浪，便填平湖泊，在上面修了这座昌珠寺，其意为"鹞龙寺"。

时光依循眼前的景象，不自觉倒流。当金城的视线瞟过又停回在房间的炉灶上时，热温灼烧的空气上方隐隐地现出模糊的画面，犹如梦中所见，再慢慢地被一层层闪亮的珍珠白覆盖。她似乎看到，文成公主怎样弯着腰，守着噼啪作响、烟熏火燎的炉火为松赞干布制茶煮食，他们或曾远离逻些城，在此度过一小段闲适岁月，也正因如此，当他离世而去，她义无反顾地要回到山南，且守寡之初就在这里度过了凄凄日月。

她转念又想，自己与赞普当下不也是如此吗？远离逻些的种种，在此看山听山、看水听水，怀思故人往事，憧憬未来生活，岂不为上佳意趣吗？她不禁扑哧笑了，好像感到一瞬间自己也羞红娇面，甜了心田。

女人的心思总归敏感得多。她能感觉到，自从赞普发现了遗训铜牌后，就跟换了个人似的，往日的秉烛夜谈的内容变成了共同制订诸多宏伟规划，他从未承认她的角色超过一个亲切的女参谋。现在，由于她的病情，加之建寺工程的需要，他们还得在这儿滞留一段时日，她觉得他还有机会和自己足够亲近。

往后，他每天过来看望她，有时一天好几趟。金城觉得他很关心自己，心里颇为感动，他对她几乎可以说非常温柔，但她困惑的是，他始终回避任何进一步的亲近——难道他害怕这样会给她带来危险？难道他甚至在这里也害怕那囊氏？又或者他是为那些不幸的夜晚仍怀有某种芥蒂和疑义才跟自己保持距离？

---

① 杨辉麟：《佛界神秘的西藏寺院》，西宁：青海人民出版社，2007年版，第42-43页。

第四章 山雨欲来

思绪纷纷扰扰，其实面对太多未知的问题，最好的办法不是急于看清和解决，而是等待，云淡风轻地将自己交付给静谧，等山光水流烂漫，等星群夜海妖娆。

从深夜时分疾疾赶赴这里，到她苏醒之际，才让这里的灼灼烈日有了名副其实的光耀。她当然要起来享受昌珠寺的晴阳。金色的光线葱茏地将这里包围，墙体的赭红和白色是最独特的符号，没有别处比它们更积聚心灵的虔诚和精神的供养，壁画也是无处不在的，镶嵌于任一建筑内部细处，像极了从中衍生出的样子，雕琢之笔巧夺天工，让人站在哪里都禁不住穿越着进到那画中故事里……

她知道，她爱高原的牦牛和羊群，爱雪域的旷野和河流，爱饱满而深邃到底的虔诚，没有人不在这里得以净化，即便经行过莽荒，即便纷乱犹且不息，她真正地爱上了这里。

她近乎忘却了强硬的苯教势力，而在此期间，雍仲开始溃败，或许在于一场作法而致的事故，不但让对敌的大唐公主没有偃旗息鼓抑或颓然倒下，反而令她愈发恋上吐蕃风光，并决定继续像先辈文成公主那样大干一场！

日月有明，容光必照。她的时代来了！

病隙学医

耽于沉思冥想，是身体复原之初的微妙活动，而后她又发现了新的契机。

年轻儒雅的宇妥·琼布多杰在与金城公主的交谈中，不仅讲述了自己的旅行见闻和研究心得，而且郑重引荐了儿子云丹贡布，这位三岁起学习藏文读写、听讲经学医理，五岁时学"甘露化学"和"药师佛修习法"等佛教密宗之开许仪轨，能结合医理学习，并已具备奔走行医的能力与经验的神童，琼布多杰言辞和神情中尽显一位父亲的骄傲和一个家族的气质。而对面的金城公主，此前只听闻吐蕃历代赞普的贴身医者都出自宇妥家族，让琼布多杰等人转阵昌珠寺也多是出于惜才之故，改良比前赞普赤都松时更合宜的研学环境，这下，她从一位少年早成的事件中，看出的是这样一个家族对于吐蕃文明延续和壮大之重要性。

她对医学也很感兴趣，也会针灸，聊天中文成公主就曾为赞普松赞干布亲自针灸疗伤的往事成了避不开的趣谈，随着话题的深入，专业性内容逐渐加强，金城将之当作很好的学习机会，宇妥父子也颇为慷慨，细致入里地与公主探究吐蕃医学事业的发展历程。

提及开端之由，他们仍然感激文成公主入藏时带来的大批中医书籍和百工技艺人员。其中包括：药方一百种，医学论著四种，诊断法五种，医疗器械六种。当时，这批医典由松赞干布组织人力译成藏文，取名《门杰亲莫》，即《医学大全》；随后饱尝文明甜头的赞普又特地从天竺、唐朝和大食聘请名医，联合编纂了一部长达七卷的医书——《米吉冲恰》，即《无畏武器》，并下令所有藏医都要学习。①可惜，这两本医学著作均不见踪迹。

　　遗憾之余，当然还得从头来过。金城公主的到来，给宇妥家族带来了新的希望。随同她入蕃的杂技诸工中仍有许多医药人员，医学著作究竟是哪些虽已不可考，但也必然少不了。怀揣着信心和希望，当金城报备赤德祖赞时，他万万没想到，继建寺兴佛之后，医学方面的进展也开始有所推动。她当然愿意将一切功德归于他的名下，于是各路史家所记相关皆无一不与他的英明相关：赤德祖赞时期，继续奉行松赞干布对外延聘各地名医入藏传授医学、编译医学著作的方针，扶助藏医学，使藏医药学有了长足的发展。

　　以宇妥父子为主力，通过汉族医僧马哈金达、于阗译师甲楚长更和藏族琼布孜孜、琼布顿珠、觉拉门马等人合作，共同把其中一些著作译成了藏文。②她为他们感到骄傲，并为传播文明投入更多精力。

　　从这时起，赤德祖赞更信赖金城公主了。他们比肩相携，共同撑起了吐蕃政权的未来。命运的些许蛰伏，也许正是为了给这位心怀抱负的赞蒙足够成长的动力，以使得她在历史舞台上初初崭露头角时，就光芒万丈。她背负大唐的使命，穿山越岭，以为会被轻易压弯了腰肢，却不想一路所行皆扶摇而上。

　　可曾想，她是那个会钻在唐中宗怀里的小女儿？她是他坚定的跟随者，她将以一生的勤勉回报他童年的养育和陪伴。

　　可曾想，她是那个为李守礼带来喜讯的小姑娘？自她受封公主以后，他无疑也沾了光，仕途重又平顺：景云二年（711年），授光禄卿兼幽州刺史，转左金吾卫大将军，遥领单于大都护；先天二年（713年），加封为司空；开元初，历任虢、陇、襄、晋、滑等六州刺史……③她对他稍许不同于旧日沉迷宴饮的生活也是欣慰的。

　　可曾想，她是那个在宫苑里孤独的小孩子？如今她却在政治变革中挺身而

---

① 李经纬、程之范：《中国医学百科全书·医学史》，上海：上海科学技术出版社，1987年版，第25—27页。
② 吴华庆：《藏医药经典著作〈月王药诊〉简介》，载于《中国民族民间医药》，2012年第8期，第8页。
③ 刘昫：《旧唐书·列传第三十六》，北京：中华书局，1975年版，第2833页。

出，安宁优雅，无忧亦无惧。

相较于文成公主，她的才情与智慧是静默的，从不张扬，总是因时而动。后来的日子，她成了汉藏医僧、学者、译师共同敬重的人，横亘于唐蕃医药学发展的通路和桥梁上，她带领人们走得更远，步伐踏得更实，其队伍也变得更大。开元八年（720）到开元二十八年（740年），汉族医僧摩诃衍和藏族医师毗如扎那综合前人译稿，吸收吐蕃民间及他国医学经验，编成了一部既有外国及汉族地区医学内容，又有藏族民间医疗卫生经验的一部综合性藏文医著，即《曼协达贝嘉布》，汉语译作《月王药诊》。

据考证，当时参加这部医书翻译的人员中，还有三个藏族人，两个民族合作译著的结晶，诞生了一部在诊脉、验尿、用药，尤其在医学理论等方面完全是或近似是中医内容的一部著作。[①]

这是中国现存最古老的一部藏医学著作。它的内容十分丰富，精于理论的全面性和实践的真实性，并且具体而深入地研究藏医药的起源、早期历史及后期发展、研究藏医学与中医学、古印度寿命吠陀学的渊源关系和交流史，成为后来的同类藏医学典籍《四部医典》和《晶珠本草》等的主要蓝本，对藏医药学的进一步成熟和发展奠定了重要的基础。

本是病隙切磋的偶然契机，她却一举打开了藏医药事业复兴之豁口，或者原本坚执的梦想，只待一个跳跃的台阶，她得到眷顾，确然成熟了。在自我摸索和民族文化交流的道路上，金城公主还将勇往直前，继往开来。

[①] 刘忠：《汉藏文化交流史话》，北京：社会科学文献出版社，2011年版，第44页。

第五章
沙场烽火连胡月

请熄灭边塞的狼烟
请用文明的星火燎原
请收好你们不择手段的贪婪
请将这沉重又恭谨的信函
交给我那为王的哥哥
请不要再误会
这根用血泪灌溉的橄榄枝

赐地之患

在分析金城公主嫁入吐蕃起到的作用时，如果说必须要有一个明确的角色来承担这件历史事件带来的负面影响，那么这个人也是有的，而且他就是和蕃使杨矩。他在惦记为唐皇效劳后的官位升迁之余，还不忘记从吐蕃捞取好处。

他和金城公主一样，历经大唐皇帝三度或四度戏剧性之变，而他从来没逃脱过朝廷的棋子的命运，他必须善于抓住任何一次机会，使得自己能分享更多的利益。

那是710年的事。他在公主婚典之后，令唐方运输卫队人马，一批一批地返回长安，自己只留了几个亲信、一队卫兵在身边，一同在逻些踏山看景，足足逍遥地度过了半个月悠闲自在的日子。

能够令他兴致大开、置职守于一旁的，自然有人性内里共通的享乐和自私的种子作祟，他的心中怀揣着一个足够狂喜的秘密——或许多半还不可告人，使得这一趟护送进藏，不仅不负此行，还"物"超所值！

拜见赞普时，他接受了丰厚礼物并许诺回去要向圣上建言，封河西九曲之地给公主，以报答所得的那份贿赂性质的赠赏。①

这位被委以重任的唐臣，或许曾好一番思量自己该如何向刚刚舍嫁女儿的中宗，提请并获准赐地给公主，他终于想到了"续补嫁妆"的由头，胸有成竹地把这位心软仁慈的皇帝对金城公主的宠爱作为筹码，笃信这是一份轻而易举到手

---

① 司马光：《资治通鉴·唐纪二十五》，北京：中华书局，1997年版，第712页。

第五章　沙场烽火连胡月

的赠赏。但没想到的是，江山已换睿宗做主，他几乎第一时间就想到了新皇为打造政绩必会撒开手脚的合理逻辑，于是在顺利荣任鄯州都督后，继续向上"竭忠尽智"："臣有一事要启奏圣上：吐蕃去年秋冬遇上大雪灾，牛马缺草，死去大半，赞普家族的牛羊马匹损失更重，有绝亡之险。不知陛下可否给予救助？"

睿宗一听，犯了难，说："吐蕃相距甚远。救助恐有困难。不知卿有何良策，可速讲来，以便朕作考虑。"

杨矩说："臣有一建议，陛下赐河曲之地，作为公主的汤沐邑，这一来可以迅速解救吐蕃之灾，避免大批牲畜无草饿死；二来使吐蕃知道我大唐对公主的重视，可以提高公主在吐蕃的地位，并获其感戴之敬意。"

"杨大人之意见，臣以为欠妥。此地水草丰美，一旦交给吐蕃养壮战马，边患就会不断。"

"此地距离我边防甚近，军事上也对我朝不利。"

异议接连而起，不无道理，但这对杨矩来说是个势在必行的任务："此地对我朝实无什么用场，对吐蕃却大有用处。同时以往吐蕃武将没有此地，不是照样向唐边用兵吗？"他的申辩只不过是巧言令色。

睿宗沉思一会儿说："卿言有理，朕已封金城为长女，如今再赐予一片汤沐邑，更彰显公主地位。同时在吐蕃有急难时刻，伸手帮一把，可鉴舅甥情谊之重。"

这"汤沐邑"之名目由来，始自周代制度，是谓诸侯朝见天子，天子赐以王畿以内、供住宿和斋戒沐浴的封邑，经演变，成为国君、皇后、公主等受封者收取赋税的私邑，至唐时，亦作为一种赐予宗室和高级官员的荣誉性加衔，一经正令，世代享用。吐蕃自是看重了这一劳永逸的世禄，杨矩则自始至终为了成全自己的私利，而睿宗着眼于大局，施尽慷慨，却不免做了一个轻率的决定。

河源九曲，东至西平郡龙支县二百九十里，西至积石军一百八十里，西北到西平郡鄯城县二百八十里，位于黄河以北，处上游，其地水甘草良，宜屯兵畜牧。[1]唐廷就此以"汤沐邑"之名割让给吐蕃，意在支持公主发展双方的友好关

---

[1] 何耀华：《论金城公主入藏》，载于《云南社会科学》，1998年第4期，第52页。

系；吐蕃起初欣然受赏，以河为境，架桥筑城，唐蕃之间往来更为便当，亦丝毫没有露出起兵动乱的苗头。

殊不知，这一地区对武后时建立起来的防务体系是极为重要的。吐蕃可由此直接威胁长安周围的京畿区，它的丢失大大地削弱了大唐的战略地位。[①]或者换言之，自中宗无奈择定杨矩为和蕃使，继而睿宗听信之，将河西九曲之地作为金城公主的嫁妆开始，一个边将可谓暗中导引了唐蕃未来几十年的关系走向，以至于后来的大唐君臣无不痛心疾首，叫苦不迭。

纵然，金城公主入蕃后，双方使节来往频繁，从710年至713年的短短三年间，仅见于史籍的吐蕃使节入唐就达九次之多，并多次请求会盟和好[②]；纵然，她在赞普身旁，不时充当出谋划策的角色，致力于两地文化的传播与推动，唐蕃关系正常化已初步步入正轨……但唐方仍不能放松对战争的警惕，放松边境藩镇的防御工事：吐蕃和突厥对河西走廊展开侵袭，大唐维护往中亚的通道，接着是对关中的守卫，控制定居在鄂尔多斯区的部落民族；而吐蕃的小动作频出，即将以九曲为跳板，侵入中原。

在唐蕃交往史册上，战、和向来是两条并行的战略线，常人理解来或觉得矛盾，但利益之争毕竟是太过复杂的事，三言两语并不足以说清楚。终于，这位令大唐一直小心翼翼提防的亦敌亦友的邻居，在接受了奢侈的大礼后，再度郑重地向唐廷表示出友好。

开元元年（713年）十二月，吐蕃派大臣入唐求和；开元二年（714年）五月，又派大论坌达延赞松致书唐宰相[③]，请求盟会，第一次提出双方定境划界，以免冲突不断……

[①]（英）崔瑞德著，中国社会科学院历史研究所、西方汉学研究课题组译：《剑桥中国隋唐史.589-906》，北京：中国社会科学出版社，1990年版，第330页。

[②]王东、张耀：《冲出高原：吐蕃王朝传奇》，北京：中国国际广播出版社，2012年版，第118页。

[③]王尧、陈践：《敦煌本吐蕃历史文书（增订本）》，北京：民族出版社，1992年版，第149页。

河源盟约能走多远

相较于中宗、睿宗继位掌政后，因深受武后擅权的阴影影响，加之性格懦弱，而被史书诟病，玄宗的声誉却截然不同：所有学者都认为，他是一个出类拔萃的统治者。他成为名实相符的君主时，只有二十八岁，自发动反韦后政变以来经历了阴险的政治权谋和不断斗争的三年，成了他统治时期政治史中不可分割的序幕，并对他的国事处理具有深远的影响。

他在位期间一直实行一种新的施政形式：只用为数甚少的宰相，通常只有两三人，其中一人在制定政策时起决定性作用。宰相们通常留任几年，以前几十年所特有的任期经常变化和不稳定的情况这时已沦为过去。当然，对他一直信任的朝臣，如姚崇、宋璟等一直得到重用，直到开元八年（720年）[①]——忠诚至为难得，理应回报。

对内，他全面革新，整顿风纪，力挽狂澜；对外，他有的放矢，注重加强对边境民族的控制和部署。所以，当吐蕃请求与唐划界会盟，要求缔结一个正式的和约时，他最后同意了。

"两国地界，事资早定；界定之后，然后立盟书……"在这份颇有深意的献书当中，蕃方对曾任朔方大总管的唐臣解琬深为尊崇："大夫解琬在安西边界，望使会于河西，蕃之愿也。"这一日宣政殿的早朝上，众臣围绕解琬展开一番热

---

① （英）崔瑞德著，中国社会科学院历史研究所、西方汉学研究课题组译：《剑桥中国隋唐史.589-906》，北京：中国社会科学出版社，1990年版，第313-315页。

议，玄宗这时才了解其自武后起的颠簸履历与器局坚正、才识高远的品性。玄宗仍想追根问底："吐蕃为何如此相信此人呢？"

宰相姚崇要言概括："熟悉边事，以和为首；善结边友，以诚相待。这是解琬得以树立威信于他邦他族的秘诀。"

于是，玄宗下令，命左散骑常侍解琬拿着神龙年间双方所订的誓文，前去河源与吐蕃尚钦藏、名悉猎等商定两地边境线。而正是这位深得吐蕃推崇的唐臣，在临行前，颇有远见地提醒了唐皇："吐蕃心阴怀叛计，请预屯兵十万于秦、渭等州以备之。"①玄宗听之，心下另起谋划。

大唐的皇帝正中下怀地满足了外甥的请愿，解琬受命，匆匆赶赴河源，晓行夜宿，风餐露饮，在一个晴阳高照的日子，开始了与吐蕃的正式订盟。双方秉持"和则两利，战则两害"的共识，定唐蕃之境于河源。史称"河源会盟"。

值此机缘，吐蕃宰相尚钦藏和御史名悉猎再入唐都，献礼盟书，并登承天门楼领略大唐风光，城门上精致的楼房建筑颇显皇家尊贵。博闻广识的名悉猎低声为尚钦藏介绍说："承天门是太极宫南面的正门，上面建有高大的门楼，这里由金吾卫及羽林军布满了重兵守护。大唐的许多重大活动都是在这里进行的……""确实非常有特色，我吐蕃没有……"这欣羡不已的回应，不知是诚心的夸赞还是潜在的野心？而后，玄宗不仅置酒宴于太极宫内殿中，专门款待两位吐蕃大臣，而且履行惯例，给赞普、公主及各大贵族、各级官员分别进行赏赐。

有必要一提的是，这一时期，金城公主开始正式参与唐蕃关系改善的工作。在她嫁入吐蕃后，双方虽恢复了友好往来，但有时也兵戎相见，打打仗，再停战言和，然后又起冲突，不曾休停……这战争中双方的调停大多假借她的名义或由她亲自出面。

不过，任由时局风潮频频起浪，她都只能从旁协助，指点江山、引导史迹的事对她来说太过遥远而缥缈，即便是为君为相之人，在时代的必然与偶然的浮沉间，都得审慎行事，何况她只是一介女子……

---

① 司马光：《资治通鉴·唐纪二十七》，北京：中华书局，1997年版，第5页。

在她脆薄华丽的人生之初,上一次神龙会盟的缔结,为其生命曲线的划定寻到了落脚之处,而这唐蕃间的第二次会盟,却着实让她焦愁的心有所喘息,和大唐的皇兄一样,以为两地边境至少能平安几年,以为边境百姓总不至连年饱受流离之苦,以为这正式的盟约该是会起到相应的作用。

时代序幕下潜藏的种种危险讯号,多是有备而来,何况这次盟约的誓文才刚预热,任谁都无法预料将滋生何等事端。彼时,赞普赤德祖赞和金城公主正乘着喜悦的车驾从山南返回逻些的路途上:他间或掂量着以后真可以定时到昌珠寺或雅砻河谷的第一宫殿——雍布拉康短居一段时间,政事经赞普妥善安排放手交与几位老臣——他们经验丰富、见识成熟,由祖母擢拔,足以信赖;她吟诗配乐,揣想着近来的硕果累累,简直让她有点受宠若惊——往昔想及文成祖姑母总心生愧疚,想为唐蕃做些事情的执着种子又备受鼓舞、蓬勃萌芽,现在终于迎来了花开时节……

他们顺风而归,却不知吐蕃的大论、武将暗地里策划的一场大战已行动在即。

大论坌达延赞松、乞立徐等伺机出动,挑起战争必是无视盟文约束,有悖逆之嫌。开元二年(714年)八月,吐蕃十万人侵扰临洮,十月,又侵扰渭源。唐玄宗首先命令摄左羽林将军、陇右防御使薛讷——薛仁贵之子,及太仆少卿、陇右群牧使王晙率兵出击吐蕃,然后下诏招募将士,准备大举亲征。[1]

彼时双方驻扎兵马,可谓发足了力。蕃方坌达延赞松屯兵十万于大来谷,唐方王晙选勇士七百人,着吐蕃服装,分前后两队,乘夜偷袭蕃军,擂鼓吹号,振威恐吓之,首战告捷。接着,两军相遇于渭源的武街驿(今临洮县境),王晙再选壮士夜袭,薛讷亦率兵杀到,前后夹攻,大败吐蕃军,杀数万人。而后,唐军乘胜追至洮水(今甘肃临潭西北),复又于长城堡(在今甘肃临洮境)交战,杀其军兵,掠其羊马,蕃军死相枕藉,洮水为之不流……

这一场挑衅,造成了很大的破坏。吐蕃的行动得不偿失,让大唐从此理所当然控制其边境并再次严加建立防御工事,而影响更为深重的是,吐蕃这种背信弃

---

[1] 司马光:《资治通鉴·唐纪二十七》,北京:中华书局,1997年版,第8-10页。

义的做法使玄宗产生了根深蒂固的不信任和痛恨，并且多年不愿再考虑任何和平提议。①

这并非仅仅因为一朝被蛇咬，十年怕井绳。

事实上，十月之时，唐玄宗曾派左骁卫郎将尉迟瓌出使吐蕃，宣慰金城公主，实际上是做出姿态，带话给吐蕃上层，表示愿停战和好。②可由于当时双方在一些礼节上互不相让，结果无功而返，战争仍持续不断——直至和解的最佳时机错过，唐皇怒而讨之，吐蕃陷入先行不义必有后劫的窘迫境地。

背约起兵为始，轻而易举地戳烂了唐蕃间的一纸盟文；横尸遍野为结，接踵而来的是唐军拨去独山、九曲两吐蕃军营，收回九曲，拆毁黄河桥，恢复以黄河为界。这是吐蕃付出的代价。

或许当时的一举贿礼之所获，到手得过分轻松，以至于吐蕃相臣对其使尽了脑筋、动足了心思，蓄意良久，一旦全盘败露，势必有人为之负责：杨矩悔惧，饮药而死；或许边将建功立业的热心从未懈怠过，趁年轻的赞普不在宫中，大论率首自然是再好不过的机会了；或许……广袤大地上的嗒嗒马蹄再不单是唐蕃间运输商队的喧嚣，沿途翻新的驿道驿站不再只为公主到来的友好与和平而通畅无阻，一种必然的趋势令人警醒：从此，双方边境屡有战争发生。

而金城公主，又将如何应对这前所未见的难题？

---

① （英）崔瑞德著，中国社会科学院历史研究所、西方汉学研究课题组译：《剑桥中国隋唐史.589—906》，北京：中国社会科学出版社，1990年版，第330页。
② 李鸿建：《和亲：那些远去的倩影》，北京：新华出版社，2014年版，第172页。

一半家书言国事

如果说发生在安西都护府及姚州地区的唐蕃战争是边将恣意挑起的话，那么侵犯临洮的大战，则是吐蕃主动发动的。年轻的赞普无法推卸这一场灾难的责任，或者一定程度上他是默许支持的，只是未料及后果如此严重。赞普一回到宫中，便加急处理当前事务，而金城公主亦面临同样的考验。

发动战争的后果，让吐蕃在相当一段时间内只能选择休养生息，其时风雨凋敝，但这只高原上的飞鹰并不会一直消沉下去。开元四年（716年）二月，吐蕃再次挑衅，围攻松州，及至八月，再遣使请和。

对于吐蕃的失信之举伤心彻痛、满腹狐疑的玄宗，此时是否坚持拒和？值此当口，历史安排了一个巧妙的机缘：当年六月，太上皇崩于百福殿，伴随着尽孝追福的隆盛之事，七月，唐玄宗基于太庙已满，请迁中宗神主于别庙，奉睿宗神主升祔太庙；又迁其生母昭成皇后祔睿宗室；八月，立中宗庙于太庙之西[1]——完成了一系列的祭祖事宜，彰显孝道天下。

于是，这个时候，吐蕃来请和，玄宗就表示同意了。为缓解战争造成的隔阂，营造一些和谈的气氛，他还特地让吐蕃使者带给金城公主锦帛器物等，赞普赤德祖赞为此代金城公主奉表谢恩："金城公主奴奴言，仲夏盛热，伏惟皇帝兄起居万福，御膳胜常。奴奴奉见舅甥平章书，云还依旧日重为和好，既奉，如此进止，奴奴还同再生，下情不胜喜悦。伏蒙皇帝兄所赐信物，并依数奉领。谨献

---

[1] 司马光：《资治通鉴·唐纪二十七》，北京：中华书局，1997年版，第17—18页。

金盏、羚羊衫段、青长毛毡各一。奉表以闻。"①

不管玄宗是为了告慰父皇和先祖的英灵而选择温和的处理方式，还是考虑到吐蕃毕竟仍不可小觑及唐蕃关系的战略重要性不得不理性行事，或战或和，在双方势力持续抗衡的长时间里，作为一国之君，他时刻都要谨言慎行，必须保证自己下达的每一道诏令都恰到好处，尽可能地不留隐患。

洮河之战的后遗症可是延续了好一阵。吐蕃一再请和，使臣也加紧速度赴唐而来，然而当其使臣行至临洮时，玄宗竟下令拒其入朝，这下可把金城公主给急坏了。她特地郑重上书愤怒的皇兄，亲自调和劝解，奉以《乞许赞普请和表》：

"金城公主奴奴言，季夏极热，伏惟皇帝兄御膳胜常。奴奴甚平安，愿皇帝兄勿忧。此间宰相向奴奴道，赞普甚欲得和好，亦宜亲署誓文。往者皇帝兄不许亲署誓文，奴奴降番，事缘和好，今乃骚动，实将不安和。矜怜奴奴远在他国，皇帝兄亲署誓文，亦非常事。即得两国久长安稳。伏惟念之。"②

一方面，正式通报并强调吐蕃拟修好意图；另一方面，平常家书内容却有一半不离国事。她的上表俨然明示了一位远嫁的公主在向自己的国家竭力请修和好的种种挚情，历史的看客们从来没有觉察她巧善能言的才华如此卓众，而她从一开始背上和亲公主的使命，就注定了必须具备这样的能力，这或许还同她自小饱读诗书的学养积淀有莫大关联。

紧接着，在她的促和下，吐蕃再遣使奉献《请修和表》。其中，不但回顾了唐蕃盟誓之往事，数点神龙会盟时大唐入誓者十一人，吐蕃方面同等高官临场的诚意与重视，并解释河源会盟是因旧入誓者已故，导致后继大相不知已有契约才要重立盟誓的细节；而且告知了蕃方前后七次来去，入汉使节每每带回皇帝舅亲署誓书，外甥亦立即亲署，并依循传统做法祈福的终极认可，重申了李知古、张玄表率兵进攻时，出于违誓失信的原则性考虑，及时放弃回击的友善和对待突厥的态度是唯大唐马首是瞻——"阿舅莫与交通，外甥亦不与交"；还婉言反问玄宗虽道言和好，心不诚意不专，又有何益，加足了说服的砝码……

① 董诰等：《全唐文·卷一〇〇》，北京：中华书局，1983年版，第1030页。
② 同上。

第五章 沙场烽火连胡月

她的坚忍执着，诚善极言，着实让人体察一番认真的苦心；她的言词中，"和事""亲好并相和同""彼此相信，亦长安稳"等频频表示修好，并强调吐蕃不愿与唐为敌，百姓亦企望安居乐业、久长快活。真是倾尽心思，使尽了浑身解数，最后亦不忘再表坚决之态："今奉阿舅书，以前所有嫌恶，并悉不论。自今以后，依前和睦，大是好事。在此，外甥亦同阿舅来意，阿舅必定和好，所以遣使人往来，亦得文不须重盟誓者。……今日必定和好……阿舅所附信物，并悉领。外甥今奉金胡瓶一、玛瑙杯一、伏惟受纳。"①

这时的金城公主，在历史舞台上异常闪耀，即使身处战和进退之间的尴尬与力促唐蕃再续友好的艰难诸般现实境遇，她依然以柔软而坚硬的肩膀，甘愿不断担负起这绵绵一生的使命，她代表了吐蕃赞普与臣民，竭心尽力与她的母国大唐续写誓约。她的家书频传，挥洒的尽是国事政务！

---

①董诰等：《全唐文·卷九九九》，北京：中华书局，1983年版，第10343-10344页。

不高兴的唐玄宗

历史长河中的金城公主到底是从什么时候起就扬名的？应该说不是个能简易回答得了的问题。但如果她的远嫁入蕃注定了其与先辈文成公主相似的际遇，为何命运总向她发起残酷的挑战？而她只能迎难而上，从阴霾中拨云见日。

金城公主仍旧在孜孜不倦地努力着。仅隔半年，到了开元七年（719年）六月，吐蕃遣使又至长安，目的仍是这两年一直未能"攻"下的和好誓约。按理说，天性豪迈奔放的高原民族如何受得了这般屈辱？玄宗的几度沉默无疑已经表示了他的漠视，他们如何还能隐忍，将姿态一低再低？这大概应该要算金城公主处于唐蕃之间的功劳吧。

她必然主和，否则自己的下嫁就成了一场笑话。年少不及经事多，她自然从这繁冗纠缠的国事政务中成长起来，好似一树竹子，这片土壤是她的沃园。她必然对吐蕃赞普进行说服，此时完全的诚意与信义最为重要，不可放暗箭、耍伎俩；她必然对众多臣子进行说服，当下不能再起二心，否则唐蕃之间永无宁日，两地百姓是最大的受害者。她应该还顾不得自己，与天下苍生相比，自己一生优渥，而照此下去，他们不知能有几日清福可享？

蕃使奉上奏表："乞求舅甥亲署誓文，再令彼此宰相皆署名于其上。"

来书先请玄宗阅览，他轻描淡写地甩了一句："不必理会他们……"

再问："陛下……是否接见？"

"不见——不见——"生硬的语气里不无怒火。

来使不愿意就这样放弃，便坚持等了许久，迢迢长途，快马加鞭，和前几次的结果难道又是一样？见不到大唐皇帝，岂不是又徒劳无功……冥冥中转机出现了，此次使臣是噶伦茹永乞森[①]，他二度奉表请和，并自报身份，特意表明自己是有小金字告身之人，再予通报，请求面圣："为请圣上再订和约，并亲自署名于誓文……我吐蕃必当珍惜金城公主和亲姻缘之美好，永续佳话。"

来报："前几次吐蕃来使都没有接见……这次在殿外等候的是一级大臣……陛下是否考虑？"

玄宗想了一想，回顾起曾几度来唐的名悉猎就是金字告身，听说他能文善武，才华了得，自己旧时还曾于梨园马球场与之交过手，对之印象极好，来人也许是他的副手。玄宗转念终于正式思虑起眼下的情况：金城公主尚在吐蕃，总是不见来使，对她的处境不免不利，胶着的关系还是明朗化为好啊……他长叹一口气，挥手准允了。

特使茹永乞森上殿，行礼后恭敬地说："臣此次是受赞普和公主派遣前来，希望圣上答应唐蕃新订和盟，重归于好。"

玄宗冷着脸，让人很难揣摩他的真实情绪，特使等了片刻，终于听到一句回应："唐蕃之间，过去盟约已定，如非真心守信，多次立誓又有何用？"[②]

然而这句回应并非吐蕃来使想听到的，他们亦未想到怒火未熄的唐皇态度如此坚决！

任凭蕃使陈言赞普如何把破坏唐蕃关系的那批武将予以惩办，正言承诺不会再行失信之举，玄宗一概抵拒不闻，笃定了但凡起兵，赞普家族首当其责……茹永乞森倒也识相，见好就收，不再力言，末了温吞地应了一句："个中内情，臣尚不十分清楚，愿意回去翔实了解……"

至此，吐蕃方面尤其是金城公主以为和唐的关系终于化冰为水，数次努力总不至于付诸东流。然而，不知什么缘故，此次请和还是没有下文，两地战争频仍。

[①]黄布凡、马德：《敦煌藏文吐蕃史文献译注》，兰州：甘肃教育出版社，2000年版，第49页。

[②]司马光：《资治通鉴·唐纪二十七》，北京：中华书局，1997年版，第30页。

多年来唐蕃交战不断，原因当然是多方面的，但其中双方边境将领为了邀功请赏，故意挑起战争，也的确是其原因之一。比如开元十五年（727年），唐凉州都督王君㚟①率兵大破吐蕃于青海之西，掳掠其辎重羊马，挑起了唐蕃战争，即属于这种类型。此后年年进犯，吐蕃蒙受很大损失，于是频频遣使请和。

或许在这段时间里，金城公主的日子是最难过的吧？

唐皇眼中的吐蕃骄暴，她的一言一语如何抵得上外面的刀光剑影来得尖锐？赤德祖赞身心之中继承了吐蕃赞普家族的男儿气概，如飞鹰般的民族血脉，令他做不了一个纯粹温和的赞普，他的正气凛然是她欣赏和崇拜的，可是在家国大事面前，谁能说他的男子气概就远胜于她的妇孺之见！

她感到力不从心，无可奈何……

大唐的玄宗只要一想到吐蕃赞普在给他的书函中总是自恃兵强，骄暴无礼，言辞悖慢，气就不打一处来，坚决不同意讲和。②这时，皇子忠王李亨（即后来的唐肃宗）有个朋友叫皇甫惟明，就对圣上进言，面陈和亲之利："开元之初，赞普幼稚，岂能如此。必是边军将务邀一时之功，伪作此书，激怒陛下。两国既斗，兴师动众，因利乘便，公行隐盗，伪作功状，以希勋爵，所损钜万，何益国家！今河西、陇右，百姓疲竭，事皆由此。若陛下遣使往视金城公主，因与赞普面约通和，令其稽颡称臣，永息边境，此永代安人之道也。"③

玄宗一听，言之有理，表情和心劲也就不那么绷着了，想及这些年打打杀杀，劳民伤财不说，指不定起初就是落入了边将邀功求赏的圈套，矛盾激化，交锋不断，舅甥关系结了疙瘩，奈何越结越深……

这一年是开元十七年（729年）。

十几载光阴历数纷乱，竟相下坠，她的皇兄不高兴，而她更是忧愁难耐……

---

①刘昫：《旧唐书·列传第一百九十六上（吐蕃上）》，北京：中华书局，1975年版，第5229页。

②同上，第5229-5230页。

③同上，第5230页。

君自故乡来

历史的风云变幻，令唐蕃间的往事无法以寥寥数语厘清孰是孰非。拉锯的战线显示了双方的力量犹能抗衡。吐蕃依然是大唐最难对付的邻敌。

开元二年（714年）战败后，吐蕃人稳步地巩固他们的实力；开元九年（721年），随着赞普的成年和神龙元年（705年）以来控制吐蕃的大论——乞立徐、尚赞咄和尚钦藏三人和赞普之母赞玛道之亡故[1]，吐蕃的政治力量出现了明显的转折。开元十年（722年），吐蕃朝着新的方向重新向外扩张，入侵西部的小勃律（今克什米尔吉尔吉特）。小勃律和邻近的大勃律（今克什米尔巴勒提斯坦）对唐朝来说具有非常重要的战略意义，因为它们是疏勒（喀什噶尔）经明铁盖山口通往个失蜜（又称迦叶弥罗、迦湿弥逻等，大致为今克什米尔地区）和印度河谷的要道。它们自武后时期起已向唐朝朝贡。吐蕃的占领将使帕米尔地区的控制权受到动摇或转移，他们能直接与突骑施部（西突厥别部，当时隶属于安西都护府管辖）或阿拉伯人接触，从而威胁唐朝在中亚的地位。

面对吐蕃的入侵，小勃律首领向唐朝求助。一支唐军从疏勒前往援助，吐蕃人被击退。但他们仍控制着大勃律。这次冲突带来的影响，便是唐朝与吐蕃紧张的关系不久在玄宗的朝廷成了一个政治问题。[2]

---

[1] 王尧、陈践：《敦煌本吐蕃历史文书（增订本）》，北京：民族出版社，1992年版，第151页。

[2]（英）崔瑞德著，中国社会科学院历史研究所、西方汉学研究课题组译：《剑桥中国隋唐史.589—906》，北京：中国社会科学出版社，1990年版，第391页。

从开元十四年（726年）开始，敌对行动在唐朝边境接连发生。吐蕃屡次袭击河西走廊的中原领土，而大唐则再三打入青海湖区。自开元十六年（728年）秋季起，唐王朝取得了战争主动权，军队赢得了一次次辉煌的胜利，并占领了吐蕃几个要塞。吐蕃人终究又得躬身下来，求和议好……

解铃还须系铃人。玄宗吃了背信弃义的暗亏，彼此间的信任已无从谈起。若不是适逢时机，一席逆耳忠言说服了自己，恐怕兵荒马乱又不知猴年马月才是个头？

开元十七年（729年），唐皇派皇甫惟明和内侍张元方出使吐蕃①。

期盼已久的破冰之行终于来了。在接下来的一段时日里，扎玛尔牙帐成了宴客的隆重场所。②而听得喜讯的金城公主，自然要以她最美好的模样迎接中原的亲人。

那天早晨，金城时不时地把宝镜拿在手中审视。这面珍贵的镜子，她许久不照——其实并非弃之不用，只是烽火连天的岁月让她似乎看不到唐蕃和好的希望，而那影影绰绰的故乡的轮廓随光阴流去，只剩心上的丝丝惦念，她或因忧心，甚长时日不拿起它，生怕思乡的情绪牵动眼眸，泪流不止，而今天这盼望已久的日子，却势必要以之对照着妆。

为了这个重要的日子，她反复在镜中打量、拿定主意。她重新薅了眉毛，用柳木炭画了柳叶眉，皮肤上施以铅华，直到净白细嫩为止。脸颊和嘴唇以石榴花染红，由于疏于练习，樱桃小口也在几次重拾化妆技法后，得以成功。爱美确是女性的天性，她们天生就在这方面有着充足的潜质。侍女花费了很多功夫为她把头发梳得光洁明亮，发髻高耸，还要插上饰物，最后伺候她穿上久违的唐装。但是，当她们要给她扣上最后一颗小小的盘扣时，她突然想起了别的——

她承认她的确不自觉地激动，尽管心下沉重，但这一日来得如何不易！她命令侍女拿取藏式礼袍。来自故乡的使者应该看到，在这片土地上，人们也懂得穿

---

① 刘昫：《旧唐书·列传第一百九十六上（吐蕃上）》，北京：中华书局，1975年版，第5230页。

② 黄布凡、马德：《敦煌藏文吐蕃史文献译注》，兰州：甘肃教育出版社，2000年版，第51页。

美丽华贵的衣服，缀精致独特的饰件，而且他们的到来，就是为了晋见吐蕃的赞普和赞蒙。现在她身着一袭黑色丝绸镶着白色毛皮边的藏袍，不禁想起祖母赤玛伦的端庄娴雅，她紧了紧领边，让自己看起来精气十足。

会见大唐的亲人时，金城公主站在赤德祖赞的身旁，充满自信，他赞赏的目光更使她显得容光焕发。他选了一件带有一个大黑毛皮领子的红色锦缎藏袍，与她的红色外搭和头发上插着的自制红色纸花交相辉映。她希望两位使臣能够注意到这是一双登对幸福的佳侣，进而向唐皇转达来自吐蕃的诚意。

身穿彩色丝缎藏袍的漂亮姑娘们，端着托盘匆忙走来，其上放置着精致的金质酒壶与杯子，而那甘露似的酒酿是高原最朴素的待客之礼。欢杯酌饮，歌弦舞动，喜从中来，乃至大家兴致勃勃，会谈就开始了。吐蕃为表诚意，特向唐使展示了自贞观以来前后几代赞普与唐的敕书来往。皇甫惟明笑着点头致意，默默在心中坚定了自己对玄宗的谏言。在他看来，吐蕃确实非常看重与大唐的友好情谊！

此次会谈，夹在战和大局未有定论之间，并未在历史的长河中留下过多的痕迹，倒是而后隐隐开启的崭新时代，着上了历久弥新的色彩，让唐蕃之间再度恢复了难得的和平。

这一年唐蕃关系的突破，终以吐蕃赤德祖赞的亲笔献表而圆满收尾，一封传世的《请约和好书》中，交代了多少过往辛酸：

"外甥是先皇帝舅宿亲，又蒙降金城公主，遂和同为一家。天下百姓，普皆安乐。中间为张元表、李知古等东西两处先动兵马，侵抄吐蕃，边将所以互相征讨，迄至今日，遂成衅隙。外甥以先代文成公主今金城公主之故，深识尊卑，岂敢失礼！又缘年小，枉被边将谗构斗乱，令舅致怪，伏乞垂察追留，死将万足……蒙降使看公主来，外甥不胜喜荷……外甥蕃中已处分边将，不许抄掠，若有汉人来投，便令却送。伏望皇帝舅远察赤心，许从旧好，长令百姓快乐。如蒙圣恩，千年万岁，外甥终不敢先违盟誓。谨奉进金胡瓶一、金盘一、金碗一、玛瑙杯一、羚羊衫段一，谨充微国之礼。"[①]

[①] 董诰等：《全唐文·卷九九九》，北京：中华书局，1983年版，第10344页。

话已经说得很清楚，缘于年小"枉被边将诖构斗乱"，好多事情都是那些好大喜功的边将给搅和的！这一次，金城公主还单独向唐进献了金鹅、盘盏和杂器等器物。①这样，双方借金城公主的名义又重新获得了沟通。

豁然开朗的唐皇在回信《赐吐蕃赞普书》中说："今有使臣远来，方悉忠诚弥固，舅甥之礼，万里如初，协和之勤，一心逾亮，义节可尚，情见乎词。"②字句敦睦，满是情怀。

她的家书曾一封一封地言尽国务百姓事，努力践行民族间和睦共处的使命，而今对她的探望也带着国事为重的色彩，她亦不会埋怨。毕竟在家国大义面前，个人的感情和利益实在太过微茫，不值一提。

熬过了艰难岁月，她的儿女私情亦随着与长安那断断续续的联结，四散开来，如和平的种子，播撒在使节往来频传的唐蕃大道上。

---

① 刘昫：《旧唐书·列传第一百九十六上（吐蕃上）》，北京：中华书局，1975年版，第5231页。

② 董诰等：《全唐文·卷四〇》，北京：中华书局，1983年版，第441-442页。

礼尚往来

随着皇甫惟明一行的返唐，吐蕃重臣名悉猎也得到赤德祖赞的指派同赴长安。

这个在唐蕃关系史上熠熠生辉的名字，这位数次代表吐蕃与唐交往的名臣，对于他在唐蕃关系上的卓越贡献，典籍毫不吝啬地给予了他应有的赞誉，时代也没有辜负他的努力，让他见证两地交好的新的成果与结晶。

开元十八年（730年）十月，名悉猎及副使押解将军浪些纥夜悉猎抵达京师，登上大唐的宣政殿，朝觐玄宗。威仪的羽林军仍是皇家尊严和安全的保障，名悉猎看在眼里，心内远不及前几次来唐上朝那般泰然，或许是因为十多年来双方交战的危险讯号仍未及时晕开，再领略大唐禁卫军的英姿时总避不开警觉的提醒。他仍是要完成赞普交与的任务。

如常礼节，却多一份恭谨；照例交往，却多一份友善。朝议上奏时，玄宗有别于前次蕃使返归后所说的克制的怒态，神态轻松并时而展露笑颜，在这种宽松友好的气氛中，双方继续设宴对谈，彼此仪礼甚好，名悉猎一一记在心里，为玄宗的真情实意而颇感欢愉。这让金城公主知道了，该有多高兴啊。

他已为盛情感动，但玄宗的恩赏才刚要开始。

"来人——"名悉猎发现面前的唐皇的确是位风度翩翩的帝王，他举手投足间，流露着皇室中人的气场，令人生畏但又不会过于拘束，而他别于先前的中宗，言语中带着方圆自定的正气。一句传令，呈现在名悉猎面前的就是紫袍金带及鱼袋，还有时服、缯彩、银盘、胡瓶，可谓大开眼界。①其精致华贵，任谁都无法抗拒，但这或者不失为一个考验的机缘。

玄宗一阵慷慨笑意，然后说道："……朕赏赐这些，多是回馈金城公主的莫大功劳啊。朕的皇妹远嫁吐蕃，为唐蕃关系，忧心伤神，真是辛苦她了……"

名悉猎将眼下的恩赏再度审视，玄宗话中虽字字言说金城公主，但服饰器物优胜于往常所赏不说，实际上应是以公主之名令整个吐蕃共享大唐荣华，于是恭敬地回答："吐蕃上下对公主敬仰非常，圣上尽可放心。赞普在公主的协助下，也对大唐风物与文化感佩不已……"他说了些礼仪之词，接着，还是将胸中几经掂量的话直白道了出来："圣上赏赐甚丰，令我吐蕃受宠若惊，只是这鱼袋，吐蕃无此章服，不敢当殊异之赏。"

在唐朝的官服中，黄色即代表中央，帝王服色便采用黄色，其他等级的官服，也用颜色和图案加以区分。三品以上紫袍，佩金鱼袋；五品以上绯袍，佩银鱼袋；六品以下绿袍，无鱼袋②。名悉猎当然对这些常识，了如指掌。他能在玄宗面前接受器物及袍带，大概也示出瞻望大国文化并受之熏陶的姿态，而胆敢拒绝鱼袋，亦自有他的道理。

鱼袋之制，始从唐高宗之时，与随身鱼符的出现紧密相连，主要为高级官员应征召、出入宫门时检明身份所用，以防诈伪，因此具有实用功能。起初，只有五品以上的京官才佩鱼袋，内装鱼符，并且各以不同的材质制成，鱼符"亲王以金，庶官以铜，皆题其位、姓名"，鱼袋也是"三品以上饰以金，五品以上饰以银"。③武则天时，曾改佩鱼为佩龟，后恢复，且外郡都督刺史也赐随身鱼。此后，鱼袋使用范围进一步扩大。

中宗神龙年间后，鱼袋之制延及诸王。④到了当朝玄宗时再作发展，有了凡

---

①刘昫：《旧唐书·列传第一百九十六上（吐蕃上）》，北京：中华书局，1975年版，第5231页。

②欧阳修、宋祁：《新唐书·志第十四（车服）》，北京：中华书局，1975年版，第521页。

③同上，第525页。

④王溥：《唐会要·卷三十一（舆服上）》，北京：中华书局，1955年版，第580页。

赏紫绯兼赐鱼袋的惯例，并形成新的章服制度。

　　一番对谈下来，玄宗的兴致已被挑得很高，名悉猎选择在此时提出异议，也称得上恰如其分，事实证明他是对的，唐皇竟欣然对之嘉许。远道而来的名悉猎，终于松了口气，可算完美出使。

　　其实，与名悉猎数次展现的外交才华相媲美的是他在吐蕃内部的不倒地位。开元十五年（727年）以后，经过韦·绮立心儿藏热、埃·芒夏木则布的薨亡和韦·达扎恭禄的获罪，大论人选再度重新洗牌，由"吐谷浑王"、尚·本登葱和没庐·穷桑倭儿芒担任，而这时段同他一样相对稳固地活跃在吐蕃政坛上还有一个名字：属庐·乞力徐囊恭。[1]于此，不难看出，在赤德祖赞统治生涯中，也是跌宕有时，安稳有时。

　　而他，当然是赞普的信臣。他的返蕃，还为吐蕃带回了更多好消息。

　　730年，大唐诏御史大夫、鸿胪卿崔琳充使报聘，双方商定于赤岭（今青海湟源日月山）各立分界之碑。[2]吐蕃承认大唐的宗主权，其边境将领奉命停止对大唐领土的侵袭。此后，双方间和平持续了几年，友好关系不断加深，唐蕃在赤岭易马，在甘松岭（四川松潘县境）上互市，无疑又开启了两地间货物交流、经济共荣的新局面。

　　至此，烽火岁月暂且消停，碾过马蹄的高天厚土上，终又恢复了熙熙攘攘、驼铃阵阵的商队来往的日子。年华不经意已漫过二十载，一位大唐的公主，就这样随着风云变幻的际遇，看过了人生的疏离与亲密，走过了命运的沉默与喧哗，行至今天。

　　她早已不再是那个庭院深深深几许里的可人儿，也不可能是……

---

[1]王尧、陈践：《敦煌本吐蕃历史文书（增订本）》，北京：民族出版社，1992年版，第151-152页。

[2]刘昫：《旧唐书·列传第一百九十六上（吐蕃上）》，北京：中华书局，1975年版，第5231页。

几本典籍的绵长故事

在金城公主的一生中,她把大半聪敏和智慧都奉献在唐蕃关系的调和上,纵然择善而从的本性未改,但她变成了一个相机行事的人,不知该说是幸运还是悲哀?

不过时局的浮浮沉沉,的确让她得了训诫,越来越知道并学会了如何行使自己的权力或是履行她应尽的义务。

随着崔琳的返唐,玄宗看到了吐蕃的奏疏中"公主请《毛诗》《礼记》《左传》《文选》各一部"。①他的慷慨一如往常,几乎是当即就下令给秘书省缮写而与之。不想,这份看似平常的奏疏,在朝堂上竟引起一时争议。

首先反对的是秘书省正字于休烈,他引说古事,向圣上表达了防备之心:"昔时,东平王刘宇——汉成帝的亲弟弟,求取《史记》、诸子,成帝尚且不给,是因《史记》多涉兵谋,诸子含杂诡术,对之谨防,可为当朝之前鉴。今西戎等部,实为国寇,况且臣闻吐蕃之性,剽悍果决,敏情持锐,善学不回。若授以经典,使其知用兵韬略,变得更加狡诈,会对中国不利。"②

他进一步进言:"若达于书,必能知战;深于《诗》,则知武夫有师干之用;深于《礼》,则知《月令》(古代汉族天文历法著作),有废兴之兵;深于《传》,则知用师多诡诈之计;深于《文》,则知往来书檄之制,这与盗取资粮有何异!"

---

① 刘昫:《旧唐书·列传第一百九十六上(吐蕃上)》,北京:中华书局,1975年版,第5232页。

② 司马光:《资治通鉴·唐纪二十九》,北京:中华书局,1997年版,第69页。

玄宗召集中书门下各宰相合议，其中裴光庭道："正因吐蕃愚昧顽固，方要赐以诗书，让他们受到教化。于休烈在书籍之中只看到权略变诈，却没有看到忠信礼义。"

一个"教化"之意，让玄宗听得入耳，身为中原袤土的一国之君，坐拥巍巍山河的自信大抵超越了所有，纵然吐蕃时有兵诈，可到头来还不是得向大唐俯首称臣！经他裁决，决定听从裴光庭的建议，抛弃狭隘的民族意识，大方与之，便责人抄送四部典籍，如数赏赐给了吐蕃。他在《赐金城公主书》中表达了对吐蕃的和善之意："金城公主远降殊方，底宁蕃落，载怀贞顺之道，深明去就之宜，能知其人，而献其款，忠节克著，叹美良深。所进物等并领得，今寄公主多少信物，至宜领取。所请物并一依来奏文。"①

这一回唐蕃交流可以说是金城公主入藏后，儒家文化传入吐蕃最直接的一次，也因此带动吐蕃向大唐继续仿效和学习的一个新高潮。

彼时文成公主入蕃，开辟了"自从贵主和亲后，一半胡风似汉家"的局面，而今金城公主的再续前缘，可以说让儒学精神在吐蕃的日常生活中显现得更为突出，上至贵族，下至平民，无不遵养。

敦煌本古藏文文书中，一份十分有趣的文献——《礼仪问答写卷》就是至为典型的明证。有学者断定，这是八九世纪的文献②，几乎看不到宗教的影子。它以兄弟间七十九个问答的形式，详细记载了吐蕃时期藏族的道德原则、思想规范、修养方法，具体阐述了对各种社会问题的看法和处理人际关系的态度、方法，不仅展示了中国传统文化，而且反映了儒家文化对吐蕃社会全面深远的影响，相当珍贵。

《礼仪问答写卷》中，儒家推崇的仁、义、礼、孝、忠、信等思想均有涉及。

比如书中强调了大义永存。"情义，指的是齐心协力，说主与奴，夫与妻，

---

①董诰等：《全唐文·卷四〇》，北京：中华书局，1983年版，第441页。
②陆洋：《吐蕃〈礼仪问答写卷〉中的藏族传统伦理思想》，载于《北京印刷学院学报》，2004年第12卷第1期，第39页。

官与仆，若同心协力，则会和睦安宁。否则，大愚而已。……问：'如何方能使人同心协力？'答：'对任何事均虔敬而有礼度……应有长幼之序，官仆之分，主奴之别。勿违当地礼俗，严谨行之。'"①

吐蕃人把孝道放在做人之道的第二位。"问：侍奉，孝敬有何利益？答：儿辈能使父母、师长不感遗憾抱恨，即为最上之孝敬……父母年老，定要保护、报恩……不孝敬父母、上师，即如同畜牲，徒有'人'名而已。"②吐蕃人也反对愚孝，"做任何事均须有分寸，孝顺过分即成虚伪……若依照父母不正确之言词，认为这是父母所言，明知不对照样去做（即不反对），那怎能行"。③这些都很符合儒家孝的观念。

还有，"做人之道为：公正、孝敬、和蔼、温顺、怜悯、不怒、报恩、知耻、谨慎而勤奋。虽不智慧机智，如有这些，一切人皆能中意，亲属亦安泰。""非做人之道是：偏袒、暴力、轻浮、无耻、忘恩、无同情心、易怒、骄傲、懒惰。身上若有这些毛病，一切人皆不会中意。"④

大唐的儿女自幼熟谙了这些早已渗透进了骨子里的问道解答，他们出落得知书达理，出类拔萃，确是得了敦诗说礼的资深教益。而金城公主，一直坚持言传身教，展现着大唐的礼仪人情，令世人无不敬羡，吐蕃世代更将之视作先进文明的真实榜样。

这是她乐意为之并擅长的事，她天生的积淀，卓然出群，光芒四射。

---

①陈炳应：《从敦煌资料看儒学对吐蕃的深刻影响》，载于《敦煌研究》，2004年第4期，第92页。
②同上。
③同上。
④韩锋：《吐蕃佛教文化中的儒家文化——以敦煌文献为中心》，载于《中国藏学》，2010年第1期，第64页。

日月山上刻碑文

开元二十一年（733年），金城公主又上书唐玄宗，请求于同年九月一日在赤岭树碑立界，以分唐与吐蕃之境。她的这一做法背后自然有吐蕃支持，但归根结底是要把开元十八年（730年）崔琳出使吐蕃的成果从事实协议落成白纸黑字，加固两地关系和约明朗化，以免重蹈覆辙。

玄宗同意了这一请求，令唐将张守珪、李行祎与吐蕃使莽布支会盟于赤岭，正式商定双方以赤岭为界，并说明除以赤岭为界外，其余地方依旧界。次年，唐金吾将军李佺受命监视树碑方位，一块刻有和约条款的石碑就这样矗立在边境。

碑文云："舅甥修其旧好，同为一家。往日贞观十年（636年），初通和好，远降文成公主入蕃以后，景龙二年（708年），重为婚媾，金城公主因兹降蕃。自此以来，万事休帖。……不以兵强而害义，不以为利而弃言，则我无尔诈，尔无我虞，信也。……铭曰：言念旧好，义不贰兮。道路无壅，烽燧息兮。山河为誓，子孙亿兮。有渝其诚，神明殛兮。"[1]

此后，吐蕃表示不侵河湟，不掠牛马和践踏庄稼；唐表示不袭吐蕃的城池和部落，不阻断吐蕃的道路。同时，为确保赤岭碑誓文的落实，吐蕃使者跟随唐臣分赴剑南、河西，告诉各州县：唐蕃和好，不准互相侵扰；唐臣也跟随吐蕃使者到其境内，诚嘱吐蕃臣民，从今时起双方友好相处。

---

[1] 王钦若等：《册府元龟·卷九七九（外臣部·和亲第二）》，南京：凤凰出版社，2006年版，第11334页。

往后，唐蕃各派兵将守其边境。此时唐散骑常侍崔希逸为河西节度使，镇守凉州。他认为既然两地和好如初，界碑也已经立好了，就没有必要再互相设防：已成一家，岂不善也！不管怎样，在双方友好的政治环境下，唐蕃社会经济得到了很大的恢复和发展。

互市加深，茶马相易。将两地经济往来方式中，同官方控制的"贡赐"并行的另一种民间交易，真正得以发展。

具体说来，通贡是一种由官方控制的民族间的经济贸易，古代中原王朝把西北周边的少数民族送来的物品叫作贡品，这种方式叫进贡；而中原王朝回赠的丝帛等称为赠品，这种行为叫赏赐。如此"贡赐"满足了贸易双方的需要：进贡者谋求政治上的依托与援助，并获得物质利益；赏赐者则将之看成倚赖经济手段而安抚边境、结好各政权及各民族的基本国策。[①]在中原长安通往周边各民族地区的道路上，朝贡的使者络绎不绝，而吐蕃更是其中的积极分子。

随着往来频度的加强，官方的贡赐，越来越难以满足民众生活需求和民族经济发展，于是更加广泛的经济渠道也在民间应运而生了，这就是"缣（双丝的细绢）马贸易"。中原汉民族对马的需求非常大，它既是农耕生产中的重要畜力，又是狩猎、交通、骑射、战争中不可替代的工具，而少数民族特别是贵族们非常青睐丝织品，所以缣马贸易盛行，当时一匹缣换一匹马，主要通过"互市"进行。

其实，"互市"早在春秋战国时期就已经存在。公元前569年，晋悼公实行"和戎"政策，以货物换取戎狄的土地。西汉开设"关市"，与匈奴及南粤赵佗进行交易。东汉魏晋南北朝时期，中原与边疆民族间的贸易称作"互市"。隋设交市监，统一管理与西北各族的互市。唐承隋制，于太宗贞观六年（632年）改"交市监"为"互市监"，兼管与西北、西南各族的茶马互市。[②]

[①] 郭瑞英、周小安：《论"和亲"对"通贡、互市"的意义》，载于《北京理工大学学报》，2006年第8卷第2期，第95页。

[②] 管彦波：《论唐代内地与边疆"互市"和"朝贡"贸易》，载于《黑龙江民族丛刊》，2007年第4期，第84页。

如果说通贡由官方组织控制，还带有较浓的政治色彩的话，那在和亲背景下的互市，则更多体现的是两族人民的经济生活——虽不乏官方商贸，但更多的是在和平环境下进行的民间交易。互市的场所一般由官方设定在边界上。

吐蕃政权基本上与中国封建社会的鼎盛时代——李唐王朝相始终，加上其心态主动开放，乘着文成公主、金城公主相继入蕃开启的友好交情，享受了较其他少数民族更优越的待遇。唐廷和人民，主要以缯绢、布帛、茶、铁器等物换取蕃方的牛、羊、马等，特别是茶马两宗，更是汉藏两族人民进行交易的主要物资。

据说，文成公主入蕃时，松赞干布就曾派遣五人专门从事内地茶叶贸易，后来随着饮茶习惯在吐蕃的普及，从事茶叶贸易的吐蕃人就更多了。[①]而后，随着内地汉族人民的先进经济文化开始播种在青藏高原上，"在和亲通使基础上，唐朝与吐蕃还多次和盟定界，沿边划地设市"[②]，为通商贸易进程的推动，做出了巨大贡献。

金城公主至此已经历三次会盟，影响最深、享誉最大的莫过于她亲自参与的这次赤岭之盟。开元二十一年（733年），玄宗派工部尚书李嵩出使吐蕃，"以国之信物一万匹，赞普之私觌物二千匹，五彩丰盛，慷慨与之"。[③]吐蕃当然也重视与唐的互市，自此商贸交往更为密切，朝贡等更无懈怠。

同年七月，吐蕃遣大论穷桑倭儿芒等来朝，互通和好，金城公主献表："伏承皇帝万福，奴惟加喜跃。今得舅甥和好，永无改张，天下黔庶，并皆安乐。"赞普赤德祖赞也献书说："汉与吐蕃，俱是大国。又复先来宿亲，自合同和。天下苍生，悉皆快活，赞扬盛德，当无尽期，及至久长，亦无改变。"[④]语辞之间，善和可表，同时仍循惯例，向玄宗奉上玛瑙、胡瓶、羚羊衫段、金银饼盘等器物。

[①] 郭瑞英、周小安：《论"和亲"对"通贡、互市"的意义》，载于《北京理工大学学报》，2006年第8卷第2期，第97页。

[②] 陈白：《茶马蕴深情，佳话传千里——唐宋时期汉藏贸易交流》，载于《中国民族》，1982年第9期，第38页。

[③] 王溥：《唐会要·卷六（公主）》，北京：中华书局，1955年版，第76页。

[④] 王钦若等：《册府元龟·卷九七九（外臣部·和亲第二）》，南京：凤凰出版社，2006年版，第11334—11335页。

如此之势，吐蕃在盟誓立碑后的三年之中，即出现了畜牧遍地、牛强马壮的局面。开元二十四年（736年），崔希逸派人与吐蕃的戍将乞力徐囊恭——他的家族属庐氏于景云二年（711年）曾因一成员属庐·空开的获罪而变得默默无闻，韦氏家族权势炙人，他亦受到牵连，直到十年后，才重又回到吐蕃风起云涌的政坛浪尖上，一直掌握着多思麻地区的军政大权，并主持该地的议事会盟。他长期驻守在东方边境，所以自然是戍将[①]——在边境上杀白狗为盟，双方都把守卫在赤岭的军队撤掉，让当地老百姓自由地生活生产……

赤岭树碑是唐蕃关系史上的一件大事。它反映了唐蕃和睦相处的共同愿望，促进了双方的和解与交流，加深了汉藏两族人民深厚友谊，这方面，金城公主无疑担当了和平信使的角色。

[①] 罗藏：《吐蕃大将乞力徐小考》，载于《青海民族研究》，1990年第4期，第56-57页。

第六章
乘着唐风穿过蒙昧岁月

她用余生走向异乡深处
直到异乡变作故乡
她把古城春色迁至荒漠
直到荒漠四季如春

吐蕃帐里舞霓裳

若换一种人生的起点，天下大事便不由她来费神参与、审慎行动，她也该得了另一份福祉，清宁生平，过着"桃之夭夭，灼灼其华"的生活。但她的身份罩了光环，以至于其生命的绚烂之处，正是在无从抵拒的命运之下，仍能焕发出她的灵动与柔情。

在政务活动上，她与赞普赤德祖赞同心合意，并肩前进，自然夫唱妇随，做得恰到好处。生活中，两人伉俪情深，亦诠释了珠联璧合、佳偶天成的美好，她不仅通达诗书，也会欣然为他吟歌舞蹈。

她的琴声一起，听众闻声而来，真是赚足了场面。

这一日的宫室里又传出美妙而浑厚的歌声，那纯净的音律越过逻些城中置有各种辟邪驱鬼物件的屋顶，飘荡而去，传向远方，不失为一种随性曼舞的洗礼。房檐上，各色风马旗随风扬动，拖长的声音从厚重的宫墙传向近处的山崖石壁，又从彼处传来回音，最后消散在秋日湛蓝的天空中。

生活在连绵群山中的吐蕃游牧民族的女儿，选择任意一个出来，都继承和具备了这种与生俱来的才能。在金城公主看来，如果说大唐的子孙后代个个满身技艺，不负大国之养育，那么高原上，藏族姑娘、小伙能歌善舞的天性，则应该说是民族风情的熏陶抑或天地精华的汇集。她格外喜欢与他们搭伴，一起合奏，并深信这是举世无双的绝妙组合。

每次的打头曲都是她与宫中的藏家姑娘新练习的作品，她乐意把弄乐器伴奏，那独特又唯美的声音一经唱响，就华丽地漫上各座宫室，进而蔓延整个吐蕃。自从唐蕃重归于好后，她的日子渐次明朗起来，毕竟两地皆为家，她身在中间，实在经受了不少苦楚，好在只一朝雨过天晴，她的状态也就随之有了起色。

接下来，她准备演奏一曲文成公主留下的描写战斗场面的琵琶曲，那把联结她与祖姑母的月琴就是她最亲近的同伴和听众。她近乎第一时间就入了境，打开了与绵绵历史浩瀚往事的通道。她清浅地先奏出一阵音符，节律时断时续，听不出是初步的试音还是过于郁结的表达……但宫中听闻此声的人，还是照旧停缓了手中的活计，他们知道金城公主又要开始惊艳全城了。

几次下来，人们便觉察了其中的规律，并擅自得了结论。每每唐蕃之间有好事发生，这位素来低调的大唐公主，便会不自觉地勾起心弦，唱起颂歌。人们从中听出了思乡的眷恋与哀愁，听出了庆贺的喜悦与叹息，听出了祝福的热情与情谊，还听出了爱情的丰盈与绵长……久而久之，这些默默的听众，也就成了她潜在的助力和支撑。她当然知晓这番真挚，心中暗暗许下要为他们造福的夙愿。

身上流光溢彩的青绿色衣裙，是她今日的礼装，决然没有一丝要预告曲目的意思。没过几秒，她的节奏加紧了，手指娴熟而灵活地充盈了激越，好似内心的焰火一下子被点燃，马蹄声碎、弓弦鸣响、刀剑铿锵即刻被全盘调动了出来，她的神情是凝结端重肃穆且有些微愤慨的，整个身子就那样专注地投入了进去，像要把这些年积压在心底的不快、愤懑、怨怼及颠沛流离都倾尽发泄出来——这与其说是她因黎民百姓的满腔申诉而奏，不如说是她对苍茫岁月为战乱所纷扰的惋惜与歉疚。今时的皆大欢喜与往年的夜不能寐形成了鲜明淋漓的对照，她怎能不借机豪情泣诉？

这不同以往的情愫渲染，亦让听者感同身受，颇有共鸣——最后，当声响渐次平缓下来，变得温柔，如同善意的抚慰之时，她就完全与琴音融为一体了。此时，她分不清到底是借文成祖姑母的曲子畅言心中的情绪，还是不知不觉间已弹拨出了自己的情怀。或者，她早就暗暗做了新的结合，才让这一段琴声充满了遒劲与慷慨。

不错，她在吐蕃人民心中，就是这般模样的存在，有如神仙的样貌洋溢着福祉，娇小的身体蕴藉着风范。在他们看来，她的作为较之才华更加打动人心，而她的性情较之作为更为贴近他们。宫中的仆侍们，从未见过这位大唐公主暴戾愤怒的面目，与那位藏族长妃俨然是两种性子的人，这当然只能是暗下的私议。两人同为赞蒙，都是他们的主人，自然需要恭敬地侍奉，甚至还因长妃那囊氏的耿介脾气，下人们势必得多好几分小心，而金城公主总是慈和地言语，使唤他们时也怀着怜意，以至于连这些藏族仆侍都对大唐有了一种直观的好感，心中默祷着她与赞普绵绵情深，永续佳好。

　　结束了满腹激情的演奏，听众的欢呼声迭起，她优雅地点头示意，脸上泛起一片红晕。心思一定，她的重头戏，这才刚要开始。

　　赞普赤德祖赞听到宫中的阵阵响动，也如约前来。他刚行至公主门前，便被眼前美轮美奂之境吸引了，沉醉其中，也不去打扰她，只甘心做一名听众。

　　褪去青绿色外件，润白轻纱和红粉腰带，给人以仙境的幻觉，仿佛他恰是为了迎接她的飘飞落尘而来。这时，他才注意到她今日着了唐装，从高耸的发髻到丰美的妆容，再到整体韵味的丝丝流露，真是无不引人入胜。

　　她是核心的舞者，回眸给夫君——她和他相处总夹杂着太多出谋划策般的交结，她一方面竭心做着他的贤内助，一方面也格外珍惜与他琴瑟和鸣的夫妻情分。一个含情脉脉的眼神后，她便轻盈地移动起了步子。宛若舞袂翩翩、嫣然巧笑的仙子，久久沉寂之后，乘着心间的粲然况味，一点一动地蹁跹起舞。与上一场或阴郁低沉或刚劲激烈的哀丽与壮阔迥然不同，这一场，更像一场别致而纯粹的演出，只引人浸身去体味，悦目赏心，喜不自禁：她时而急速回旋，时而婆娑轻舞；时而像弱柳扶风，时而如蛟龙翔游。娴静时，低眉垂首；急促时，裙裾缭绕；曲终时，舞者如翔鸾收翅，乐声如长空鹤唳。

　　她的柔美与曼妙，芳华绝代，竟叫他凝神间失了魂……随着她舞姿悠悠漫漫似要停息，他才注意到她的周围突然冒出了一队演艺人员，宫女的清唱与她的舞姿相融合，成了贴合的点缀，自然带出，倒是那各式的器乐当即让他花了眼，无从辨认，更无法叫出名字。

　　赞普不知道，这是当朝玄宗皇帝创作的《霓裳羽衣舞》，更确切地说，是玄宗将西凉节度使杨敬述进献的印度《婆罗门曲》加以改编而成的宫廷乐舞。①这

---

　　①高建新、李媛媛：《唐诗中的西域民族乐舞：〈泼寒胡戏〉〈剑器浑脱〉〈西凉乐〉〈霓裳羽衣舞〉》，载于《内蒙古大学学报》，2012年第44卷第6期，第43页。

一传世的曲舞,讲述的是唐皇向往神仙而去月宫见到仙女的神话,其舞、其乐、其服饰都着力描绘虚无缥缈的仙境和舞姿婆娑的仙女形象,所以给人以身临其境的艺术感受。

他的神态里尽是享受之味,与素日豪迈之态相较,显得分外悠闲且专注,她虽身在舞动,心却从来没有离开过他,他专注与欣赏的眼神,她当然慧敏地捕捉而后珍惜着收藏了下来。她完全没想到,他竟雀跃地拍手称好,那声音近在身侧,但随着四周乃至整个宫中响起的掌声,似是途经千歌万舞的竞赛场面才得了一句不易的称赞,也许是她太在乎、太渴望受到他的褒奖了。

她的舞姿旋即自然收落,完成了一个片段的演绎,身心的沉醉按说也是充盈无比的,却还是不及他给的一点鼓励来得珍贵。人群就那样突兀地散开了,他们在众人的注视下,回到了自己的房间里。

她会为他讲,她如何从与来往唐使的交谈中了解并学会了这支大曲:它堪称唐代宫廷乐舞大曲最为辉煌的作品,因而备受青睐,全曲三十六段,分散序、中序和曲破三部分,各为六段、十八段、十二段,融歌、舞、器乐演奏为一体。

她会告诉他,她如何带领汉族乐工和藏族宫女排练这支大曲,如何给他们讲解细节内容:散序为前奏曲,全是自由节奏的散板,由磬(唐代指铜钵)、箫、筝、笛等乐器独奏或轮奏,不舞不歌;中序又名拍序或歌头,是一个慢板的抒情乐段,中间也有由慢转快的几次变化,按乐曲节拍边歌边舞;而曲破又名舞遍,是全曲高潮,以舞蹈为主,繁音急节,乐音铿锵,速度从散板到慢板再逐渐加快到急拍,结束时转慢,舞而不歌——他看到的是她又加以简练化的微缩版本,核心内涵没有遗缺。

她会骄傲地说,大唐的皇兄晓畅诗文,精于音律,他于开元初在大明宫会昌殿附近开设了一个专事乐舞的梨园,并亲自教授法曲,中原的乐工因而被称为梨园弟子;而这支《霓裳羽衣舞》中,大量运用古代传统舞蹈中舞袖和舞腰的技巧,同时借助袖的幻舞,表现出身体的飘逸、流动、轻盈,得下一番功夫才能练成。

她还会为他描述更多的大唐文明,只要他想听,她都愿意为其一一道尽……或者,也会向他透露自己心中的诸般情意……

从中原续来佛法香火

巍巍大唐，壮丽国威，引得多少边疆民族歆羡，在"日月昭昭，其心可表"的当时，他们纷纷踏上通向长安的路途。的确，单说音乐舞蹈艺术的繁荣，唐朝廷就专门设立了掌管少数民族音乐的机构——鼓吹部、龟兹部、胡部[1]，足见其重视，而这也让各部民族得了恩宠，更加憧憬大唐的辉煌。

百年后，刘元鼎入蕃议定"长庆盟约"时，在吐蕃帐中，仍可以听到《秦王破阵乐》，见到玄宗时创作的《霓裳羽衣舞》等这些原为唐代流行的名曲和歌舞，可见当时唐风在吐蕃之盛行。[2]

而文成公主和金城公主在传播丰盛的内地文明时，两人本身皆为虔诚的佛教信徒。或进一步说，金城公主的潜心信仰，确实是得了文成祖姑母的教旨，隔着时空的承接与牵连，这位后继的来者，势必要将她的事业延续下去，使之再度灿烂。

秦浦囊热就是赤德祖赞和金城公主亲力亲为督导建设的。他们见证了它筑基、成建、开光的每个历程，辅以仪式，敬意而为。传说，当赞普拾得先祖松赞干布的遗嘱并决心应在其身时，他曾派阐喀·木列雪和陉·聂囊鸠摩罗两人前往冈底斯山迎请印度班智达桑杰桑瓦（佛密）和桑杰希瓦（佛寂），但未能请动，两人只好默记五部大乘经文归来，后把经文书写成五部经籍，而修建佛堂正是为了供奉这佛法圣典。[3]

---

[1] 高建新、李媛媛：《唐诗中的西域民族乐舞：〈泼寒胡戏〉〈剑器浑脱〉〈西凉乐〉〈霓裳羽衣舞〉》，载于《内蒙古大学学报》，2012年第44卷第6期，第44页。

[2] 刘忠：《汉藏文化交流史话》，北京：社会科学文献出版社，2011年版，第43页。

[3] 韦·囊赛著，巴擦·巴桑旺堆译：《〈韦协〉译注》，拉萨：西藏人民出版社，2012年版，第50页。

尽管苯教玄虚力量的阻挠在劫难逃，但悉勃野家族的英气逼人和松赞干布的一代楷模在成年赞普决心励精图治之时，就成了灌注进他体内的两股洪流，他年轻的热血已然沸腾，此后便只顾风雨兼程，继往开来。而金城公主又何尝不是如此呢？大唐儿女的豪情万丈和文成公主的轨物范世，让她作为他的参谋与助手时，恰如其分，再相称不过。

短短几年来，继秦浦之后，他们又陆续在扎玛、麻萨贡、逻些等地再建起四座佛堂，分别是：扎玛噶曲、扎玛詹桑、麻萨贡和逻些喀查。

扎玛，红色岩石之意，常用以地名，藏族聚居区有多处以扎玛命名的地方，此处特指桑耶一带，噶曲和詹桑就建在后来的桑耶寺附近。其中，扎玛詹桑，又写作真桑，在桑耶寺以北几里处，其地有赞普宫所——对真相的孜孜追寻，或许不免难为了古今学者及地理学家，历史的跌宕起伏使得版图几度重新规划，多少旧址一经动荡就再也不复原来模样，所以后人只得以仅存的一些后世遗迹替之竖立坐标，可幸可哀！噶曲地处桑耶寺东南几里处，沉默而低调地匍匐于哈布山脚下。至于麻萨贡，经相关推测，似在秦浦附近。[①]

逻些城，必然也是要有所建树的。或者，因其都城地位，更有为赞普家族力量正言的必要性。喀查，似乎指红山东面山嘴，今称此地为喀那栋。

无论学者们的猜测准确与否，赤德祖赞时期有一定规模的佛教活动终是确信无疑的。此前，自松赞干布去世，佛教销声匿迹达半个世纪。在这半个世纪当中，世人从众多的藏文史料中几乎见不到有关弘扬佛教的记载，更谈不上佛经翻译之事。

如果说，松赞干布时诸译典百无一存，所传如何无从知晓的情形[②]，对当时传播佛教方面没有起到太大作用的话，那么造成这种结果的诸多因素中，本土文化与外来文化碰撞带来的后果绝对是不容忽视的。因此，松赞干布时期的佛经翻

---

① 韦·囊赛著，巴擦·巴桑旺堆译：《〈韦协〉译注》，拉萨：西藏人民出版社，2012年版，第50—51页。

② 吕澂：《西藏佛学原论》，台北：中国台湾大千文化出版社，1979年版，第21页。

译只是停留在准备阶段,自然,佛教的发展也只能停留在物质层面上了。①

佛教真正被吐蕃人所了解和认识,并作为一种宗教信仰对吐蕃人产生影响,是从赤德祖赞时代才开始的。此间,佛堂的有序林立,如遍地昙花盛开的前兆般,已示出了善法的种种迹象,并为佛教的真正盛行奠定了基础。而佛教之所以能在吐蕃如此快速地发展,金城公主功不可没。

金城公主向赤德祖赞建议,有了佛堂基地,自然就需要请僧人入寺讲法布道,才可慢慢复兴善业。她拿起床头那本已经读了数遍的经本,开始对他述说佛祖之圣言确实需要沉心研读、反复琢磨进而入心内化才可达到自我修行的程度,在此过程中,也不乏申诉只这一册圣典可阅,何足谈及弘化百姓,传播正法……

受公主影响,赤德祖赞下令迎请中原和尚多人,敬奉佛法,并派人自中原甘肃翻译《金光明正法律分别品》等书,还邀请其他民族的僧人到吐蕃,供养佛像,管理香火。其间,中原的法成和尚精通汉、藏、梵多种语言,他到吐蕃组织翻译佛典,可谓做了不小的贡献。

在这里,有必要一提的是,世俗之人常常笼统地把出家人唤作"僧人"。实际上,僧,是梵文音译"僧伽"的简称,意译为"和合众",就是众多的出家人和合相处在一起。所以,僧实际上是一种集体称呼,一名出家人不能称为"僧",由四个以上信奉佛法、遵守戒律的人所组成的组织才能称为"僧"。与此类同的还有"和尚",也称"和上"。在我国,"和尚"的称呼最为常见。其实,和尚本来是对有相当地位、学问并堪为僧师的男性佛教徒的尊称,在古印度曾有"博士"之称,不是任何一个普通的僧人都能使用这个称呼的。具体来说,正确的称呼是:出家的男人,受十戒的称"沙弥",受具足戒的称"比丘"——梵语音译,一般意译为乞士;出家的女人,受十戒的称"沙弥尼",受具足戒的称"比丘尼"。

另外,随同金城公主入蕃的一些官员在辅佐赤德祖赞以及后代赞普传播佛教方面所起的作用更是显著,最有名的就是唐朝大臣巴德武及其儿子桑希。

---

① 旺多:《论汉藏佛教界的交流与吐蕃时期的佛经翻译》,载于《中国藏学》,2009年第4期,第60—61页。

为了更好地承续松赞干布以佛法安抚臣民的宏愿,赤德祖赞后来还特派桑希等四人去中原取经,唐皇赐给蓝纸金汁书写的佛经一千卷,桑希等又前往五台山学习佛法,和尚尼玛送给他们《十善法经》《能断金刚般若波罗密多经》《佛说稻草经》等。①这当然需要持续多年的功业。而金城公主所实现的直接成果,即是在吐蕃组织人员翻译了《百业经》《金光明经》《律差别论》等多部佛教经典及历算书籍,还致力于传播内地儒学,派遣吐蕃贵族子弟入长安学读儒书。②

朴素的时人无以为报,将深深情义简单着墨,以诗为颂。他们感念她,具有智慧之眼;他们致意她,选择入蕃,甘为藏族人民造福万千。

> 不须如丐苦追寻,
> 难行道上历艰辛,
> 能现世间动静法,
> 此乃天生智镜恩。③

---

①周拉:《试析汉、藏两地佛教的互动关系》,载于《西北民族大学学报》,2007年第5期,第36页。

②旺多:《论汉藏佛教界的交流与吐蕃时期的佛经翻译》,载于《中国藏学》,2009年第4期,第61页。

③五世达赖喇嘛著,刘立千译注:《西藏王臣记》,北京:民族出版社,2000年版,第35页。

隐藏于大昭寺的秘密

　　关注着佛堂的建筑工程，挂心于佛经的翻译进度，担当着赞普的得力助手，在吐蕃，但凡和佛法事业关联之处，必有金城公主的身影。而她自己，在参与这些之前，早已养成了每日诵经福祷天下的习惯。潜心静气，修养身心，尤其是在唐蕃风云突变的斑斑岁月中，她几乎拿出全部的精力，为两地百姓祈福，为吐蕃文明祷告，也为自我境况的一点平衡持力前行，不至于随时俗堕落，失掉了信念。

　　"我要去朝拜文成祖姑母的释迦牟尼金像。"

　　自入吐蕃，她每每起念，便会沿着街道，看看城中繁华，再走向大、小昭寺。

　　过去，两座神庙刚建成的时候，泥婆罗赤尊公主带来的佛祖八岁等身像，供在大昭寺南面的神殿；文成公主带来的十二岁等身像，则供在小昭寺的主神座。智慧的先辈，精通历法卜算，不悖天意，在那释迦牟尼佛像沉陷之处，就地建寺供养，也算得上稳妥之举。再加上，她观卦象，发现修建小昭寺的这块地方是地祇龙神的威怖宫殿之所在，当镇之以释迦牟尼佛像，而车辕朝东掉了个向，则示意寺门应向东开启。①

　　当时小昭寺的规模并不大，只是一座供放释迦牟尼佛像的小佛殿。由于佛殿顶部斑斓如虎纹，故名甲达热木齐，意即虎纹大院落，里面主要是汉族人居住。难得的是，这和青藏高原对山野神灵的供奉有着最本质的互通之处，都遵从了自然与本地发生的某种神秘联系，所以在吐蕃人看来，它在某种程度上，附和了苯

---

　　① （印）阿底峡尊者著，卢亚军译：《西藏的观世音》，兰州：甘肃人民出版社，2001年版，第194—196页。

教"万物有灵"的信仰。

如果说，吐蕃土生土长的宗教建筑——小神殿，是普通百姓最喜闻乐见的修行道场，一年四季进出频繁，已然成为生活中必不可少的一部分，那么，文成公主以一座小昭寺打开了善男信女们对中原佛教及其他文化元素的竭诚接纳，之后佛塔才开始在吐蕃乃至藏族地区广为兴建，作为崇拜对象悄然兴起。

金城公主对这一切充满了无上敬意与骄傲，并认为其重若丘山。可此番功业，在她入蕃后，却静默如谜，毫无影踪。说及缘故，那是发生在高宗龙朔三年（663年）的事情。松赞干布的孙子，即赞普赤德祖赞的祖父芒松芒赞在位时，不知从什么地方传来了谣言，说是大唐高宗皇帝派了一支军队，要把文成公主带来的释迦牟尼十二岁等身像夺回去。吐蕃赞普及众臣十分惊慌，匆忙将佛像藏了起来了，经年累月，社会动荡，政权更迭，佛像的藏身之处渐渐成了一个谜。[1]

后人拾获的些许信息，对金城的帮助并不大。她曾一趟趟走访两座寺庙，摸过了每一个墙隅，看过了每一面壁画，洞悉过每一处可疑的门殿和内室，几近翻了个遍。这是在那纷乱时月中，她和自己暗定的誓约，也是在烽火连天之下，势必要达成的愿望。毕竟这是一件裨益千秋万代的事情。

小昭寺是第一时间就探索过的，内无释迦牟尼佛像；她继而做供奉祭祀，遍寻各处，仍是未果。往后，她循着周边的老房子，一一打听，只要有一点可能性，就乘机追踪下去。这样细密的方式自然辛苦，并且不易。她遇到的多是彼时居民的后代，知道真相的当事人或故去或搬迁，常常刚有一点起色，旋即就又断了线。好在，她是个能耐得住性子的人，信念的热切和意志的执着让她坚持良久，直到水到渠成的那一天。

"在建造序列上应有五个门的寺院内殿，此处只有四个，所以，这里应该还有一座神殿。"[2]她心中的百般思路和种种逻辑，在这一刻凝结为一句结论式的主意——没有人明白其中的含义究竟是怎样的复杂或简单。说罢，她在大昭寺

---

[1] 廖东凡：《拉萨掌故》，北京：中国藏学出版社，2014年版，第36页。
[2] 巴卧·祖拉陈瓦著，黄颢译注：《〈贤者喜宴〉摘译（四）》，载于《西藏民族学院学报》，1981年第3期，第18页。

一突出的护墙处，用手敲击墙的下部，侧耳细听，发现其声与附近别处的不尽相同，便紧紧连续着力敲下去，不久稍许显出一道裂缝，然后令人小心挖凿。门被打开，众人欣喜若狂。那座久寻未得的释迦牟尼佛像，这才重又现世了！

"祖姑母之佛陀像，其全部容颜得以显现！"她激动地呼叫起来，并用近乎庆祝的语气，差人前去通告赞普。

赤德祖赞赶来时，整个大昭寺的空气中都洋溢着喜悦。他慷慨笑意，不吝夸奖之词，对她赞道："若不是我的公主，我吐蕃得错过多少佳时盛事啊！"

"为赞普解忧，是金城的本分。唐人自古就有大义当首的先训，金城从小受教，今天终归是实现了……"

她短短的两句话，道出了夫妇情意、家国大义，言表了身为赞普之妻、大唐之后职责的履行，轻描淡写，毫无张扬。缓慢的语速，也透露了丝丝缕缕的感慨和星星点点的忧愁，只是，他正值狂喜之际，自然予以忽略了。

不过，她并没有任性地责怪他，反而对这又一次公示的称赏倍感欢愉和珍惜。只他一句话，她的心就如蜜般甜了。

紧接着，金城公主为文成公主的释迦牟尼佛像举行了一个"见面礼"。找到这尊佛像对金城公主来说意义重大。这尊等身像，是佛祖在世时，弟子们为使他的真容传之后世，特请工匠为其建造的。此外，由于制作过程中，佛祖的奶母等人从旁指导，因此造像与佛祖本人酷肖。如此郑重而珍贵，礼拜佛像，当然如见真身一般。文成祖姑母终生从中汲取安宁，成就了一番不朽功业，而她的痴痴打探终见光明，势必是要将上世的善缘经久传承下去。盛大的供养，隆重的法事，金城公主将释迦牟尼十二岁等身像供奉在了大昭寺的主神殿，供人瞻仰与膜拜，并真真正正护佑了青藏高原上的代代子孙。

从这个时候起，罗刹魔女所在的吉雪沃塘改名为拉萨。

拉萨过去叫"吉雪沃塘"，意思是"吉曲河下游的牛奶坝子"；现在改名叫"拉萨"，意思是"释迦牟尼佛祖所在的地方"。而大昭寺周围的八廓街，也是在这个时候形成的。[①]

[①] 廖东凡：《拉萨掌故》，北京：中国藏学出版社，2014年版，第36页。

七七祭拜

释迦牟尼佛像的重新面世给金城公主带来了许多灵感，或许柔软的心灵，本就对生命怀着莫大的慈悲，只因了佛祖的指引和启迪，进而打通了实践行动的思维脉络。这些年，她习惯了高天寒地的气候，习惯了夜长昼晚的时辰，习惯了在宫殿和帐篷之间两度转居，习惯了唐蕃两地战和兼行的世相，却还是没有习惯生命的隆重降生和潦草埋葬——几乎接近静寂消失，她觉得其中横亘着偌大的反差，与她在内地所接受的七七丧俗的厚葬文化迥然不同。

她经历过中宗、睿宗的去世，又在归唐省亲时，亲身参加了盛大的祭奠活动，在她看来，如此对故者的送别和缅怀才称得上圆满，于生者亦有一种告慰在心，而仪式感隆重且有必要。

所谓七七丧俗，是指在人死去后，每隔七天为一祭日，祭奠一次，到七七四十九天为止。在古代社会，七天一次的祭奠仪式中，通常要请僧人念经和道士作法，称为法会。这种法会要耗费大量的人力、财力，所以主要流行于上层社会和民间富户；而一般百姓则只是象征性地每隔七天祭奠一次死者，总共祭七次，以应七七之数，聊以寄托哀思，慰藉先人。

言及它的源头，金城公主知道，应当是来自中国传统文化中对数字七的崇拜和由之而来的儒家的七虞之礼，而渊源于我国传统文化中道教的七七祭和佛教的七七斋对其形成亦有重要的影响，三者之间相互融会，合而归一。

如果说儒、道文化中相关作用力的推波助澜依然显示出至关重要的势头，那么佛教七七斋的影响可说给了七七丧俗一个发生和发展的契机，它着实是功不可没的。

佛教东来，传入中国后，其转世轮回、因果报应之说，使人们找到了更好地安抚鬼魂世界的办法。让死者的魂灵早日转世，结束无所依傍的痛苦，并能获得好的生缘，转世投胎到好的人家，这对于死者的家属精神上具有极大的慰藉力和诱惑力，为了满足人们情感慰藉的需要，佛教便大力提倡其发明的七七斋。借此，斋主要的目的，就是通过僧人的诵经超度，使死者魂灵早结善缘，投生到更好的去处。

作为一种外来文化，佛教为了扩大其自身在中土的影响力与号召力，不断扩展其势力范围，且不断吸收中国传统的儒道文化中有利于其发展的部分，并越来越多地呈现出与二者结合的趋势。——这和文成公主曾利用儒家文化的包容性，使得佛教披上深受儒学熏陶的汉文化外衣以后，顺利地在与吐蕃传统苯教对峙的河流中找到契合点，无不有类质同象之妙，抑或异曲同工。金城深深思量，暗下得到了某些教益。

她继续想下去，认识到，佛教的七七斋不仅与儒家文化有精神上的契合，而且与道教七七祭奠在理论与形式上也有相通相似之处。如此，三者融会贯通，各得其所，也使七七丧俗更加丰富多彩起来。这样，既满足了人们崇拜数字七的深层的民族心理，又照顾了儒家通过七虞之礼彰显孝道、寄托哀思的观念，同时僧道法会也使释道二家从中获益匪浅。道士作法即使不能让死者起死回生，人们也不必担心他们的鬼魂作祟，因为和尚的念经超度，能很好地安抚死者的灵魂。所以，这一兼具儒释道文化精神的有中国特色的七七丧俗的形成，真正是令无论生者还是死者都皆大欢喜之事，大大满足了中国人追求圆满的民族心理，因而受到了社会各阶层的普遍欢迎。①

及至唐朝时，统治者实行以儒为主，儒释道并行的政策，为三家互相吸收和利用，创造了优渥的社会条件，这就更有利于七七丧俗的发展和传播。因此可以说，七七丧俗，到了唐代就成为兼具儒释道三家文化，在中土广为流传的重要丧葬风俗了。

---

① 刘铭、徐传武：《"七七"丧俗考源》，载于《民俗研究》，2010年第2期，第111页。

金城颇为认真地掂量这些，自然有她的考虑，仿若在为一个宏大计划做着必要而谨慎的审察。她最后慢条斯理地咂摸，当朝的玄宗帝执政初年推行过各种反佛教寺院的措施，对道教明显深信不疑，尊奉道士，理由同先祖唐太宗一样气壮山河，称大唐皇室李氏是道教祖师老子李耳的后裔。但后来，他对传入中国的密宗佛教也兴趣颇浓，印度密宗大士善无畏和金刚智先后在京师工作、逗留，给了这位皇兄最直接的熏陶，后者还因法术卓著而被封为国师。中土的密宗佛教倡导者之一——不空，也得到过玄宗的慷慨布施。

　　尽管唐皇试图限制佛教的影响，但密宗佛教对其吸引不是偶然的，因为密宗使用法术、咒语和魔法在许多方面与道教可谓相似。[①]而自己想要将中原的七七丧俗引进吐蕃——她终于可以明确提出自己由来已久的想法了——务必要紧随大唐政要的引领，此时，那位高高在上的皇帝对她代表的吐蕃而言，就有着威慑力，哪怕稍许不慎或不测，都有可能牵连唐蕃关系，她悉心呵护、竭诚努力的成果，当然不容受任何威胁，她更不允许自己犯这样的致命性错误。

　　末了，她扫除了一切疑虑障碍，再回归到中国传统文化中根深蒂固重孝重送终的民族心理上，粲然一笑，决心大展拳脚了。

[①]（英）崔瑞德著，中国社会科学院历史研究所、西方汉学研究课题组译：《剑桥中国隋唐史.589—906》，北京：中国社会科学出版社，1990年版，第373—374页。

嫁接的新文明

　　至于如何将中原厚葬祭拜的七七丧俗，嫁接到对自然神灵慷慨无度而对个体生命自身却无及时端重仪典的高原大地上，金城公主不得不首先考虑吐蕃原始的丧葬制度和传统苯教的相关仪轨。

　　她保以一以贯之的审慎态度，要求自己做足功课再实干。

　　丧葬是人生在世的最后一点痕迹，它标示着生命旅途的终结。古人一般认为人死后要到另外的世界，人的肉体死亡了，但灵魂不灭，于是人们用种种仪式安慰亡灵，希望亡灵不要干扰活人的生活，去自己应去的地方，从而形成了千姿百态的葬礼。古代的吐蕃人对此当然不是完全不知，他们虽基于境内许多部落和民族间文化传统、社会形态不一，但也有丰富多彩的丧葬仪式，不过还是以土葬为主。如父母去世，则子孙要断发，脸上涂抹青黛，亡人的衣服等生前用品随尸体一起埋入地下，下葬以后葬礼就算完成。

　　附属的殉葬品，多杀牛马以祭，然后用石块将墓垒成正方形，形似吐蕃的平顶屋，上置牛头、马头。由此，除了众多史籍记载，考古发掘的证明又为世人了解和还原旧时相关的丧葬信息提供了新的线索：坟墓皆是高起如封土，墓内的葬具以石棺为主，其材料主要是石片、石板等；石棺形状也各不相同，有梯形、长方形、圆形等；殉葬品有陶器、铜饰物等生活用品，有的墓旁有殉马坑。青海都兰吐蕃墓中的殉葬品，有绸缎、织锦、羊皮、牛皮、鹿皮靴、铜镜、铜钱——开元通宝、宝石、饰品等物。①

---

①才让：《吐蕃史稿》，北京：人民出版社，2010年版，第286页。

吐蕃人使用石棺葬，这跟西北和西南地区的石棺葬文化有一定的联系，另外，当地木材紧缺，而石片是吐蕃人得心应手的建筑材料，很可能石棺葬也是青藏高原上很古老的一种丧葬风俗。

吐蕃赞普的陵墓位于琼结县的琼结河畔。据载，历代赞普去世后，以人殉葬，衣服珍玩、马骑弓箭等悉数埋之，于墓上起大室，立土堆，插杂木为祭祀之所。① 作为吐蕃的最高领袖，死后也要享受荣华富贵，大量殉葬金银珍宝，陵墓建造气势非凡，象征着主人的尊贵无比。如松赞干布陵，大小之量正好是一由旬——古印度长度单位名，相当于一只公牛走一天的距离，大约七英里，即十一点二公里，形状正方中间如同网格……陵内的网格填满珍宝，陵墓建造华美，富有声名。传说墓中有五座神殿，因此使得陵墓成方形，起名叫作古日木波陵。② 其墓的左面，埋有他生前所用金盔甲一副；墓的右面埋有纯金制作的骑士和战马等。

金城公主不由得感慨，对于一代赞普而言，披坚执锐的雄风势必是他生前赫赫威名的一种认证，也彰显其坚毅刚正的个性，这与中原类似陪葬品之铺陈奢华相较，大概更为简朴并具有个性特征。但接下来的事——以人殉葬，就让她难以接受和想象……

为吐蕃赞普殉葬的人有两种：第一种是赞普的亲信，赞普去世时，他们通过自残身体来表达悲痛之情，凡死者皆殉葬；第二种是"共命人"③，这是吐蕃一种独特的习俗，恐怕与古代藏族的灵魂崇拜观念有关，有其深厚的宗教文化背景。

人的灵魂——藏语称"喇"，通过巫术仪式可寄存体外，如此是为了增强寄魂者的生命力，增加灵魂的安全系数，保密性和隐蔽性兼具。寄存灵魂的对象无

---

① 刘昫：《旧唐书·列传第一百九十六上（吐蕃上）》，北京：中华书局，1975年版，第5220页。

② 萨迦·索南坚赞著，陈庆英、仁庆扎西译注：《王统世系明鉴》，沈阳：辽宁人民出版社，1985年版，第153页。

③ 杜佑撰，王文锦、王永兴、刘俊文、徐庭云、谢方点校：《通典》，北京：中华书局，1982年版，第1626页。

所不包，有动物、植物、人工制造物等，如山、湖、野牛、虎、鹿、鱼、蜜蜂、玉、弓箭、树木等。人与寄魂物之间的关系是同生共死，只要寄存灵魂的物体不受伤害，人将会保持旺盛的生命力，任何东西也不能使他死亡。一些魔王、部落首领等的寄魂物不止一个，而是有数个，只有破坏和杀死所有的寄魂物后，才能杀死寄魂者。除了个体的寄魂物，还有群体的寄魂物，即部落或部落联盟的寄魂物，这种群体寄魂物的所谓神性更为明显，成为崇拜的对象。①

强盛的山湖信仰，和万物有灵的崇奉自然一脉相承，金城念及此，不自觉地叹了口气，说不好心中重重忧虑是哪般模样。她意识到自己面前一如往常的屏障，她注定面临挑战——只有先行勘察过所有阵局，才好有的放矢！她又了解到，在吐蕃，赞普、赞蒙等下葬前的停尸时间较长，短则一年，长则达三四年，这样做，一方面可能是为了等候陵墓建造完成，另一方面是因为按吐蕃的传统要举行较长时间的祭奠，并对遗体做某些处理，即剖殓仪轨。它大抵可引申为对遗体进行某种解剖仪式，也有推测说，吐蕃也实施如同大小羊同一般的葬法，即将内脏等取出，填以黄金等物。

繁冗复杂的丧葬礼仪，无疑是一个民族文化印记的某种揭示。在这片与天地福祉尤为亲近的高原沃土上，赞普家族的陵墓群被视为很神圣的地方，专门有人看护，法律条文中也有禁止掘墓的法令，严禁一切人进入墓区。为此，吐蕃丧葬制度中还有一种非常独特的守陵制度。

守墓人住在陵墓附近，不允许和任何活人说话、打交道，甚至不能出现在活人面前。当人们举行祭祀时，先在很远的地方就吹响号角，送去信号，以便让这些守陵人躲开。走时再次吹响号角，以通知他们可以出来活动了。这实际上等同于一种变相的陪葬……②

另外，墓区内有祭祀的场所。后来的松赞干布陵墓上就建有松赞干布庙，塑有松赞干布等人的像，供人朝拜，这也可视为是古代祭祀赞普墓的遗俗。

---

① 才让：《吐蕃史稿》，北京：人民出版社，2010年版，第288页。
② 张窝：《西藏丧葬风俗的演变及其原因》，载于《西藏研究》，1986年第2期，第91-92页。

方才的忧心忡忡是真切的，此时的感佩万千亦是深重的。大唐素有开放风范，她受之育养成长至今，心性如何能狭隘得了？她镇定了会儿，继续往下琢磨。翻读原始史籍，寻访相关人士，她觉得自己似乎快要看到出口了。

　　苯教的丧葬仪轨也是不可忽略的。它的系列之完整甚至让金城公主感到惊叹。坟墓前哭丧仪式，奉献的供品，"尸魂相合"的仪式，苯教师诵经，施行还阳术，守灵人，埋葬粮食和供酒的仪式，向棺材致礼，安葬的时间，献祭所忌讳的动物，献祭羊只，招魂仪式，大葬时献供品献牺牲的规则，供于墓室的物品，葬仪高潮的仪式，放置供品，墓顶压胜术等，整个过程举行三天才完成，分行于每日早晨、上午、下午、晚上的仪式都有严格而详细的规格要求。与赞普停尸长达三四年之久一致，大葬礼要死后三年才举行，当然，能享受到这种待遇的多是赞普家族成员或贵族，不过整个仪式的过程中，深受上层信赖和重用的苯教师、巫师都是每次仪式的主持人。

　　朴素而豪放的民族个性下，吐蕃的复杂丧礼已经承袭多年，人们注重仪轨的许多细节，丝毫不能马虎，严肃庄重，又小心翼翼，显示了笃信人死后灵魂在第二世界继续存在的观念。如今，随着佛教的传播，佛教的生死观也就被吐蕃文化自然接纳进来，关于人有前后世及生命在六道中轮回的思想也逐渐为吐蕃人所接受，这当然和赞普家族的支持有着密切关系。

　　金城将这庞杂的古旧文化在脑中一一做了一番梳理，本以为仍是阻隔难以逾越，却不想一时间已柳暗花明，她想到，依然依靠赞普和论、尚、内侍官等的强盛力量先行倡导和推动。争锋时刻不可避免，便只有顺遂此势，时刻监察，施以保护。她像一个退于竞技场下的竞技者，让外来佛教与原始苯教对阵较量，前者是她买下的选手，一旦开赛，她要做的只有关注，密切地关注，而它作为她的利器，势必也要仰仗自身的张力砥砺而为。

　　任凭风起浪涌，唯胜者遍行天下。她的骨子里，不是没有势在必得的锐气和锋芒。

　　往后，世人看到，这位一贯安宁低调的大唐公主的功绩中，永恒记载着一句：金城公主在吐蕃创始、实施并传播了人死后四十九日之内每逢七举行祭祀以超度亡灵的法事仪轨，也即七期荐亡①之佛事。这种仪轨一直延续至今。

容易确定的是，苯教和土葬风俗、祭祀、占卜等藏族传统习俗是紧密联系在一起的，同时不难想到，因苯教每年要用大量牲畜献血肉供，会对吐蕃的牧业生产带来损害，所以松赞干布下令限制苯教——而今，赤德祖赞因此之故对其采取反对和限制的态度，仍是自然而然的。而金城带领的佛教信众的努力，当然也至关重要。

---

① 韦·囊赛著，巴擦·巴桑旺堆译：《〈韦协〉译注》，拉萨：西藏人民出版社，2012年版，第51页。

佛祖请上座

为了给输入吐蕃的七期荐亡找一片永世滋养的土壤，使之长久流传，足够服众，金城公主一改吐蕃不向佛像供奉食物的习俗，为找到的释迦牟尼十二岁等身像，举行了隆重的朝佛仪式，重新供奉。如是，对释迦佛像的信仰，不但被深度唤回，人们虔敬的模样仍轻易流露出了赤诚的热情，而且一旦听闻祭祀亡灵的仪轨与向佛祖祈福求佑有着深沉的内在联系，便只顾执着下去，沉迷地投身。

吐蕃赞普家族礼佛的大型场面，是高原礼佛的最初仪式。赞普赤德祖赞欢喜至极，愿意亲身朝拜，他慷慨表示，这样做一方面是向释迦牟尼佛祖献上吐蕃最高级的敬意，以福佑高原千秋万代，同时向先祖松赞干布和大唐文成公主呈上最盛大的怀念，以昭示甥舅情谊绵延不绝，另一方面是要为吐蕃民众做出最直接的榜样，以赞普家族权威确保佛法立足生根。

金城公主感到庆慰，在此后的一小段日子里，她耐心地向赞普等解说具体仪式，过程之中多有趣事，如此与赤德祖赞的亲密关系也不断加深——她的博学与才华，让他觉得眼前的可人儿真是神秘又风雅，他不知道她的身上还有多少他未见识或挖掘的宝藏，也因此，他享受着爱情的魔力和婚姻的滋润，甚至觉得她是佛祖赐给自己的宝贝。而她保持一贯的温柔，并因所做之事实属自己擅长的方面，因而表现出了比往常更多的活泼，这对他来说，无疑是惊喜的、快乐的。

她也教导侍臣。他们新奇而恭敬地学习着，对这位来自中原的赞蒙的好感愈加浓厚，加上她本就与长妃那囊氏性情迥然，此间更是加足了分。仪式的练习固然重要，但礼佛的服装也不可马虎，她交代一道入蕃的汉族布工加入缝制工作，各种样式各有技巧，并吩咐他们在细节上一定得注重美感。

隆重的日子，终于来了。

当赞普家族队伍浩浩荡荡行往大昭寺时，街上的百姓亦自觉成了即时的参与者。这到底是一件大事，一个前所未有的开创性仪式——更何况，正如赤德祖赞所期望的，这盛况俨然是一次富有威慑的政策现场。

金色的释迦牟尼佛像，端重地安放于大昭寺的主神殿，众人沿正门款步而入。外面的晴阳当即就收敛了似的，光线倏忽现出幽深，那门宇并不大，接近于普通人家的样子，不过，待赞普与两位赞蒙等人渐次引领而入，身后的百姓再跨门而融身于其中时，估计再不会以寻常的眼光看待这一切。

整个仪式，静寂肃然。凛然的肃穆与敬畏，潜居在每个人的心中，竭诚坦露的唯有端重的神情和认真的姿态。

一位双手捧香炉的侍女最先开启仪式，经过训练，这位藏家姑娘自信满满，动作娴熟，丝毫看不出她是第一次做这件事情。事实上，这个场面对于这里的所有人来说，都是首次经验。人们瞧着她放缓的步子，身姿亦含着韵味，耐看极了。这当然要归功于她的着装：一袭白色翻领长袍在身，领子与袖口上是黑色镶边，腰系革带，佩有短剑，长袍开衩，露出绿色红缘的裤子，足穿黑靴，头未戴帽，发披两鬓，用红线扎成小髻，垂在耳际。

一位侍臣紧随其后，手持鲜花，身穿白色翻领长袍，领袖可能用虎皮镶边，革带、短剑、开衩长袍，绿色红缘的裤子，黑靴皆齐置一体，与侍女显露的芳华相较，男儿明显多了几分精悍利落的气质。他头戴用红色头巾缠裹成的筒形帽子，在红巾扎结处，伸出红巾的一角，帽子的衬里可能是白色的，在帽子的下层露出白色的边缘——是谓赞夏帽[1]，两鬓红线小髻，垂在耳际，项饰红色瑟瑟珠。大抵这般装饰，也是要与之所担献花职责相配，便又多些俊美。

另一侍臣则背向观众，侧身回望，他手捧圆盘，盘中盛着珊瑚、宝珠[2]，身穿红色长袍，两袖下垂，几乎着地。衣袖虎皮镶边，背后披用虎皮做的"云

---

[1] 杨清凡：《藏族服饰史》，青海：青海人民出版社，2003年版，第54页。
[2] 谢静：《敦煌莫高窟〈吐蕃赞普礼佛图〉中吐蕃族服饰初探：以第159窟、第231窟、第360窟为中心》，载于《敦煌学辑刊》，2007年第2期，第68页。

肩"，腰系革带，上系"蹀躞七事"，斜插两把短剑，给人以明显不同的况味。虽然其他穿扮与旁边那位侍臣一样，但还是忍不住惹人猜想其中的缘由……

正式场合古有传统，所谓衣装得体更是老话了。如果说初入此境的观众，尚且对个中器物、仪礼、姿势不得要领，那么最直观的自然是从服饰妆容切入，进行了解，何况，它们本身就已是美的无限表征。

居于仪式队伍中间的赞普赤德祖赞，一手持香炉，站立于方形高台上，只见他身穿白色翻领长袍，一袖下垂，衣领、袖口用虎皮镶边，内着黑色交领衬衫，腰系革带，佩有短剑，腰间有左衽系带。长袍开衩，露出绿色红缘的裤子，足穿黑靴。[①]发装和项饰与侍臣一致，正是男儿的统一规格。毕竟在佛祖面前，众生平等，并无身份尊卑甚至性别的区别。

在他的身后，另有两位侍从，一个为赞普打曲柄伞盖，一个手捧花盘，不疾不徐，行于队伍中，服饰与前面的侍臣相似，只是赞夏帽略低，大概是只须跟从，无须带路之故。细节差别还是有的，手捧花盘的男儿，内着交领黑色短衫。

再往后，就是两位赞蒙了。金城公主与那囊氏一左一右，并排而列：后者内穿上白下红的长袍，外穿交领黑色短襦，足踏黑靴，头戴与赞普相同的赞夏帽，垂在耳际的小髻，依然挡不住她个性的强势，因而只显出与队列相符的统一，倒是红线与其颈部的红色瑟瑟珠相映衬，在她身上多了别样的味道，也许是俏皮的点缀；前者则内穿白色长袍，外穿交领黑色短襦，黑靴在足，头戴黑色浑脱帽，上有绿色叶状纹饰，发披两鬓，用红线扎成小髻，垂在耳际，项饰绿色瑟瑟珠。

金城公主果然还是适合绿色，清新的气质，蕴藉着优雅与从容，黑白相配，在她苗条的身体上显出美的层次感，又因极端与巧妙的融合，让她多了一种出席正式活动应有的镇定。这一番盛装华饰的领略，着实让吐蕃民众大开眼界。汉族服饰的特征已然成功纳入藏袍风貌中，妥帖非常，直到仪典正式开始，人们才不舍而自觉地将全部注意力重新集中到神圣的释迦牟尼佛像前。

赞普上前几步，近身侍者一并跟随。他们以手施德，鉴于场合的重大，捧礼

[①] 谢静：《敦煌莫高窟〈吐蕃赞普礼佛图〉中吐蕃族服饰初探：以第159窟、第231窟、第360窟为中心》，载于《敦煌学辑刊》，2007年第2期，第67页。

器、持鲜花、执伞盖，都比素常行为更恭敬，而赞普先是双手承接过香炉，献呈至佛像前的供台上，接着将鲜花有序摆入花盘，和盛有珊瑚、宝珠的圆盘，分别敬奉，然后燃香、上香，连拜三道，再合掌，专注念诵，向天地神祇感戴敬恩，立誓明志。

赞蒙的做法与之相似，由于金城公主较为熟稔，自然由她施行。四位扎双髻、执障扇、举荷花的女侍踱步而行，再返出。她举止端庄，这时刻也显得雍容华贵，以双手托盘供奉三枚宝珠，呈献在佛像前，再如前焚香敬拜。

她的眼睛，在与佛祖慈悲的双目交汇时，端重自持的样子表现出了精敏引导和绵绵点化后的灵动。此时无声胜有声。这一程仪式行完，她在吐蕃百姓心中的地位无疑更高了，精于灵魂打探和擅长精神家园建设的藏族人民，像惦念着文成公主一样，自此对她亦称赏不已。

文成公主带到吐蕃的释迦牟尼佛像，最初仅置于寺内，并无朝佛之说。而她，找到这尊宝贵的佛像后，首度举行了朝佛的祭奉仪式，从此便延续至今。

流亡僧侣有归宿

逢了机缘，当释迦牟尼佛像正式在吐蕃开启荣耀的福佑之路时，天下的信众曾献上全部的虔诚心意，以自己的方式纷纷向佛陀表达内心持衡的信念。受意于先祖松赞干布的遗训，赤德祖赞从唐朝迎请和尚讲经授法的进程未有中断，此外，他又从西域迎请来出家众[①]，共享佛祖在不同地方的教旨，而当时的吐蕃，确实尚未出现本土僧人，只是呈现出在民众中广为学习的局势。

当然，不单是吐蕃有外来佛教与传统宗教之间的文化冲突，间或引发激烈的争斗与祸乱，其他各小政权下，亦存在着同样严峻的状况，以至于必要时，原本惯常的僧家来往交流成了其他民族投靠藏族的合理渠道和顺利归属，赞普家族当然欢迎并愿意接纳广大僧侣来充实吐蕃境内佛法传扬的深广度。

金城公主也肯定地说，民间信众的力量比政治手段本身更直接快速有效。很快，她的话头就有了事实的回应。

于阗是西域的一个文明古地。松赞干布时期，于阗与吐蕃中间隔着吐谷浑，两地并不毗邻。禄东赞父子统治时期，先将吐谷浑的西部鄯善、且末、大小罗布等地占领，边界推于阗东部达到了尼雅，开始与于阗相毗连。赤德祖赞当政的现在，吐蕃的边境已与于阗边境交错相邻。

准确地说，这个距大唐长安九千七百里的小邦，位于葱岭之北二百余里，东北至都护理所三千九百里，南与婼羌接，北与姑墨接，东北去龟兹千四百里，东至鄯善千五百里，西通皮山四百里，去朱俱波千里，西北至疏勒千五百里。其境之西，水皆西流，注西海；其东，水东流，注盐泽，即蒲昌海。[②]

[①] 廓诺·迅鲁伯著，郭和卿译：《青史》，拉萨：西藏人民出版社，1985年版，第27页。
[②] 杜佑撰，王文锦、王永兴、刘俊文、徐庭云、谢方点校：《通典》，北京：中华书局，1982年版，第1637-1638页。

于阗的人民文化水准很高，在政治上很早就附属于中原的中央王朝。其首领是尉迟家族，他有"阿摩支"的荣誉称号，是中央王朝所赐。于阗境内的首拔河，亦名树拔河，或说是黄河；风俗产物又与大唐的属地之一——龟兹略同，可以说它和吐蕃一样，很大程度上臣服于中原，对大唐的景仰大概也殊途同归，并且同样崇尚佛法。

金城公主从书上得知：传说中，曾为释迦牟尼佛祖加以护持的西域诸地中，对于阗的加持最为突出，由这件事她进而联想到吐蕃佛法弘传进程的不易，这何尝不是一种遗憾，因此对之又多投入了几分了解。

不错，于阗的历史文化融入了印度和中华文化的因素。古代的于阗地区先后流行过的佉卢文、婆罗谜文又称和阗—塞语，以及祆教和佛教，充分显示于阗的宗教与文化与其西面的文明有密切来往；同时，它与东土汉唐的联系也可追溯到远古，商周墓葬中大量出土的玉器不少都是和阗玉，可见其与中原的经贸往来自古有之。西汉时西域东属，于阗与汉朝的联系也得以强化，当地出土的"佉汉两体"钱币流行于2世纪中叶，便形象地反映出印汉两种文化在于阗的碰撞与融合。事实上，不仅如此，葱岭以西的波斯萨珊文化与中亚文明也都在这里留下了痕迹，使得它成为一个多种文化的荟萃之地，并显现出相当复杂的文化性格。[①]

于阗确实是西域诸城邦中的一个小邦，兵力不多，地域不大，人口也有限，然而就是这样一小块土地，在政治经济、宗教文化上却具有重要的意义。它是丝绸之路南道上的重镇，在佛教文明东渐的过程中曾对中原产生了深刻影响，佛教各种流派在此汇合，它得以拥有齐备的正品梵文胡本经典，使之成为中国佛教研究的集结地，也使其在西域诸邦中独具魅力。

至于吐蕃与于阗，真正发生联系是在7世纪下半叶。吐蕃兼并了苏毗、象雄和吐谷浑，疆土在东、北、西三面都直抵于阗时方才开始。具体可考的时间节点，可确认在吐蕃与唐朝争夺西域的龙朔二年（662年）。在前后漫长而激烈的角逐中，西域始终是唐蕃争夺的一个焦点，而于阗又始终是双方西域争夺战中的焦点。

自高宗龙朔二年（662年）起的三十年中，值得注意的是，吐蕃三次攻陷西

[①] 张亚莎：《吐蕃与于阗关系考》，载于《西藏研究》，1999年第1期，第30页。

域四镇都是在噶尔家族成员出任大相之时，且三次进攻又都是由大相亲自挂帅，可见蕃方之重视程度。据史籍记录或推测，吐蕃三次攻陷于阗的时间分别为麟德二年（665年）到乾封元年（666年）间[1]、仪凤元年（676年）和武后垂拱三年（687年）[2]，而最后一次占领约达五六年之久，实为最长的一次，当时吐蕃主持军政事务的勃论就驻扎在于阗。长寿元年（692年）唐朝收复西域四镇，并一改以往的策略，开始派重兵驻守于阗，从而结束了拉锯战的局面。

政治诉求固然是一方面原因，而吐蕃西部与北部的土著居民群体和于阗古代居民之间可能存在的人种上的亲缘关系也不失为一种可作考量的佐证。承续着种种因缘，昆仑山、喀喇昆仑山从来就不是阻隔彼此往来的障碍，他们彼此的交往大抵以经济贸易为主，无论是玉石之路，还是麝香之路，吐蕃—于阗这一中道开凿得很早便是一个明证。[3]失去军事战略上的优势，吐蕃不耽于经济利益的同时，还加强了与于阗更为深入的接触，这是因为它作为中国西域的佛教名城对于吐蕃在宗教文化方面具有重要的意义。

堪属国内罕见的珍奇史料之一，藏族历史上颇为珍贵的一份文献——《汉藏史集》里，在记载于阗新建达哇涅之寺院时说，此时吐蕃赞普将于阗收归治下，此寺是在吐蕃大臣禄东赞来到于阗时修建的。[4]很明显，吐蕃不会疏漏任何一点和它有关的功绩，于阗理所应当被列于其中。

只是连金城公主也没有想到，当再次触及这片圣地的消息时，竟是于阗境内禁佛之时。而后世对这一时期佛教详情的辑录中，也明确写道：吐蕃尚无印度僧人的活动迹象，至于汉族僧人，即使有也只是些看守寺庙、佛像的和尚，实无太大的影响；赤德祖赞时期，如果确实存在着僧人的佛事活动，也只能是于阗僧人的佛教活动。

---

[1] 达仓宗巴·班觉桑布著，陈庆英译：《汉藏史集》，拉萨：西藏人民出版社，1986年版，第58页。

[2] 黄布凡、马德：《敦煌藏文吐蕃史文献译注》，兰州：甘肃教育出版社，2000年版，第42-43页。

[3] 霍巍：《从考古材料看吐蕃与中亚、西亚的古代交通：兼论西藏西部在佛教传入吐蕃过程中的历史地位》，载于《中国藏学》，1995年第4期，第51-54页。

[4] 达仓宗巴·班觉桑布著，陈庆英译：《汉藏史集》，拉萨：西藏人民出版社，1986年版，第57-58页。

此时，于阗"为魔所诱"——大抵是集摩尼教、伊斯兰教等其他宗教的渗透与佛教趋于腐败，并进而导致阶级矛盾激化诸种状况于一时①，年轻的首领赫然下令排挤佛法，不少僧徒遭到诽谤，人民的财物也被抢劫一空，众僧集于杂尔玛寺，商量去往何处。②

就算没有劫难的契机，吐蕃赞普赤德祖赞大概也不会拒绝于阗人入境，原因在于他们的身份——佛教文明盛行的土地上供养出的僧侣，承纳他们，对于教化社会显然有百益而无一弊，更何况时机也十分适合，他宏图大业实现之初实在需要他们的助力，而这位青年赞普在外界的声名亦是绝对正面的：笃信佛教，敬重僧人。同时，金城公主的意见也起了支持作用，她经过深思熟虑，更提出了下一步的建议：欢迎僧人入蕃，并建寺收容他们。于此，于阗众僧商定，于当年孟夏启程前往吐蕃——或者准确一点，是向吐蕃逃遁。

路程遥远，个人命运难免多舛。途中，或还俗或饿死的僧徒，不在少数。毕竟，不管是主观本能的求生意念还是客观无奈的自然规律，人之命途，不是掌握在自己手中，就是掌握在别人手中。倒是从后来于阗众僧进入吐蕃，由公主主力建一大寺并专事供养他们来看，幸存者的坚定的确得到了分外值得的回报，将开启的下半段人生，确证了他们的选择极富正确性。

大抵多有赞颂赤德祖赞之故，史上也说于阗僧人的到来是受赞普之邀。但不管怎样，吐蕃让一群流离失所的僧徒得以生存，获得安定，住在大昭寺、小昭寺等处。之后，在金城公主的热心赞助下，山南、拉萨等地形成了新的译经场，唐、蕃、于阗僧人齐集一起翻译了不少佛教经典。③

因为有她的协助，他似乎从来不太需要操心决策之后的事宜。当然这说的是吐蕃内部社会风范的树立和文化进程的推动，至于对外，军功武略，扩疆卫边，都是他的野心所擅长的。二人里外相应，正所谓夫妻同心，其利断金。

---

① 李吟屏：《于阗佛教兴衰史述略》，载于《喀什师范学院学报》，1989年第6期，第41—42页。

② 周拉：《试析汉、藏两地佛教的互动关系》，载于《西北民族大学学报》，2007年第5期，第35页。

③ 刘忠：《汉藏文化交流史话》，北京：社会科学文献出版社，2011年版，第44页。

第七章
宫室冷暖一身知

玫瑰开放在宫室
一面是金黄阳光
一面是风刀霜剑
有时芳香只是梦幻
它向你铺开一路带毒的荆棘

聚散两依依

在世人看来，金城公主的人生故事，越往后越精彩，斑斓的生命随唐蕃风云几度跌宕起伏而渲染了相应的浓重笔墨，以至于她离预想的与那位先辈楷模的相似命途愈加遥远。这大概就是人各有命最朴素而肯定的印证了吧。

确实，在赤岭会盟以后，有那么几年时间，唐蕃两地恢复和平往来，彼此友好，互派使者，边界已划定，边界栅栏业已建立。这让唐朝专心致志于同东北的契丹进行持续的战争。

就在玄宗维系着金城公主系结的纽带与吐蕃保持交往关系之时，他以为自己那颗颤颤巍巍的防备之心似乎真的可以安放下来了。毕竟经历过前次失信的挑衅后，双方都花了很大的力气去修补这段关系，吐蕃在大唐这位终归硬气的舅舅身上算是得足了教训，不过这依然不妨碍年轻气盛的外甥进行其他方向的战略性勇进，及与其他西域邦土结成友好联盟。

开元二十年（732年），来到吐蕃的使者，不仅有唐廷鸿胪少卿李祺，还有大食（原系一伊朗部族的称谓，唐代以来，称阿拉伯部帝国为大食[①]）及突骑施使臣[②]，他们主动来向吐蕃的英武赞普表示敬意。

吐蕃对小勃律一直蠢蠢欲动，虽经唐方力量抗议但并未停止，而这一时期，帕米尔地区的形势甚至比开元十年（722年）更加危急。玄宗曾力图取得经帕米

[①] 黄布凡、马德：《敦煌藏文吐蕃史文献译注》，兰州：甘肃教育出版社，2000年版，第52页。
[②] 同上，第111页。

尔地区通往伊朗和西方的南方诸路的控制权,因为粟特——西域古地之一,位于帕米尔以西,相当于今撒马尔罕,唐书称之为康①——由于突骑施的干涉以及来自阿拉伯人的压力而处于完全混乱的状态,同时传统的北方商路也受到威胁。

而这一对峙还有另一个形式。开元二十二年(734年),在准噶尔的唐军与突骑施爆发战争,同年,突骑施的可汗娶了一名吐蕃的公主准玛禄②,吐蕃赞普的一个新晋妃子又是康的公主。这样,大唐"对吐蕃—突骑施的结盟或对更讨厌的吐蕃—阿拉伯在中亚的结盟的由来已久的恐惧又出现了"。③

不过,与唐廷及时而迅敏地嗅到了危机的火药味相比,眼下的金城公主才是那个直接的当事人。准玛禄公主是赞普的姐姐,遣嫁突骑施无疑和金城成了同类人,身在君王之家,自然避免不了这样的命运,所以临到拜别前夕,善良的金城就不免要与之说些贴心慰藉的话。想来,巍巍大唐儿女众多,和亲公主的列表里不乏多为宗室女,譬如太平公主那样真正的金枝玉叶根本不会受此安排,也就不存在这样的担忧了,但是地方政权不一样,远没有多少资源不说,必须以其货真价实的分量为故土大业做出自己唯一能做的牺牲,也就充盈了更多的悲凉与无奈。

或许对于远嫁的属地公主而言,值得欣慰的就是,自己的兄弟在这时候会以一个政权最高代表人的身份,亲自护送自己出嫁,算是郑重完满了亲密的手足之情,也不失为一种感恩至上的回馈礼节。与此同时,赞普的亲往送别,也就意味着与金城的短暂分离,她或许早已习惯了这些年稀稀疏疏的聚与散。

几天后,冬天突然随着猛烈的降雪来临了,一个信使提前赶回宫中前来报告:赞普已经返回吐蕃了,正顺道巡视社会风情,体察百姓生活。信使浑身已经湿透,精疲力竭的样子实在不能不使金城陷入沉思,她交代了几句,也就慢慢做

---

① 欧阳修、宋祁:《新唐书·列传第一百四十六下(西域下)》,北京:中华书局,1975年版,第6243页。

② 黄布凡、马德:《敦煌藏文吐蕃史文献译注》,兰州:甘肃教育出版社,2000年版,第52页。

③ (英)崔瑞德著,中国社会科学院历史研究所、西方汉学研究课题组译:《剑桥中国隋唐史.589—906》,北京:中国社会科学出版社,1990年版,第391-392页。

起了迎接赤德祖赞的准备。

　　他是她的夫君，她却鲜少能真正与之对谈彼此的感情。郎情妾意，嘤咛耳语，对于他们来说，却因美好太过细碎而成为奢侈的憧憬，她喜欢与他共担风雨，但还是忍不住心中柔软情愫作怪，而感发点滴忧愁。毕竟甜蜜胜于礼貌，亲密盛于敬重，才是她想要的爱情的滋味。

　　每每他外出，信函都会定期由特使加急送来，这一封封的家书如同不断擦拭的火棒，让她的希望和愿景渐渐唤起并升腾起来，他的字句间保有一贯恭谦的问候，也常常流露出体贴，所以在她心中堆积起的莫可名状的不安，大概在这样的时候就会有所轻释，但仍然没有完全得到驱散。

　　她忽地又想，由于分别，或许两人心中的某种东西已悄悄发生了变化，大概可以叫相思浓情。

　　冷风在宫殿的围墙外肆意地吼叫，和这二十五年来，她同他命运与共的历程似乎是一种合奏。她忽然意识到他们的感情似乎并没有自己所焦虑的那般不堪，而是夹杂着丰富的体验和坚韧的挑战。她随意地起身漫步，点燃几支香，插在室内的神龛前面，并深深地吸一口神香飘散出的烟气，再任由它浸满整个屋子。

　　接着，她退后两步，在一尊小的佛像前跪下来，祈求佛祖保佑赞普，体健安康。她熟练地强迫自己把精神集中在亲近的人身上，给他以力量，帮助他和暴风雪以及未知的许多困难境遇做斗争。转而，未平定的心绪还是绕不开他，或者是一种本能深重的眷恋，这使得她又一次打断自己的沉思。

　　她突然想到，赞普摆脱了恶劣天气。回来后，她应该尽可能地让他感到舒服。她及时命人煮上甜茶，又叫人把毛皮长袍拿出来，放在火盆前面预热。等待的过程中，她间或侍弄着那件毛皮长袍，似乎在一点一点地手动将它烘热。有时，她无神地望向窗外，任风雪起劲，只稍一凝神便心头加紧了忐忑，于此身子也再向火盆跟前挪动一下，继续练习克制自己的不安，好似此时自己比手中的那件暖衣更需要慰藉。

　　同在房间里的那囊氏，出奇的安静——她是听到特使送回信函才赶来的，纵然她不是来件的直接主人，但是她必须第一时间得到丈夫的消息：她是能屈能伸的女子，是绝对的唯结果论者。她注视着金城所做的安排，客套或礼节性的彼此问候、交流，在这时候大概颇为自然，她们为着同一个夫君的情深意切，倒是和谐得让人感动。不过总归是不一样的人，夜幕渐渐隆深，因了沉重的困倦，那囊氏终究决定结束这一漫长的枯等。她打了个哈欠，自语着请求原谅，她要回自己房间挽救不合时宜的虚弱。

金城表示理解，没有什么比两人之间持久的沉默更令人感到疲倦的了。敏感的心依然跃动不已，她以为那囊氏也是这样急切地想完结这一切……

她的等待继续。屋内灯盏如豆，窗外风雪如常，恰似她几十年的生活，宫苑高墙，人事冷暖，只一试身就通晓个中滋味了。

长妃的鸿门宴

聚散有时，陪伴情长。

那久盼回归的人儿进来时，她没有觉察。火光在她那缱绻着的一贯美丽纤弱的身体上，投射出的阴影，凝聚着宁静与端庄，看起来她像是潜入了沉沉的怀想之中。其时，赤德祖赞已经俯身观察好大一会儿了。她那样静谧而不安，他以为是被暴风雪的降临给吓坏了。她那样惹人怜惜，他的欲望猛烈生长，怕惊扰了她，却也忍不住不去告诉她，自己回来了。

冰凉的双手，敲开了她的迷蒙梦境的门扉。她大为吃惊，却也迅速地站了起来，整了整衣裳，旋即笑意慢慢盈上眉宇和双眼。她默默地凝视着他，感到惊异，经过长途跋涉和惶惶年华，他的模样俨然是有变化的：他显得更富有男子气概了。

那件毛皮长袍，带着火盆烘烤的热度和金城怀抱的温度，与她的关切问候一起传达到赤德祖赞那里："赞普，辛苦了。甜茶已经烫热，先喝一杯暖暖身子吧。"

"我的公主，有劳了。今日想就在你这里歇息了……"

他长长地舒了一口气，才给了这样的回应，但关于后半句，他似乎没有说完的意思。接着，褪去受尽风寒的外衣，搓搓手，换上了毛皮长袍，一股暖流将他包围起来。只一片刻不作声，他早已将她揽进怀里。

金城很高兴，当赤德祖赞回来的时候，那囊氏已不在场，这样她就可以单独和他待在一起了。而他竟主动而直接地向她发出了一个邀请，正中下怀，默契相当。

那一晚的缠绵，对心思敏感的金城来说，是一个确切的答复抑或补偿，以至于她多年后回顾起来，越是想分辨它发生的必然性，越是不明就里。但她无疑分外享受并欢喜这样滋润的亲密，她感到他的心向自己又靠近了一点。

第二日，那囊氏的邀请赶早而来。

金城即时隐隐觉察到了什么，但在打点好赞普当天理事的行装之前，她不会显露一丝一毫的痕迹。如果说，昨夜的柔软是她紧绷了太久的身体好容易才寻觅到的一次良机，那么在得到释放后，她的小小心脏又会重新装满力量，或说是积淀后的焕发。那囊氏差人来请金城公主前去一叙，并说明准备了午宴。

她当然没有理由拒绝，并且她决定好好地对待这一次正式的会面。想及二人的确很久没有好好叙叙姐妹情分了，她不愿意对对方有任何恶意的曲解，也不打算有深度的戒备，更不想激化矛盾给赞普增添丝毫额外的烦忧。或许，她还可以再挽回一下那囊氏对她的印象、态度，哪怕成见。总之，这一刻她的勇敢复原了。

金城公主性子温和，但从来都不畏惧什么。而那囊氏自不定期会见苯教巫师以来，心中兜着的隐秘之事让她收敛了往日的犀利，变得越来越安静，有时甚至无精打采。她亦日日持香供养，为了心中的唯一寄托——与金城走在不同的信仰之途上。

"妹妹来了！昨晚赞普可好？"

金城刚走近长妃的居处，一脚尚未踏进门槛，便听着迎面的招呼声精神十足地响起，在那语速节奏加紧着穿越空气传进她耳蜗的瞬间，她的神经似乎提醒着自己，对方也像是一个恢复生机的个体，或许这就是这场约会生成的原因之一。她大方地回应："尚好尚好，险些招了风寒。高原的茶饮，真是好使，'药'到病除。"

一句过早暴露的问语，让金城有点明白此番叙旧的真正主题了。她恭谨相待，话语不疾不徐，拿捏适中。那囊氏请她入座，边迎接边请茶："这是我今早叫人新打的酥油茶。赞普每回来我这里，都跟我要酥油茶喝。说来也是，和甜茶相比，酥油茶才是吐蕃的土著滋味。"

"甜茶也很好的。——高原的熬煮方式，的确优胜于中原的饮法，更适合百姓常年饱受高寒考验的体质。"

"不过啊，赞普还是爱喝这个。"

金城以为可以聊些更广的话题，但那囊氏一句话又拉回了原点。话音刚落，那杯茶恰好呈递于金城面前。对方是亲手端过来的，金城自然有必要起身亲自接过，不想，却因太烫，一时失了手："啊——"

茶杯太烫，她几乎不能不失态，喊出了声。手指皮肤的灼痛感，让她在一场原本不以为然的较量中，第一局就输了阵。也是在这夹杂混乱和不明缘故的时刻，金城才意识到，那囊氏今天的邀约确确实实不是简单的叙旧，或者说她根本没有这样的意思。于是金城几乎使尽了当时全部的坚忍，接着说："没事，妹妹不会怪姐姐。"

那囊氏的脸色很快从无关歉疚的挽救转变为应时突变的冷静，她习于变脸术，因她的心中积压着太多的不快。想到侍从回报说，昨夜赞普一回宫就进了金城公主的门，两人亲近极了，而她自己付出再多，却得不到什么；想到金城在来这里之前，仍然享受着为赞普更衣整饬的过程，自己却鲜少能有这样的机会和待遇——他总是生硬地抗拒她的爱；想到……纷杂的思绪让这位积郁已久的长妃，没有耐性再表现出客气的样子，她不介意金城对她的印象更糟一些，但此时她全然没想到温柔的对手竟以其一以贯之的姿态，施展出了她的剑刃。

认识到这点后，那囊氏觉得无须再遮掩什么了。她索性朗声大笑了起来。

"不怕妹妹笑话，藏家姑娘个个儿打小练足了这些功夫，煮茶、烹饪等家务事样样精通，我虽做了赞普的正妃，本不必亲自操顾，但当初老祖母就是看中了我的能干，才百里挑一，选了我。我自然不能辜负她老人家的信任和期望。——所以这些手上道行，根本不值一提……"

不错，她并未否认事情的发生是她的责任，也毫不介意金城真的怪罪自己，只是这一席鸿门宴，她还没达到目的，又道："……于我而言，再艰难的时候，都不会选择逃跑。这高原这雪山就是我的家园，而我又怎么能离开赞普？"

逃跑？离开？赞普……把这些字眼连接在一起，金城思忖着，只在脑际一过，就明白了那囊氏的话中话，指的是前些年唐蕃之间争夺小勃律时，自己曾计划出走吐蕃西边的个失蜜，但后来并未成行。

显然，那囊氏只看到了事情的皮毛，并不真正关心其来龙去脉——金城公主欲以此表示对吐蕃进攻大唐的不满，本质也是在调停战争。但此时，这位刁钻的长妃，含蓄地倒腾旧账似乎不只是在标榜自己的高风亮节，她还要好好地挫挫对手的锐气，以吐蕃赞普正妃的资格，以老祖母传统的要求……

  这一日的姐妹叙旧，在时而尴尬时而激烈的氛围中结束。金城公主大多时候沉默相对，好似是专程来听那囊氏演说的，她尚算不反感，也不急于潦草退场，毕竟她不能亦没有必要和对方争些什么，因此，那就让她说出来好了。

  她保持自己一贯的初衷，献上她尊敬的宽忍即可。

克什米尔往事

其实，重提小勃律之事，金城公主着实有些不悦。她越往细处回忆，才越发现自己当时声声称唤的姐姐，早已对她起了敌意。所以日后发生的龃龉或至今未消的隔阂，大概是从那时埋下种子了吧。

十年磨一剑，对于金城公主而言，她的剑刃的实际作用其实只一个就够了：力促唐蕃关系友好，必要时使计巩固。

开元十年（722年），吐蕃发重兵，目标是拿下小勃律，前一年联合突厥、大食假道攻安西四镇，也是为此而做的埋伏。

当时大勃律、羊同、娑播慈，三者皆隶属吐蕃管辖。而小勃律为唐之属地，贫多富少，山川狭小，田种不多，最初并无树木及各种草植，可说贫瘠或苍凉。与之名称相对的大勃律，原是小勃律首领所住之处，后由于吐蕃的进逼，才被迫移居此地，其众多百姓，亦留于大勃律。① 所以说，对比以后，可显出小勃律实在虚弱，或显出唐方力量在此亦不足够强盛。

纵然如此，但能被吐蕃觊觎上，它势必是一块肥肉。小勃律在个失蜜西北的吉尔吉特河谷，位于丝绸之路向西南的重要通路上。而赤德祖赞这位西北霸主着实英雄虎胆，为避开唐朝在小勃律设置的少数绥远军②的视野，他绕道个失蜜西北部的罕萨一带的大勃律，进入小勃律，再进入阿富汗的瓦罕走廊，成功攻入。

---

① 慧超、杜环著，张毅、张一纯笺注：《往五天竺国传笺释·经行记笺注》，北京：中华书局，2000年版，第64—70页。

② 欧阳修、宋祁：《新唐书·列传第一百四十六下（西域下）》，北京：中华书局，1975年版，第6251页。

第七章 宫室冷暖一身知

大难临头，小勃律首领没谨忙致书北廷节度使张孝嵩："小勃律，唐之西门。如若失去，则西方诸邦皆掉入吐蕃胃口，都护必起图谋。"

张孝嵩应时而动，遣疏勒副使张思礼以步骑四千昼夜奔驰，与没谨忙的军力共同夹击吐蕃兵，蕃兵死者数万，大唐收获其甲胄武器、马羊牲畜等，又恢复九城故地。①速战速决，胜败格外分明。

门外硝烟又起，战火频仍，屋内捧卷诵经的金城公主如何能安下心来：照此趋势，就算她日夜精进为国民祈福祷告，也赶不上一队兵马造下的孽果。她能够理解赞普扩土开疆的战略意义，但吐蕃已然如上瘾般，一次次出击。她对赞普的谏言，相较于众大臣的集中力量未免小巫见大巫，当听闻吐蕃曾露骨地直言"我非利若国，我假道攻四镇尔"的谎言后，她更深感不满，且这样的行动和图谋终究换来的是两败俱伤：小勃律自然是牺牲品，吐蕃也一再陷于困境之中……

微茫的希冀和蠢动的信念，在强兵利器面前都是易碎的，此时她没有多少坚实的把握，却还是想奋起一搏。她的初步计划是，出走到吐蕃西边对唐十分友好的个失蜜，以反对吐蕃犯唐。

如果说，金城公主嫁入吐蕃后，此前参与政务的一举一动都是以唐蕃双方大局为重，一心为她的夫家效力，和夫君赤德祖赞合议后才采取的，那么这一次，她必须对他也加以防备。他为赞普，无须向她报备什么，而她却必须考虑他——这就是她的原则。

居于吐蕃的十多年来，她的身边不是没有可信赖之人：

"趁赞普尚未返回宫中，公主速挑选精干人选十余人，备马匹和口粮等候，目标是转到阿里，一旦赞普同意了武将们的坏主意，就立即出走。"

"出走的路线不可往北，要往南往西，经普兰先到个失蜜，然后穿过狮泉河，溯源而上，转朱俱波（唐时属西突厥）再往东北，以后一路因有唐兵驻守，就好办了。"

"应先到个失蜜，请该地首领接应。小臣对那里地形熟悉，特别是往南，抄

---

① 欧阳修、宋祁：《新唐书·列传第一百四十一上（吐蕃上）》，北京：中华书局，1975年版，第6083页。

近路，越过几个山口，战论的马再快也无用，臣保证公主会安全快速地回到长安。"

又有人说："公主宜修书一封，先派人送给个失蜜首领，让他们以人马接应，截住追兵，准备与之作战。"

这一番布阵谋略，听来头头是道，金城公主沉着地点了点头，决心如若成行，就按此规划执行。只不过这一去，是否妥当，她还要再斟酌一下。其实，她最大的顾虑在于，自己的出走，究竟是想继续履行使者的终身使命，和解唐蕃关系，还是铁了心要做一个归国公主，别了吐蕃这一程的姻缘与忧扰，回大唐尽享清宁。正如后来那囊氏指责她的那样：一旦顺利成行，她就真的弃夫而去了，很难避及逃跑之嫌！她一遍遍地问自己……

想来，金城身处吐蕃上层，权力的倾轧、利益的争夺，已然见怪不怪。她虽明了古往今来政权之下从不平静，但近身濡染之后，还是备受压力。再加上与那囊氏的关系，总令她于其中受难，她数次见证了谦礼避让是如何失效的，她在长大后的宫苑生活中终究还是尝到了人情冷暖，她无法向任何人求助，只秉持着自己的底线，无限地隐忍，终归还是无所适从。

事实证明，绝处逢生是人之本能。金城公主写下了"前去参拜吐蕃西边神山圣湖"的简信，由一护卫队跟从上路了。宫中还盛传着她此次是圆梦之旅、祈福之行，而她到底离开了。

曾经，千里迢迢远嫁而来，如今却伺机而去。

曾经，笃定了效仿先辈生死守候，如今狂风骤雨起心动念人世流离。

夹在唐蕃双方、汉藏两族之间，她觉得天不遂人愿，自己所做的努力没有达到预期的目的，且周折反复，不知何时停息；她想到有时甚至连故土大唐的娘家人也总跟她拗着来，当初的和亲俨然徒有虚名，自己再待在吐蕃还有何意义，干脆回长安罢了……

十年前后

开元十一年（723年），自归唐念头酝酿起到最后离宫，金城公主辗转近半年，终于做出了这一抉择。但恰逢唐蕃双方交战期间，这种想法势必不易实现，更何况还是她一个人的秘密行动……

五月，她派了两个随侍到北距小勃律五百里的个失蜜，送上来自大唐公主的亲手信："汝赤心向汉，我欲走出投汝，容受我否？"[1]

她说得明了：我是大唐公主，现在在吐蕃有劫难，前往你处避难，意在请求接应救援。个失蜜首领见信先是欣喜异常——这是向中央王朝效忠的好机会，可转即想到现实问题就发了愁：境内士兵太少，并不善战，难以抵挡吐蕃兵将的报复。所以这位颇有自知之明的首领一面回信金城"公主但来，竭心以待"，一面又向一千五百里外的谢䫻请求支持。

这前后传书沟通、询议请援得花不少时间，何况启用的又是正式信函之礼。各属地夹缝中生存自然得慎重考虑。个失蜜内部共同复议决定，由其首领派遣使者再向谢䫻的首领奏报。行程中的金城公主，除了焦愁的等待、深切的歉疚和无法自抑的挣扎，并没有多少时刻平心静气，或读书或祷念或看景或遐想，她都是无助的——飘零感深深，丝毫不亚于她在吐蕃宫墙内所体味的日子的辛楚，她倒是鲜少生出悔意，一如她在宫中几乎没有叫苦不迭的情状，因其知道：一旦选择就要甘于，一旦甘于就得忍耐。

---

[1] 王钦若等：《册府元龟·卷九七九（外臣部·和亲第二）》，南京：凤凰出版社，2006年版，第11332页。

对于这段历程，金城后来每每回忆，对沿途的人情风光总是模糊的，或许当时的自己太艰难，以至于连坦然欣赏大自然巧夺天工之杰作的心思都没有，这也难怪。此外，即便做了这样的决定，对于在外专于兵火的赞普，她还是不能做到完全割舍：他是她的夫君，朝夕相待十年以上，日久情亦深……

"天子之女欲图出走，特来投靠我，必恐吐蕃兵马来逐。我力不敌。"

继她的求援信函相关内容，发往个失蜜之后，时间如流水般逝去，叫人惶惑。等谢飓的首领展信后许诺援兵并向唐廷通告情报时，亦到了第二年八月……

"臣主上已经许诺个失蜜，但令臣来朝面圣，定夺是进是止，希望圣上快速发兵救救公主。"

玄宗仔细一看，厉声道："这是半年前的信，怎么如今才到？"

"从谢飓来此，走了六个多月才到。由于路上遇到战事，绕道而行，故而来迟。"

"公主目前情况如何？"

"臣只知去年五月，金城公主遣使者两人至个失蜜，言说'欲走投汝'。当时个失蜜首领怕应付不了，已提出供兵之请，欲图共拒吐蕃。臣主上也因恐两地难拒吐蕃兵力，特命臣来请示圣君。"[①]

玄宗对谢飓送来公主的信息表示感谢，赐帛百匹，果断了结了此事……

审慎筹划，行动艰难，末了史料上只明确了"放还蕃"三字，这一出走的事端就落下了帷幕。世人推测，当时玄宗应该是考虑到公主的行动会刺激吐蕃大举犯边，所以要公主忍耐，不要出走。[②]事实证明，金城公主终归还是放弃了她的整个计划：或许周旋于纷乱城郭和边境，她连个失蜜都没有到达，更别说去往长安了；或许所谓朝拜神山圣湖的噱头，有那么一点名副其实的可能性存在；或许这一计划一开始就注定了不了了之，她的窘况陪衬了她宫中生活的类似命运；又或许最终她亦有了回心转意之念……种种揣测，无从考证，只留得后人体恤，她

[①] 王钦若等：《册府元龟·卷九七九（外臣部·和亲第二）》，南京：凤凰出版社，2006年版，第11332-11333页。

[②] 何耀华：《论金城公主入藏》，载于《云南社会科学》，1998年第4期，第53页。

并不圆满的婚姻和人生。

　　时隔十年之余，金城公主没有想到，自己再度郑重地回首起那几近叛逆的逃亡之事，竟是在长妃那囊氏的暗语中重新将之审视的。比起后来的力挽狂澜、孜孜不倦，彼时的自己大概太过年轻，未经磨砺，缺乏韧性，但她仍能清晰记得年华之间的斑斑印迹，有如切肤之痛。直至今日，她与那囊氏的关系依然不算太好，倒是和赞普的情分近了又近——她心中或许也在庆幸，如果没有当时的返蕃，便没有这十年的峥嵘岁月：她和他共历风雨，他需要她，她亦时刻与之相携并立。

　　往后，与长妃的不定期赴会开始频繁起来，金城似乎对于对方耿直且犀利的教训是买账的，她大抵是出于感恩之心，诚谢那囊氏的直白让她更清醒地明白当时的自己，而丝毫没有想过这位若即若离的姐姐，缘何对那件事知道得分外翔实。

　　日子依然在继续，赤德祖赞不在宫中的时候，金城公主常出席议事会盟，如若要对重要事项做决定，她会立即让特使把消息告诉他。她警示着自己必须遵守条规和同赞普的约法，不越界，不擅权，只是间接佐政。

　　对她来说，撇开和那囊氏的姐妹情谊不论，倒是一切舒怡。在处理政务之余，她常做的便是在佛堂诵经修心。佛堂是在她的寝宫隔壁专事修筑的一间，与那囊氏房中内置的供奉台相比多了几分正式意味，当初赤德祖赞为感恩公主促成五座佛堂的建设，特意送了这份礼物给她。她记在心里，亦遵从他的愿望，常常出入，好生利用了起来。有时一不留神，就待到近午夜时分。

　　风萧萧兮易水寒，任虫鸟寂寞，宫苑冷清。谁都没有想到，有人胆敢动这香火之地的心思，甚至就在某一天，将它付之一炬。

大火无情或有意

"失火了，失火了！宫室——整座山都着了！"

几个侍女上气不接下气地连声大喊，奔走相告，本能的惶恐胜于理性的解救。

当时，金城公主正在接待一位山南的僧家，他是来向公主报告各佛堂的供奉情况及土著百姓的信仰程度，同时为公主的喜乐安康和赞普的马到成功祈福的。谦礼而庄严的气氛一下子被打断了。他们急忙从宫中的会客处赶赴出事地点，场面不免混乱，烈火熊熊燃烧，天空都暗了下来。

看得出来，泼水救火才刚进行了一会儿。宫殿上层已被浓烟吞没，下面几层，火焰从窗口喷出来，仍往外跳窜着火星。现下，灭火当首，金城盼咐人员注意安全，增加援助。她留意到了着火的核心是自己的佛堂，因距离较近，她的寝宫也些微受到损毁，不过这都不要紧，她知道：灭火以后，稳定人心最重要。

她的确这样做了。当众人惊慌失措地簇拥在她的周围报告说，大多数人都只是逃出一条命，什么都没能带出来时，她安抚他们说，没关系，钱财乃身外之物。正好趁着僧家在此，倒能借机给宫中之人传道普及些什么。她掂量着，赞普不在宫中，也是好事，既不存在危险的可能性，也不必为此事过于操心。但——长妃那囊氏在哪里？

金城刚平定下来的心，几乎在一秒之内又恢复了紧张，甚至较先前更甚。如果要探究其中的缘故，那就是火势凶猛且在继续蔓延，她看在眼里，并因笃信能够把控而思路清晰。可当下，那囊氏的踪影，金城完全不知。只见她的几个侍女随人群乱跑，却没有谁能说出最后在哪儿见过她。这位审视局势的女主人，终于意识到了方才神经为何陡然敏感得警觉。不管怎样，她得找到她。

突然，从滚滚的黑烟中闯出一个人，他浑身上下受到了大火的熏染，完全黢黑，分辨不出具体模样。关键的是，他的双臂托着金城公主的答案——那位失去知觉的长妃。如果不明底细，人们会简单地以为救人者是被火熏黑的。不过看他身穿黑色大衣和把帽子拉下来遮住脸的样子，真是太熟悉了。金城当然知道他的身份或者说信仰。

那人默默地把长妃放在医师面前，转眼便消失了，医师吃了一惊。他霍然出现又一言不发兀自消失，使人难免生出一种异样的不祥之感。但此刻显然不适合琢磨这种感觉，医师必须将精力全部集中在救治长妃的生命上，他让人尽快扎起一副简易的担架，把那囊氏抬到就近的小昭寺，到那里他可以给她检查，环境也相对清净，适宜调养。

这一场大火，少许人未幸免于难，生命就那样白白交付了出去。那些活着的人，试着从废墟里找寻值钱的物件，但只有零星的一些尚且有用的家当没被焚毁。金城的佛堂所在的那一整座殿宇，全部遭了灾，不过她——这个绝对的当事人，似乎并不急于弄清事发的原因。她的忠实的仆人们大概受了她的调教和影响，不惧怕任何危险，至少把那些经文卷轴、书籍和首饰，其中也包括那面珍贵的镜子抢救出来了。她看在眼里，颇感欣慰。

接下来，金城公主考虑的是，那些失去住所的人，尤其是一些老侍者，需有一个安顿之处。她邀请他们去扎玛，随同僧家一起回到吐蕃文明的发源地，她和赞普率先在那里建寺传佛，对于受此惊吓的生命来说，应该也是一个不错的选择：敬奉内心的佛陀，接受善法的洗礼。是的，在宫中，的确有很多人受她熏陶，开始崇信佛法，念经诵祷，慢慢走近并懂得观照自己的灵魂。面对这场灾难，这位善良并满怀体恤之心的公主，必须想到，拉萨宫殿整修到可以重新居住，得花费很长一段时间，她必须对他们负责并予之保证。这是佛家众生平等的基本态度。

至于那囊氏，金城本人虽从未面临过哪一情境必须待在她的身边，但还是沉着地知道这样的危急关头，她势必得确保这位平素不那么友好的姐姐的生命安全，直至其苏醒，而后康复。她的慈悲之心对那囊氏依然不会有一丝偏颇。

事故发生以后，紧要事宜暂且处理完毕。对于那个众人疑义的导致火灾发生的原因，金城公主自然不忘查问到底。据殿宇外的侍卫陈述，火是天亮时从公主的佛堂开始烧起来的，当时烟尘朦胧，让人分不清是初升的晨雾还是缭绕的香火，便没有及早防备。

金城边听边思忖，难道有人想趁赞普和大论不在拉萨期间加害自己吗？这样的想法刚一冒出，她便不敢也不愿再想下去——昨夜自己的确在佛堂待了甚久，心绪难平，是为外出的赞普和所有的民众祈祷平安，因而当山南的僧家过早地赶到时，刚好接续蕴藉了戚戚心事。这些年，她已经习惯时时向佛祖祈求庇佑，所以迎接辛苦的僧家时，也就离开了佛堂。果然，她无意却凑巧躲过了一场劫。

她想起从火场中冲出的黑衣人——是常常出入宫中的一位苯教师，他未曾对自己这位来自中原的赞蒙有过任何形式的恭敬问候，不过，她也确实从未和他照面过，总是不经意看到他匆匆从那囊氏处离开，包容之心让她对此并没有生出过多的猜疑，只是淡淡对此事表示接受——由他救出的长妃那囊氏，为何会在自己的佛堂中呢？

一大早，或者是一整晚？

是莫可名状的巧合，还是无法相信的预谋？

金城公主倏忽释然了。她觉得万事按部就班，从容而为就好。现下，一切安妥，只是那囊氏在等待苏醒，或者她自己也需要等待什么。

那个时候，她的佛堂化为尘埃，她的寝宫碎瓦残片，她的赞普在外征战，她的百姓尚得安慰，她的身心不为自己，只为守护一个生命的复苏。

静水流深

小昭寺里,那囊氏的身体恢复得很快。

宇妥家族已由儿子宇妥·云丹贡布继承父业,这位藏医世家出身的青年确实医术精湛,少时就已对医术显露出过人的天赋,经诊断,长妃只是受了惊吓,并无大碍。但她的症状似乎还有点精神错乱。她对很多人表现出不信任,眼神亦充斥着不安全感,每每云丹贡布去跟前察看她的情况时,她就大声喊叫,俨如一只动怒的雪豹。

在那些逻辑混沌的喊叫里,那囊氏倒是对医师云丹贡布胡言乱语了几通。她说火是她亲自放的,她必须在斗争中支持阎王。此时,似乎任谁都难以接受她语无伦次、几近可怜的样子,和平素的一本正经,简直判若两人。所以她的自我谴责也就没有人当真——大抵也没人敢轻易确认她的过失或罪行,甚至她的情形还令人感到悲痛,以至于谁都不能丢下她不管。这一切,金城公主当然都心知肚明,她觉得这是最好的。

小昭寺的一处静室内,日子过得分外清宁,金城在这里看着那昔日张牙舞爪的长妃,此间变作另一番模样,心下不无悲悯,关于事实到底是怎样的,纵火之事究竟是不是那囊氏主导,她从一开始便不太关心。如果说,出事之初她料想此种可能时感到惊诧是一种本能反应,那么之后安顿着宫中人事,看着修整工程慢慢启动,听闻那囊氏的身体状况一点点好转,她的内心反倒在这跌宕起伏中得到了某种历练,愈发纷扰便愈发沉静。她不想计较追责,反而以德报怨,宽容地照顾病中的姐妹。那囊氏平静之时,也不排斥金城的靠近。

除了服侍的侍女，云丹贡布是那囊氏唯一允许待在自己身边的人，也正因为如此，身为医生的云丹贡布产生了疑心，他发现了一件事情——他先不说，而是藏在心里：那囊氏可能已经进入了更年期，最好放弃怀孕的希望，她的身体有着先天的不利因素，使她离一个女人与生俱来的做母亲的权利极其遥远，他之所以不愿将此完全否定，大概也有对一位赞普家族的长妃无奈与悲哀的惋惜，他本可以绝对理智地下诊断。

他不由得为她感到难过。他自小接触宫中环境与上层贵族，估量得出，那囊氏处于多么大的压力之下。或者出于对相同的民族性情的了解，他对这位重要的病人又生出更多的同情。如果她的家族和赞普知道她"没有用了"，她就不得不担心被逐出家门，而且还要为自己的性命担忧。难道她是因此而精神错乱了吗？难道正如她自己断言的那样，她是走投无路才做出这种事情吗？

关于失火一事的真相似乎众所周知，只是谁都不会提起。当事人金城公主不愿追究，医师云丹贡布或许预料到一些实情但不便于明说。直到赞普赤德祖赞回宫，似乎仍有人等待着事故的明朗化。

"赞普，您辛苦了！"

金城公主的欢迎词并未透露出多少重逢的喜悦，一如后来他的每一趟外出，她已能习以为常，只在宫中静候他的回归。而他也越来越会表达对她的关爱了，饮一杯甜茶后，就要和她好好聊聊天，直到他问及那囊氏时，金城才回过神来，对赞普简要描述了她的病情。金城对于火灾情形说得轻描淡写，末了嘱咐他，明天就去探访一下那位长妃。

果然，赤德祖赞如约履行了会见那囊氏的义务。他在她的寝宫里看到了她，涂脂抹粉，盛装打扮，显然已经等待良久。她在床榻上正襟危坐，有如面临一次重大的接见。赤德祖赞能够明显觉察到，他不在宫中的这段时间她变得温柔了些许，这让他有些意外。她有气无力地回应着他的问候，看来这场病的确对她的精气神损伤不小。她呵了一口气，说道："赞普回来了。还是这么健康强壮。您的第一夫人应该很高兴。"

三个短句，那囊氏用了三种语气：首先是不露声色的寻常招呼，其次是虚弱的微笑下使出尽可能充盈的信心表示确认，最后却来得有点突兀以及无厘头——

第七章　宫室冷暖一身知

赤德祖赞几乎从未从她这里听到言及金城公主的话。三人之间一直处于两两交互的状态，除了必要场面，这位身居赞普之位的丈夫基本上并未做出过多努力以联络两位赞蒙的关系：也许他本是不拘小节的男儿，认为家室内部实在几无矛盾；也许他对她们有着与其身份同级的信赖，既为赞蒙就该端庄娴雅、表率众民；也许他对金城公主有绝对的把握，知道纵然那囊氏较难相处，但金城一定会以宽宏和忍让与之和睦相处的。

总之，她的反应是他不曾见过的。他着实应该照顾她病愈之初的脆弱情绪，这样想着，也就不纠结于刚才的话头了，他试图开个玩笑："才走几日，我的长妃就变了个样儿，真是……"

她本就忍着眼泪，笑意在刚才动用全身力气说完那几句后就迅疾消失了。这时，听到他温柔的话语，似触动了某根敏感神经，湿润的液体从眼里涌了出来。她轻轻抱住他，然后趴在他厚实的胸前低声呜咽了一会儿。

赤德祖赞未说完的话也只好就此作罢，他或许并没有想好自己是该夸夸她新学会的柔情，还是将之与金城公主相提并论，称赞如此才是他期望看到的姐妹情分。来之前，他大概什么都想到了，就是不曾料到她会这般无助，打动人心。

"赞普——我不再是您离开时的那个妻子了。疾病损坏了我的健康，虽然我非常乐意，但一段时间内怕是不能再满足赞普——一个丈夫的愿望了。"

"放心，我在这儿，你的身体会很快好起来的。"他试图让她的情绪平静下来。

可那囊氏又开始抽泣，身子颤抖，接着坚决勇敢地抹了抹眼泪。"不，赞普，不要忘了，您不仅是一名丈夫，而且是一位赞普。您需要一个继承人。我费了很多时间思考这个问题。谁知道，我什么时候才能实现您的这个愿望呢。但金城公主却很健康，她也是您的妻子和妃子，并且为吐蕃做了很多事情。从现在开始赞普应该长住在她那儿……"

如果说先前医师云丹贡布不便于向任何人透露那囊氏的身体诊断情况的话，那么当赤德祖赞得知宫中发生的一切事情后，他无疑最先询问的就是这位权威级的人物，所以他是有备而来，自然也就完全明了那囊氏的意思。他的确出乎意料，在她郑重报备并做出一连串安排之时，他几乎很难想起以前她令自己畏怯几分的样子，他一直凝视着她，有一探究竟的态势。

当那囊氏察觉到这不同以往的爱的目光时，便不失献媚地补充道："金城公主是一位很好的妻子，在我生病期间，她细心地照顾我，令人感动。我亦对她感激不尽。"

出于担心，赤德祖赞本想追问一句，这是不是她的真心话——因为他不相信那囊氏的这番转变，甚至可以说颠覆。难道她真的发生了这样的变化？她是真的悔过了，还是又想出了什么新的阴谋诡计？不错，他仍对她有些微的疑义，但现下的和融与圆满不正是对整个吐蕃最有利的吗？

款款地，沉默地，这一天，这位在外虎啸风生的英雄赞普，终于在家里也达成了融洽怡然的美满局面。

第八章
于黑夜守候黎明

谁在你最温柔的时刻
偷走了盛放母爱的容器
真相是深夜里的哑巴
你逃不出漫长的黑暗
却也躲不过迟到的光明

第一位小王子

重逢像是圆满的升级。

赤德祖赞没有想到,一趟惯常的外出回来后,宫中变化迭起,比起纵火事件,他当然更享受夫妻生活的舒畅与惬意。

对于前者,他听从了金城公主的意见,不予追究,且随着佛堂殿宇连带金城寝宫的复原,焕然一新,倒也着实让人禁不住喜庆;而后者,他头一次对那囊氏的提议给予了高度重视并如实执行。也许,一方面,他相信她是轻率的,但另一方面,这一建议又正中下怀,他应该把所有的怀疑和警觉都抛至九霄云外。

和金城的重逢,在他心中点燃了某种他在漫长行途上才学会的情感。欲望是本性,激情当属他献予她的圣礼。而想念,大概裹挟着多年来受之辅佐的习惯和被她悉心照顾的依恋,她给的温存,让他清醒地尝到了回家的甜美滋味,于是更愿惺惺相惜,缱绻缠绵,甚至想要一度醉生梦死的快意。

其实,不单是那囊氏、赤德祖赞多次考虑继承人的问题,金城公主自己何尝不想有一个王子做伴,大唐公主诞下的王子能加强和平,稳固唐蕃舅甥情谊。但她还是一如既往先为他——她的作为吐蕃赞普的夫君考虑,小小的身体里从未轻卸的责任心和使命感让她必须有这样的意识和信念,就连她的孩子的出生也不是一件简单的事情,而是一个牵连深重的决定。包括她在内的所有人,为何那般笃定,只允许王子这一种可能性的存在呢?

这牵涉赞普血统继承的诸多因素。

在赞普诸妃中是有正庶之分的。一般说来,"王"的正式或法定的配偶为

"王妃",华夏汉族称此配偶为后,藏族则称大妃或长妃。作为正配,无论其有子或无子都比其余庶妃高且处于特殊的地位。

吐蕃是排除了女性继承权的,实行赞普之位传子制。那么既然都是同父之子,由谁继承赞普之位,其中必有一个制度,不然就会争夺不已。这个选择制度,应是一种嫡庶制:有嫡立嫡,无嫡立长;嫡庶并存,以嫡为长。根据吐蕃赞普世系所表示出的意义和史料记述,赞普继承遵循的就是嫡长制原则,兄终弟及是例外。进一步说,嫡长继承制,就必须明确何为嫡?何为庶?同父诸子中,有赞普之位继承权的诸子是嫡,无权继承赞普之位的他子是庶;在有赞普之位继承权的诸子中,有子为赞普者是嫡,无子为赞普者是庶;无嫡则立庶长,此长之后继者为嫡。①

既然嫡庶之别是与"后妃制"有关,那么反映在继承制上则应是子以母贵,与后世的母以子贵不同。子以母贵的原则,在我国古代的一些民族中都存在。大子死,有母弟则立之,无则立长;非嫡嗣,何必娣之子②;王后无嫡,则择立长③——春秋时期,汉族之规应该说率先树立和明确了宗法制的雏形,之后有蒙古族成吉思汗习惯法规定:儿子的长幼顺序视其母的等级而定④,契丹人中也有子从其母论贵贱的制度。⑤

所以,在金城公主这里,她非常了解自己的处境。她的身份决定了她的孩子并不占据先天优势,这是历史性的必然选择,事到临头,她才明白她必须寻求别的出口。现在的情势是,长妃那囊氏并未产子,她当然明白,只有自己先于对方生下子嗣,才算是顶好的结局,可转念她又忧虑,即便如此,日后只要长妃诞下王子,一切又将重新打破……越往深处想,金城不由得越发焦虑,为一个新生命

---

① 张慧:《吐蕃时期赞普的婚姻与继承——吐蕃史读书札记》,载于《西藏研究》,1993年第1期,第54-55页。
② 杨伯峻:《春秋左传注·襄公三十一年》,北京:中华书局,1990年版,第1185页。
③ 杨伯峻:《春秋左传注·昭公二十六年》,北京:中华书局,1990年版,第1478页。
④ (苏)符拉基米尔佐夫著,刘荣焌译:《蒙古社会制度史》,北京:中国社会科学出版社,1980年版,第88页。
⑤ 脱脱等:《辽史·圣宗八》,北京:中华书局,1974年版,第108页。

的到来而特有的热情与喜悦为太多复杂且不可抗拒的原因所阻挠，她本不想如此功利地去向自己的孩子发出邀请，在与自己达成和解之前，她觉得她需要冷静下来。

漫步在翻新的佛堂里，她为自己纷扰不宁的心绪感到不应该，不是为问题本身困惑，而是为在这清净之地思索这世俗之事。但此刻，她又唯一确定的是，自己只有在这里才会稍许平静一些。其实，世事有时是无解的。往往再多思量，都不及一个事实来得彻底。洞悉至此，她循着门外隐约传来的赞普的呼唤声踏行而去，不管怎样，她应该珍惜他在宫中与她执手的日子。

她与世无争的性子，不正是在这远离家乡的高天寒地上，支撑她得以熬到今天的内核力量吗。若要归因，读书念经都应该是今世功课所为，它们无不是与她的天性达成契合，才脱胎出一个这般鲜活又静谧的她。

在一个风和日丽、万物俱荣的日子，金城公主生下了一位活泼伶俐的王子，他的声音漫过整座宫苑，带来了新的气象。那一天，一位新的王子承接了这片土地的未来，注定了唐蕃之间舅甥情谊的延续；那一天，他的母亲以一种坦然的亲昵的人伦之情接纳了他的到来，他的父亲则以后继者的眼光始终注视并传达给他沉重的爱。

那一天，谁都不必记得太清楚，因为之后他一生的光芒与荣耀足够敦促人们遗忘伟大结局之初那个未必伟大的开始。

一个明目张胆的图谋

　　疼痛的强度，同自然赋予人类的意志和刚度成正比。这话一点没错。
　　为人之母必经的阵痛，金城公主在第一次——后来证明也是她人生中唯一一次的孕育过程中，体味得淋漓尽致，她在受这般痛苦之时，竟然病急乱投医似的叫人拿来那面宝镜，欲图向它请求一点有力或无力的安慰。当时适逢医师云丹贡布去往雅砻谷地寻找药材顺便监督昌珠寺医典药籍等的翻译工作，不在宫中，情急之下，那囊氏出手相助，请来她信赖的苯教巫师——正是那个从火场救出她的黑衣人，帮助金城减轻痛苦。
　　当时的金城正被一阵新的剧痛折磨，疼得挺起身子，她原想拒绝却丝毫没有力气且无暇做出什么回应。或者，在此情形下，任何一种奏效的办法都值得一试。于是，苯教巫师开始主控局面。
　　"快，把公主的镜子给我。"他命令道。
　　守护在旁的亲近的老侍女，一时被这紧张时分的艰难选择难住了。尽管她知道这个苯教巫师打算用它来搞法术，但是，在这个束手无策的节骨眼上，她对任何分担自己责任的人都是感激的。她也知道如果公主有选择，绝对不会默许这种悖理。当她攥着镜子的时候，她想，死神已经在某个角落窥伺着，还有什么可担心的呢？她刚把镜子递给他，就听见黑舌头又发出一道口令："快跑去准备水，小王子马上就要出来了。"
　　老侍女犹豫不决，停顿了片刻。如果他的目标仅仅是为了孩子，那该怎么办呢？但从另一方面看，这个小生命，如果母亲在他出生之前死去，那他也就没有活下来的希望了。所以她思前想后地看看苯教巫师旁边的长妃，又看看金城公主。眼神碰撞之际，金城对着她点头示意："让你去，你就去办吧。但是不要忘记我委托你的事情。"

老侍女仍显出迟疑，转而才离开房间。同时她听见苯教巫师对金城公主说："您往这里面看，公主，看它给您显示了什么？"

金城公主向声音的主人投去了最后的怀疑的一瞥——他大概习于武装，不单是身体、衣服，连真实的声音都不轻易暴露，多对话几个来回才稍许露出不同。她觉察到他似乎是个老人，然后看了看传回她手里的镜子，轻轻地念道："柔能克刚。"

这几个字，她不知道看了读了多少遍！不过先前总是在夜深人静时，她一个人向之寻求某种沟通。现在这句话怎么帮助她呢？她无力地放下镜子。苯教巫师当即接了过去，好像这宝物原本是他的。他拿起镜子在长袍上擦了擦，然后不动声色地解开长袍，小心地将腰际挂链上的小镜子与金城之宝镜镜面相向，轻轻合在一起，摩擦了一下。金城公主不由得凝神在镜子上。

"现在您再向里面看一看，您真的不知道，在这面镜子里能看见未来吗？"

金城突然直起身子。她想到离家时父亲曾这样嘱咐过她，但她几乎从未见识过它的魔力。她想说点什么，但却被镜子里的图像吸引，竟忘记了要说的话。活动的场景显示着僧人被赞普的士兵驱逐，他们逃亡，被凶残地迫害，被卑怯地谋杀。接下来是寺庙坍塌倾倒的画面。她看到自己心爱的秦浦囊热被焚毁，她大半生的事业成了火焰下的牺牲品。她相信自己就站在火焰中，她的身体正经历着炽热的燃烧。镜子好像也被烧得通红，但是她弯曲的手指不能松开，她本能地使着蛮力在捍卫着母亲的遗物——此时她正面临即将成为母亲的命运。

正当她快要觉得绝望时，异常的灼痛感考验着这位准母亲，她不得不在增强对镜子的信念之后的片刻就做出试图把它扔掉的举动，但这时候，她眼中或是周身的情状又有突变，一个面容模糊的身影托着一个婴孩出现了，那囊氏站在他身旁，他们那么高兴地逗着小孩玩，小家伙那么漂亮。

"我的儿子……"她难以置信地轻轻说道，想问一问谁，可她的目光实在不愿意离开孩子。苯教巫师点点头。不过，即便没有他的确认，对她来说也是毫无疑问的，这一定是她的小王子，他那么像赞普和自己。她看见他将长大，学习走路、骑马……可是，后来镜像又变了，她不得不接着看赤德祖赞怎样被引诱着落入一个陷阱并遭到杀害。她想大声呼喊，警告他，但他离她太远了，根本无法听见。而接下来的画面压倒了刚才的震惊。她看到自己的儿子正随吐蕃老臣冲锋陷阵，勇敢地战斗，为他的父亲报仇雪恨。

因一下子接收了太多似有而无的信息，金城公主下意识地晃了晃脑袋，眼睛一怔，不过待到视线重新落定时，镜子明显变凉了，只显示出一些淡淡的图景，比如她的儿子怎样被宣布为新赞普，被许多僧人簇拥着，大概是在为一座佛教庙宇举行典礼，那位老臣始终陪伴着他。

"他很漂亮，您的儿子，您瞧……"

金城听见，仿佛是从远处传来的老侍女的声音，伴随而来的是另一个生硬的声音："这才是先祖预言所说的真正的赞普。公主，您的不幸，是您看不到这一点，而我的不幸，是我因此而把许多不幸加注到您的头上。这个孩子将会成功地把天地神灵联合在一起……"

身体的状况，由错乱的无力转为清醒的疲乏，耳边的内容，有时像穿堂风般一掠而过。只一会儿，声音又恢复了："在您和我的力量失去之前，要委托您的亲信侍者，把这个对吐蕃极其重要的王子交给长妃，代为养育，日后这孩子将会赞美您崇高的德行。到某个时候……"

许是身心太过倦怠，金城只知一个瞬间声音断然消失了，她悄然昏睡过去。老侍女眼睁睁地望着公主经过种种异样的神色和情绪，忽地倒头就睡——她了解女人生产的不易，何况金城公主经历的这过程还夹杂了许多无以言说的微妙因素，难说不复杂。她只是愿意看着她静静地进入深眠状态，在完成了一项艰巨任务后，必要的休息不可或缺。

至于那囊氏，她一直保持旁观者或局外人的姿态。后来发生的事情，也证明了这时候，她是把自己全部的计划都交由苯教巫师来执行。她只需要坐享其成。

当那囊氏第一时间要去碰触小王子的时候，老侍女有过阻拦，但她面对的是长妃，是吐蕃的女主人之一，结果不言而喻；当金城在睡梦中憧憬着赤德祖赞听闻小王子降生时的喜悦，期许着她和赞普一起陪伴他长大时，现实世界里正颠倒着将之割裂、捣碎。

"急信告诉赞普，我，那囊·细登长妃，要让他知道，我给他生了个王子……"

失重的母爱

金城公主的性子，若要严厉指责哪一点的话，一定是她太过谦和，以至于显得怯懦。纵然她的才情让其显出别样动人的光芒，她的赞蒙身份亦决定其无法简单地度过此生，但相较于对立面上的那囊氏来说，她不免因无所戒备而容易陷于困境。

她在初为人母时，开启了生命中至为重要的一段历程。命运的际遇不放过这绝好机会，不仅为她苦心布局，也让她积蓄的力量终于得到爆发。

小王子的降世，对她来说，是如何盛大的事。但比之更令她震动的是，只一觉醒来，世界就变了。

她没有想过，自己身上掉下的亲生骨肉，竟在一朝一夕间就成了他人的荣耀！

她没有想过，刚刚享受到拥有的福祉就面临了失去的残局！

她苦不堪言，孤立无援——而另一处寝宫里，正紧锣密鼓地展开迎接活动。那囊氏为赞普的到来做了认真的准备。她让人把床和整个房间都用华贵的金色丝绸装饰起来，自身的梳妆打扮自然也十分重视，头发亦闪光发亮。最重要的细节，是将身体的外观打点好，尤其是哺育的乳房。当赞普及其全副武装的随从到来——很明显，他刚一回宫就要见证这天大的喜事——时，她按着苯教巫师的指示，立刻把野蜂蜜涂抹在乳头上。

所以，当赤德祖赞大步走近，与他珍贵的子嗣相遇的第一个镜头，就是看见他安静地吸吮着汁液的模样，津津有味，满足地吧唧着嘴。那囊氏笑意盈盈地观望眼前的情景，大概对这一刻期许太久了吧。紧接着，她小心地把孩子从怀里抱起来，送给他的父亲看——他是礼物。赤德祖赞有点儿畏缩，本性的悲悯之心令他稍许不敢或说不知该如何将孩子接过来，他生怕自己的粗莽伤着这柔弱的生命。

但接下来的一秒，证实了他的多虑。这个小男孩相当沉，黑色的头发卷曲着，和他自己一样，具备着漂亮的潜力。圆圆的脸蛋儿，实在不能不让他喜欢。他惊奇而专注地看着臂弯里的孩子，忍不住凑近地亲昵几分，但小孩大概是着了胡须的痒，毫无征兆地将害怕暴露出来——或者还因被唐突地从甜蜜的乳房上抱开而有点生气。小王子当即大哭起来，四肢开始拼命地乱蹬乱伸，张开的嘴巴好像宣泄着重重怨怒。赤德祖赞虽有几分歉意，但他笃定了这是个骨子里颇有力量的孩子，他真喜欢，他思忖着要将之培养得茁壮而出色。

新生的喜悦大概超越了本能的理性，赤德祖赞这时只关心如何把小王子哄好，让他停止消耗他理直气壮的锐气。金城公主应该是循着孩子过分高声的哭声来到那囊氏处的，不是没有人通报，而是那囊氏与赞普可能都凝神于对小王子的安抚，抑或那哭叫声声如浪淹没了其他响动，总之当房间的主人意识到金城的出现时，赶忙从赞普怀中抢过孩子，温柔地让他继续衔着乳头，表现出一副慈爱的样子——这一刻开始，她必须在丈夫面前保持如实的镇定，又必须在敌人面前加足马力，捍卫自己的阵营。不错，金城公主是她十足的劲敌，她这样看待她。

赤德祖赞无意间回神，也注意到了金城："公主来啦。你看长妃给吐蕃带来了意外的惊喜——"

他大概以为金城公主是来道喜的，而对于新生命的降临，被人视作惊喜，也是人之常情。只是不经意的话语说出，却让他自己感到些许不对劲，他一时蹙眉，同时脑海里转了一圈，这才明了了异样。而正朝他踱步而来的金城，如霜打的茄子，十分憔悴——他错以为，纵然她再宽宏大量，得知那囊氏先她生子，应该也不大好受吧。

"金城来看看小王子——"她像自言自语般温吞着这句话。

赤德祖赞夹在两个女人中间，不免觉得有些不适，他一直避免这样直接的状况发生或说他此前并未经受多少这种场面的练习。不过趁着刚才的思路，这时候他庆幸自己找到了适当的话题："……这孩子是你生……下来的吗？"

他显然提出了一个几乎不敢提的问题，连他自己在觉察到其中的蹊跷时都不知该如何思量。于是一个手势示意下来，房间里的侍从们纷纷退下，而这个问题关键的核心人物不知不觉中已进入安详的睡眠之中。

赤德祖赞确认一切后，终于提出了他的疑问，不过事实明显没有他设想的那么顺利，他的问语并未表现出该有的硬气。也许现在他的心里也真的开始犯嘀咕了。他盯着那囊氏，又不忘看看金城公主。

那囊氏生气地把小王子抱起来轻轻地摇着。她的样子的确在竭力学做一个母亲。而后，她的神情又缓和下来，才说道："赞普怎么能问这种话？刚刚我在喂奶，您不是都看见了吗？"

"是的，但是，"赤德祖赞越想越感到惊诧，"先前长妃你不是说……医师云丹贡布也对我透露过……"

那囊氏当时前所未有的柔弱样子回荡在他脑海里，到现在，他仍以一种不想戳她伤疤的委婉给予了体恤，因而并未明说出来她不能怀孕。他应该也是在给她留些余地，或者事实究竟是什么样了，此时的他倍感迷惑。

"万事皆无绝对，不是吗？想来是各方神灵对我那囊·细登的眷顾，"她知道这段时日云丹贡布远在山南，于是也就先且放肆言语了，"让我诞下嫡系长子，好为赞普分忧解难。"她特意向赞普投去一个眼神，大概是某种试探或确认。再看看金城公主，眼神始终聚焦在小王子身上，好似她并不十分想参与当下的谈论。

谁说不是呢？金城对事实心知肚明，出于母亲的本能，她来此很大程度上是为了确定她的孩子的安危。至于如何辩解和反击，她还没想好对策，一颗受伤的心，如何复原？

那囊氏接下来的话，提及金城了："先前我生病时，公主对我照顾有加，现在我产下小王子，应该也有公主赐予我的一份福祉。"她表现得前所未有的明礼和恭敬，这让赤德祖赞一时不知如何下定论：如果事实果真如此，王子的诞生竟让她的脾性又变好了不少，这又何乐而不为呢？况且，现下他还不知道当即可以找谁对质，毕竟是这样难堪的问题啊……

而退一万步讲，压在他心头千斤重的继承人之事，现在终于有了一个着落。

动辄山水

后来的几个月里,关于小王子生母的问题一度在吐蕃宫室中沸沸扬扬地传播着,金城公主没有也不会贸然使计夺子,就那么远远地看着。她也认识到自己的确错过了纠正这一错误的最佳时机,当初哀莫大于心死,几近将她打倒。而对于这一情况的意见倾向,自然已暗中分成两派,不单是侍从们不敢轻言,就连众臣也得掂量掂量并确保自己站对了队。

一贯与金城公主友好的医师云丹贡布,起初并未给这位受难中的大唐公主提供任何帮助,而说到绝地反击,还是要提金城自己的小宇宙爆发了。

她的动因仍是和善的,起先并不预备采取怎样直接的行动,毕竟孩子才是最要紧的。她曾争取到某个机会,与那囊氏就母亲的本能与资质一较高低。对方依然颇有警惕,想必也会尽可能做好万全准备。

如果说先前在那囊氏的寝宫里,被悲戚打倒的金城听闻王子哭声只颓唐地想确认一下孩子是否安好,那么再次郑重看望孩子时,金城已想好了策略:以母乳为鉴,让小王子做选择,希冀用自身力量唤回骨肉之亲。当下情势如一个竞赛,谁的心中都下定了赌注,众侍女在场,权当评判之人。而两位选手,对峙于房间两侧,开始决一胜负。小王子颤颤巍巍的步子是刚学会的,他这会儿被放在中间,黑溜溜的眼珠闪亮而机敏地转着,因疑惑和好奇当前情况而表现出些许惊慌。母亲是最贴近的吸引,而乳房则更因熟悉而具有诱惑力。

金城公主俨如献礼般,将之示现着展出,此时那圆润、白皙、小巧而丰满的乳房发挥的只有实用这一个功能,是他的食器,里面有他渴望的食物。在事实面前，她郑重地想要一探究竟，将自他出生以来与其有过唯一联结的东西呈奉，在希冀得到他的肯定的同时，更期望他能够认同或辨识出她这个母亲。她是不是对一个刚会走路的孩子要求太高？她大概是有认子心切却不得不放缓节奏的度秒如年之感。

哀愁伤叹已经是最清浅的情绪了，此时金城心里铆着一股劲儿又回归了等待。

而那囊氏的策略比较简单明确，她又表现出她那唯结果论者的禀赋了，且善于提前暗中做准备。对于她而言，如果说先前纵火未遂反受惊的境遇，让她曾真诚地感恩金城公主的德行并生生将赞普推到了对方身边，是她出于无奈的举动，那么在那以后，一颗想做母亲的心数度蠢蠢欲动，让她稍许反悔了彼时绝望的放弃，她至少还应该再试一试，并且她的家族也需要她这样努力。于是，当金城公主真的不负她的期望为赞普为吐蕃诞下一名王子时，她的心思又伺机而动，计谋的转盘也重新滚动了起来。

现在，那囊氏要做的就是展示她兢兢业业的成果。苯教巫师为她特制的秘方药料在得知金城要来时她就饮下了，她的确为这随时将至的考验下足了功夫，在这件事上以未雨绸缪形容她一点都不夸张，她的行为的确担得起这样的称赞。另外，除内服外，还有外敷，双管齐下。一种专门调配的白色状物，需要与药饮搭配着才能奏效。她的军师当然也试验了若干次才得到这最快的一剂，只要有十分钟的空当就可以联合发挥药力。显然这些步骤在金城踏进她寝宫的门槛前，她就及时完成了。此刻，那囊氏胸有成竹却不动声色，她款款地解开衣襟，眼神始终不离开小王子，完全有种体恤孩子的情绪才应时而为的表象：当她一将乳房掏出，几乎在同一秒钟，那乳汁就因太过饱和而流溢着洒出，众人观望之余尚未露出多少惊讶，小孩子天性机灵或本能需求的捕捉就已经朝向了它，见他拔腿行步有要倒的倾向，那囊氏的两个亲信侍女连忙一左一右扶了上去，帮助他相对稳健地走向他的选择。那囊氏自然而愉快地将他抱起，当即也慷慨地给予他满足，准备让他酣畅地饱饮一顿。

金城公主的心随着小王子一步步走近那囊氏而遭到蹂躏，心碎的声音和绝望的压力是在那一帧一帧画面犹如一针一针戳进血肉之后才有的生动，在那几秒钟里，她的身体似经受了千锤百炼，这世界上唯一与她有直接血缘的人竟如此无视她的存在，忽略她虔诚的爱意，对她不屑一顾。她怎么能接受！

不错，与这场竞赛的输赢无关，是她在乎的那一点联结于这一刻截然断开了。

从这一个豁口开始，她再也不要沉默着隐忍，无望地等待了。

她一边哭天抢地一边骄横地喊着：我得不到儿子，就要破坏吐蕃的风水。她像先辈文成公主那样展示出了对占卜的擅长与灵通，人们从来不知道她也具有这样的能力，因而在她施展以后，就笼统却准确地归结为大唐文明所给予的优越栽培。

她把吐蕃的许多山脉都指作是有着某种象征性的龙脉，并特意要切断拉萨的一条龙脉，那就是拉萨平原中心三圣山的风脉。那时，药王山被看成是要飞起来的一头雄狮，而红山则被看成是一只猛虎，虎尾巴和狮子尾巴连在一起。金城公主将咒语画在一张纸上，放到被她看作是狮头的药王山顶上，并在山顶修了一座塔来专门藏这张写了咒语的纸。而后又派人挖断两山之间的连接处，这样就切开了虎尾和狮尾的天然联合，破了吐蕃龙脉所在地的风水。[1]

多日的郁结让金城公主从某一时开始变了个模样，她的"报复"来得毫无征兆，与一度悲伤的岁月反差甚大。时间上，从积年累月的沉淀突转至一朝一夕的暴戾；势头上，从潜心尽力的守护更改为翻云覆雨的破坏，动辄山水，让谁都难以想象和接受。

吐蕃赞普赤德祖赞对这一事的发生，当然也毫无防备。他怎么能想到，那个小小的身体，那个从不显露锋芒的可人儿，竟然第一次动用了她性格中另一面的拳刃。他在第一时间甚至想的不是如何补救这一切，而是更加深切地相信她的身上果然仍有他未发掘的部分：不过，及至此刻，他只是变得不确定，不确定那宝藏般的能量，到底蕴含着多大的爆发力，以及在温柔和凌厉、慈悲与愤恨的天平间，到底哪一端更胜一筹？

---

[1] 次旦扎西、阴海燕：《吐蕃十赞普》，拉萨：西藏人民出版社，2012年版，第103页。

他终于觉得这个问题迫在眉睫了……

以前，拉萨的药王山和红山不是现在这样断开的，而是连在一起——人们更愿意说它们是长在一起的，同时这也象征着吐蕃的龙脉，代表着吉祥和吐蕃永远传衍不息的意思。赤德祖赞能够想到对山神有着原始敬畏的吐蕃民众会出现何种程度的紊乱，也能想到自己曾与金城公主共同致力于教化民风给吐蕃带来了多大变化。总之，他决定解决这一度令自己不以为意的问题了。

放手是酸楚的拥抱

若一定要明晰，赤德祖赞究竟是在哪一刻明了关于小王子身世的真相的，应该说是在他得知金城公主狠心切断拉萨龙脉的时候。宫苑外、牙帐外，人心骚动，喧嚣不已，他却不急于甚至觉得没必要一睹突然而至的轰动。他镇定地照旧坐着，几经思量，而后决定去看看金城公主。

他全然没有要问罪的意思，或者说，身系吐蕃命运的他，丝毫不愿让这样的事情再牵动与大唐的关系。他不愿想一旦大唐皇帝得知金城公主此间的境遇，后果是怎样不堪，他并非不希望改变现状，只是一经权衡，觉得没有必要大动干戈。何况，这依然是家庭内部的纠纷——他必须承认这一点。他得去关心她。

后来的一小段时日里，金城公主非常落寞，她虽并未以怨怼向他宣泄着开火，却明显对他冷淡了，或者说是她于劫难之后无暇再在痛苦中维持生命的同时强颜欢笑。她的郁郁寡欢令他心疼，以至于他必须采取行动，作为一代赞普家族，他更有兼顾齐家与平天下的责任。

稳定社会，安抚百姓，并以佛法济世，保持吐蕃赞普家族在民间的绝对权威和地位。赤德祖赞一面做着这样的努力，一面迎来了小王子的周岁生日。宴会必不可少，张灯结彩，盛况壮观，光是筹备工作就用了一个月的时间，拉萨城中当然也欢天喜地，同时英明的赞普家族趁着小王子周岁之际，向人们表示慷慨的惠泽，赋税兵甲等均有减免和补贴。

而宴赏的另一重意义，是要进行一项必要的仪式，即确定小王子的生母是不是金城公主——现在他明显已经站到了她这一边，但是他必须确保让各论尚贵族也信服，平息臣民中的非议与隐患，同时对金城表态，还她一个公道，弥补她经受的所有伤痛，而且这样公开的举措也是对那囊氏最奏效的。他不免对那囊氏失望，彼时片刻的温柔原来是阴谋号角响起前的埋伏，他对她比之前拒而远之的厌恶更多了几分鄙夷，尽管他并不能对她做出任何形式的惩罚。

　　真正的调查到来之前，其实是有预演的。对此，赤德祖赞的考虑：一是为自行解决这重要的家庭纷争，以便让大唐使臣受邀参加小王子周岁宴之事名副其实，不落窠臼；二是为那囊氏及其家族保留一些余地。他听取众臣的建议，亲自当了一回裁判。

　　这日，赞普居上，众臣旁观，将小王子置于一平坝上的洞穴之中①——大概赤德祖赞骨子里依然潜藏着对山神等万物的某种敬奉，或者是为了迎合众人的意见，他必须展现这样的姿态，在宫外选择一开阔的场地，以让各方神灵都有目共睹，为其助阵——规定谁能得到孩子，就将小王子给谁。这基本属于一种英雄向路，各凭本事的方式，自然质朴至极。金城公主信心回转，撑力再搏：到底是亲骨肉，她不可能完全弃之不顾，况且，倘若再落败，她还可以选择切断拉萨的其他龙脉，当然在有过一次的意外惊动后，这已是她不得已才为之的退路和出口。

　　金城公主和那囊氏如两个选手，彼此对阵，准备决战，她们的矛盾的联结在相当长的时间里只剩下小王子这一争议。是时，金城率先握到孩子的手，他的皮肤因备受温室的保护而滑润，不像普通土著人家极力让婴孩从小就习惯高原烈日的暴晒——他们认为这是汲取天地精华充盈生命力的必要过程，也是为保证身体状况适应本地气候环境的必经磨砺。想到此，她险些有些感激抑或庆幸那囊氏姑且善待这孩子，而那囊氏原本的出发点当然是时刻警惕孩子的消失，因而将之牢牢锁在自己的视线范围内。

　　那囊氏冷冷地看着金城享受着与孩子的温存，心想：反正是死，大不了牺牲一个孩子——谁也得不到。于是奋力抓住了孩子的小胳膊，旋即开始了抢夺之战。她作为藏家女子从小练就的能干在这一刻体现得淋漓尽致，无法仰赖与苯教

---

① 巴卧·祖拉陈哇著，黄颢译注：《〈贤者喜宴〉摘译（五）》，载于《西藏民族学院学报》，1981年第4期，第54页。

巫师合谋的计策，她倒也不灰心，反而赌上了自己的全部气力，去对付一个小小的身体。

在她眼里，他是她对付其母金城的战利品，宣示着自己的利益主权。她不允许在维持了长期的胜利果实之后，出现任何一次闪失，她也没有想过失败，这大概和她强势的性格有关，和她的家族在吐蕃政权上下的影响力所带给她的底气和优越感有关。在他待在她身边的这近一年的时光里，她对他保持着众人有目共睹的关爱，他是她悉心维护的功绩——她得依靠他，尤其到了日后。

这赤膊之礼的较量，尽管存在于两个女人和一个孩子之间，但事实却是这般：一旦用力不适，孩子就会即时感到疼痛，这对一个幼童来说显然是残忍的，如此也就证明了这不是一个绝对合理的比赛方法。但局面当前，谁都想赢得此战。那囊氏心一横，劲儿一使，小王子的哭声就发了出来，她明显已经将他拉到倾向自己的这边了，继而决定再使力，以获全胜。

儿子的声音刚一发出，金城公主真是既心疼又挣扎，她想到自己之所以不愿意一次次拿小王子做争夺的道具，也是出于对他的疼爱，毕竟他是那样弱小的一个生命，她宁愿自己吞着母子分离的苦水，也要让他健康地成长。而这一刻，这千钧一发的时刻，她明白只要自己也使劲一拉，拉锯战的现状就会有所改变，她也完全可以靠自己的能力把他赢回，她甚至没有理性权衡自己和那囊氏到底谁更具优势和实力一局定输赢……就这样，想着想着，她做出了一个平常却也最不易的决定——松开了手。

只要一想到孩子死去的可怕结果，作为母亲的她就胆怯了。她不想更不可能做那样莽撞的事，她不允许自己那样对待自己的孩子。她的宣言是："儿子是我的，你这个女凶手，拿走吧！"

这样一来，那囊氏自然轻巧地接过了这一礼让的胜利果实，并为自己占有权的重新确认感到欣慰。

不过这一局面，让在场的众多大臣明晰了真相：小王子实为金城公主之子。赞普赤德祖赞紧绷的神经也终于放松了下来。他长长地舒了一口气，紧蹙的眉头还是没有放开，他在想：我的公主到底还是慈悲之人，如此一番，说服了不少臣民，但结局终究还是向着那囊氏了。她的家族一定会死咬这一点。唉……

无声亲近弥补了所有伤痛

纵是山神显灵，君臣围观，事实毕露，亲情的天平还是没有让金城公主如愿以偿。小王子的周岁宴越来越近，大唐使臣到来的马蹄声也越来越近，赤德祖赞略显焦虑，但金城应该说是有几分宽慰的。将近一年的时间里，江山风雨她都鲜少关心了，只留精气神企盼着儿子回归自己的怀抱，而这一天的到来，让她不能不生出多一点的信念，或说较之前最大程度的。

所有的张罗，在唐使抵达吐蕃之时，都戛然而止了。民间的气氛已全然调动了起来，人山人海，喜庆极了。宫室的大门开放如旧，一走进去，灿然如新，显然是精心与郑重所为。

关于这一次赴蕃的使臣名字，汉藏文史料都未提及。或许在浩浩荡荡的唐蕃交往里程上，他们的使命始终如一，为维护和调和两地关系而前赴后继，声名的羽毛早已加注成内心的大义和肩上的责任，于此也就不在乎是否载入史册，是否传世万方。或许正应了最后的圆满结局，两地的交往史簿上阔笔撰写了太多恢宏凛然之事，惊涛骇浪之余，这等浪花只伶仃一朵，倏忽之间，便融入了江海流波中，也就无所谓是哪位甘担道义的大臣了。

而金城公主大概永远也忘不了这一天。何等不易，又何等温馨！

小王子周岁已至，从先前的蹒跚学步进入了相对稳健的状态，所以也称作开步宴会。赤德祖赞坐于中间金座上，那囊氏及其家族中人坐于右侧，金城公主携各位唐朝大臣列坐于左。又是这样两相对峙的场面，只不过这一次前所未有的盛大。

第八章 于黑夜守候黎明

对于小王子而言,他从来都是核心人物,在人生的初始阶段,几度被派上赛场接受试炼,也许注定了他长大以后的魄力非凡。而此时,他依然是两位母亲的必争之物。父亲赤德祖赞将盛满谷酒的金杯递给他,并说道:"两母所生唯一子,身体虽小神变成,注之以酒此金杯,汝子交予舅手中,确认谁系生身母。"①

事情进行到了白热化阶段,吐蕃王的诵念大抵要召唤各方神祇,便特以一种节律分明有如经语的言辞向心宣告。款款表明仪典宗旨后,赤德祖赞随即放开王子——这也就意味着赛事已经开始。

那囊氏表现出了比前两次明显积极的状态,她先行接受这终极挑战,道具自然必不可少,是一件小外褂,因身子部分显长而形似现代的披风,是王子非常喜爱的一件服饰——大抵小儿的英雄情结从这细节中也能得到几分暗示,后来的他披荆斩棘,对这般样式的衣裳仍颇为钟爱,以至于穿了数年却难分辨当初是怎样开始喜欢上它的。那囊氏抖动着那极具吸引力的衣物,最初并未迅疾赢得王子的注意,于是她很快又用眼神示意其家族中人,纷纷擎举着同样的武器——俨如旗帜,一齐向这小儿发出统一讯号,是诏令也是赌注,她认为她必须赢。

这一次是绝对的生死攸关。她紧盯着那俊朗的王子,第一次正式端重地观察他的模样,一年光阴,她多将他抱在怀里,不免因过分亲密而疏忽了对他眉眼轮廓的细致关注,她总是怕他兀自消失,此刻,这种惶恐更是不合时宜地越发严重起来。她尽量暗示自己要镇定,一贯稳操胜券的事让她多少获得些平静。

周围的景致让小王子目不暇接,各种着装的大人在他看来都是新奇的。当众人正无法猜及这小脑袋里到底在琢磨什么的时候,他环顾四周着实让在场所有人的心往上提了又提。他的步子终于有翘动的迹象了,他的每一秒的动静都被观众捕捉并深印在心。

金城公主这时看起来十分平静。也许经历了绵长跌宕后,对于亲生孩子的抚养权她已经看淡,她当然希望陪伴他成长的每一分秒,但事实是,早在上一次放

---

① 巴卧·祖拉陈哇著,黄颢译注:《〈贤者喜宴〉摘译(五)》,载于《西藏民族学院学报》,1981年第4期,第54页。

手之际,她就在心里与自己达成和解,她要的是他健康茁壮地长大,只这一点夙愿完满,她宁愿放弃其他所有。因而这一次,她乍看上去是在静观其变,其实是在等待,等待属于她的归于她,等待正义归于正义,等待真理归于真理。

与之相反,那囊氏和她的家族人等显然越发急躁了,他们向小王子发出了亲情的召唤:"到舅舅怀里来吧!"

说时迟那时快,他就是在这一瞬间做出选择的。

这位刚学会行走的王子,听从并将执行父亲的指示,只见小手紧攥着盛酒的金杯,摇摇晃晃地就要走向那囊氏那边。但也许是几位唐朝的舅舅衣饰及气味迥然各异,使得孩童因好奇停止了他的脚步;也许他身上涌流的一半汉唐血液发挥了其最朴素的作用力,引导他与之靠近,直觉地靠近;也许纷乱的人群中,金城公主太过静谧安详的神态给了他某种慈悲的慰藉;也许就是毫无理由的本能倾向,他从来就擅长在关键时刻做正确选择——具有一种不可多得的天赋。

"到舅舅怀里来吧!"

"到舅舅怀里来吧!"

眼看着小王子亦步亦趋地往唐臣那边走去,那囊氏的家族中人再度躁动了起来,连声呼叫,孤注一掷地想要扳回局面。但此时,在他们的正对面,周岁王子诚心而往,金杯恰是初次见面需要的规格和仪式,谷酒巧作幼对长的敬意与献礼,他不仅乖巧而礼貌地递上了酒,而且步入唐臣怀中,似乎是要寻求一个别样的拥抱。

金城公主当即大喜,顿时献歌赞颂:"以彼前世之业力,我乃来自汉地女,所生王子无伦比。以其欺侮之能事,他人夺我亲生子。不听言真语实词,虽显胸乳亦无益,汉女身心堪焦虑,胸中怒气不可忍,遂毁吐蕃之风水。其时长天太阳下,汝子认舅此事佳,为母身心得安宁。所毁吐蕃之风水,可使诸山无危害。"[①]

[①] 巴卧·祖拉陈哇著,黄颢译注:《〈贤者喜宴〉摘译(五)》,载于《西藏民族学院学报》,1981年第4期,第54-55页。

结局虽圆满，不过惊心动魄是真，荡气回肠是真，尘埃落定也是真。试想，如若不是这样，大唐的使臣势必会即刻拍案而起：原本带着唐皇的心意来为唐蕃和亲的结晶呈上祝愿，却发现自家外甥连生身母亲都不认得，这是何等荒唐之事；原本参与吐蕃纠纷的解决，是为金城公主壮势，但实情一旦逆向发展，大唐的威严何在，金城公主的地位何在！

至此，赞普赤德祖赞一颗久悬的心，终于落稳了。

他提议举杯共饮，为真相终于大白喝彩，也为王子的周岁宴会庆祝。

而对于金城来说，小王子的无声亲近，远甚于她日夜渴盼的一声娘亲更让她激动，或者只这一微小的确认就足以抵过她先前所受的全部苦痛与折磨。他的出生带给她生命中最隆重的考验，但自此开始，她的日月皆有他为之保驾护航。

人们想，他应该是个孝顺的儿子，他会为她擦干所有泪痕，抚平所有伤痛，而她则永永远远地铭记着这重逢的日子。一年离散，一瞬聚合。

回归家庭的日常

风雨遭逢，艳艳浅浅，她终究守得云开。

多舛命途上，在那一訇然中开的时刻，金城公主如何平淡或亲昵地表达她对小王子的疼惜都不为过，败阵一方的泣诉已经是那场盛宴最微不足道的脚注了。

人们记得大唐使臣的车马队声势浩大地从吐蕃边境驶进拉萨城，由赞普亲自迎接，于宴席结束后，又从欢天喜地的宫苑仪节郑重地款步而出，金城公主携伴小王子相送一程，再驻足遥遥目送，直至大唐的亲人在视线那端消失。她久经干涸的心，任由他留守身旁的种种安定，给予了这位母亲名副其实的甘露般的慰藉。

金城本无多么决绝的恶意，却在回头时，到底望见了彼时切断拉萨龙脉、破坏吐蕃风水的斑斑残迹。和王子相认后，她的心境又经涤荡，怒气尽消，恢复了往日的平静。她派人在红山上起修了一座塔，然后在药王山上的塔和红山新建的塔之间拉上了一条很长的铁锁链，意为把这条龙脉又接上了，算是补续之举。她当然有这个能力，虔心付出的努力不比多年来对吐蕃的经营少，赤德祖赞将一切看在眼里，才明白解铃还须系铃人。

她的劫难终究还是靠她自己度了，随日升月落，随朝暮一息，随岁岁年年。

如此，事情算是过去了。不过藏族人民对这条龙脉的传说依然信以为真，并认为龙脉遭到的惊扰要好好驱一驱。也罢，多行福祉总归无害。

于是，江孜地方首领的妻子，一个叫格桑啦的女子来了。她出钱出力在药王山和红山之间搭铁桥，还亲自住在药王山上。她招来许多修桥的人，在山上盖了第一批房舍，供他们居住。后来，人们又在被挖通的道口上建起了一座白塔。

到17世纪时，这座白塔增加到五层楼那么高，塔中间供奉着慈悲观世音菩萨像，还收藏有许多典藏卷册以及有关修建此塔的历史记载。这白塔像城门楼一样，人和车马都从塔洞里穿行，人们还可以搭着梯子爬到塔上去看佛像。三百年后，这个路口上已经有好几座高低不一的白塔了。光阴绵延，后继者又在它的两边修起了公路。那白塔就像是拉萨古城的西大门，红山和药王山就像是坚固的城墙。从这里步入拉萨，人们立即可以看到城里那一处处庙宇上灿烂夺目的金顶，就像史书中描述的那样："进入西大门以后，眼前便是一片金光！"①

只一个契点，就拉扯出这般深远的影响。金城公主的入藏，确实和这片土地在日月起落间联结得更为紧密。她的喜悲，牵念非常，惊动万分；她的故事，绵延曲折，精彩纷呈。无论是她在半道闻听王子夭折，于痛苦中依然前往吐蕃的执着与毅然，还是她生下儿子后，因长妃那囊氏图谋不轨，与其争子，演成一幕宴前认舅之剧，都极具代表性地彰显了她刚柔并济的个性。并且，现实的轰轰烈烈之余，这些故事大都被绘作壁画，成为一段历史的标本纪念，保存于布达拉宫、罗布林卡新宫等处，至今尚好，可以供人赏味与怀念。

而后来称名为赤松德赞的吐蕃历史上功名显赫的赞普被认为是金城公主之子，更充分显示了她在西藏历史上的地位和在藏民族中的崇高威信。

他确是她执着捍卫和呵护的男儿，亦是她与赤德祖赞缔结唐蕃联姻之好的珍贵果实。后来的日子里，她勤力地做着一个母亲该做的种种，哺育陪伴，教书引导，修德立志，成了吐蕃下一代赞普背后的力量。世人越看越觉得伟大，而她只庆幸回归了母亲的日常，深感幸福并分外珍惜，斗转星移，日月兼程。

据说，在宴前认舅的当时，王子曾言：我赤松德赞乃汉人之子，你那囊氏焉能为舅乎？

据说，当事实水落石出，众人商议为王子以何命名时，他则自己定名道："即称天神下凡之主、地上自成之主宰、全体黔首之王、化身之王赤松德赞。"②

---

① 次旦扎西、阴海燕：《吐蕃十赞普》，拉萨：西藏人民出版社，2012年版，第103-104页。

② 巴卧·祖拉陈哇著，黄颢译注：《〈贤者喜宴〉摘译（五）》，载于《西藏民族学院学报》，1981年第4期，第55页。

所以王子之名系其本人所起。

　　据说，在那之后，关于祈福事佛方面，吐蕃共建敬佛塔一百余座，并将剩余泥土拟造大塔一座，建造过程中，因泥土不能固其形体，便以马兰草绳捆缚为之。由于此塔会发出说话声及笑声，便称之为灵波芝达坚，大抵是个富有灵通的名字。人们因而得知王子将长寿。[①]

　　……

　　再后来的日子里，父亲赤德祖赞驰骋疆场，对这英武男儿栽培有方，母亲金城公主亦以文才武略对之善加督导。她的生命中横亘着王子的多少印记，他的梦境中也数度验证着王子出生那年一名先知者——中原僧人对他的预言："赞普，您的赞蒙定将生一发大乘心之子，为此应做祈福佛事。"

　　确实，身系唐蕃和亲缔结的双重血脉，赤松德赞用其一生践行了母亲金城及大唐故里的期望，达到了吐蕃弘扬和信奉佛法的制高点，承续了两地舅甥关系的多元交往。这也就难怪，后世人谈及他时，浓墨重彩在所不惜，神幻色彩、超常逻辑、玄妙种种……都是蕴藉在金城公主光环下的诸多美好夙愿。民众朴素而执着的信仰，正映衬了金城公主联结的两代吐蕃赞普家族，继往开来，向着峥嵘岁月的荣华里豪迈挺进，朝着新生年华的辉煌里振翅飞翔。

[①] 巴卧·祖拉陈哇著，黄颢译注：《〈贤者喜宴〉摘译（五）》，载于《西藏民族学院学报》，1981年第4期，第54页。

第九章
浮生事散逐香尘

不要问历史的车辙如何辗转
不要问昔日的来路是否荒芜
当风吹落天边昏黄的太阳
唯有传说不会衰老
穿过岁月，它在人间踽踽独行

武皇开边意未已

世事跌宕，完美之事实在难得。

金城公主也非完人。当她深陷宫中争斗继而又承受失子之痛的长时间折磨时，又如何能一如既往地保家卫国？她只能若无其事地强作欢颜，不能是一醉方休的逞强，不能是夜夜笙箫的逃避，更不能是弃之不顾的无望。她仍是做出过努力的，但缚鸡之力何以抵挡兵戎相见？

由于无力阻止吐蕃对小勃律的进攻，唐朝的军队围魏救赵，选择在东面发动进攻，吐蕃人被唐蕃间的和约麻痹，双方将领之间的信任也已增强——先前修好的纽带如今成了捆绑之绳，自然对攻势毫无准备。

再整体思之，或许吐蕃尝尽了前次失信之举的苦头，不愿再在舅国面前重蹈覆辙；或许它汲取教训，只争必要之地，不直接犯唐，曲线开疆扩土；或更因这时期专注于他处的吐蕃已经对唐放松了警惕，加上两地尤其是双方边境依然在践行会盟誓文——但是，舅舅对外甥的容忍是有限度的，并且大唐居于中心地位，他需要对方时刻保持忠诚。但凡吐蕃有一点侵犯的苗头，他就要将其及时扼杀在摇篮里。统治者天生就得具备这样的警觉。

开元二十五年（737年），唐军进犯青海地区，翌年吐蕃的反攻被击退，河西、陇右和剑南诸节度使奉命与吐蕃人全面作战。唐军从甘肃深入今之青海省。四川的军队在开始时战果不大，但在开元二十八年（740年）得到当地羌族部落民的帮助后，占领了关键的要塞安戎，因为这些部落民对吐蕃行政官员贪得无厌的勒索已感到厌烦。尽管战争形势一度出现反复，但唐军仍旧保持了战果，这样，唐朝又控制了在永隆元年（680年）丧失的具有重要战略意义的地区。①

如此看来，当金城公主因为两地上层内部事务焦头烂额时，赤德祖赞——这位不擅长处理家务事的赞普着实在那几年的沙场上展示了他的英武风姿，他让吐蕃的西陲又形成了与唐朝直接对峙的形势。吐蕃在开元二十四年（736年）攻击小勃律后，稳步地巩固它在帕米尔的地位，许多山地小邦与长安断绝往来并成了吐蕃的属地。在塔里木的大唐将领曾经试图攻击吐蕃人，但毫无结果……

身为赞普和丈夫，于赤德祖赞而言，前者是与生俱来的民族责任，后者是生而为男儿的社会义务，比较起来，他大概本能地选择并承担了自己能做的和想做的。不过兵家论战，战场输赢本就是常事。他必须得受之坦然，且愈挫愈勇。其实，长期以来，他统领的吐蕃与突骑施的联盟已经让唐皇深觉不安，对于这两个臣属部落以联姻加固利益，唐皇忧虑重重。

自玄宗初年以来，伊塞克湖和巴尔喀什湖之间西突厥族各部居住的地区已经被一个名突骑施的部落及其令人生畏的苏禄可汗所统治。虽然苏禄可汗早在开元五年（717年）就正式臣服于唐朝，但在同一年他还是袭击了边境并进攻了阿克苏及塔里木盆地的其他地方。开元七年（719年），唐军已被赶出碎叶——托克马克的哨所，丧失了在天山山脉之北的大片领土。

当然，幸亏苏禄这时西进占领富饶的粟特诸邦，才使得阿拉伯人顽强地推进暂时被挡住了，这一功勋，唐皇没有忘记。但无论是与内交战还是对外御敌，大唐都不能不承认，突骑施的实力绝不可掉以轻心。

唐朝为了安抚苏禄，于是在开元十年（722年）安排把唐朝的"公主"——实际上是西突厥名义可汗的一个女儿派去和亲。同时，唐军在安西都护府（塔里木盆地）和北庭都护府（准噶尔）的防御设施也不断地得到加强。

随着吐蕃和突骑施愈发密切，甚至吐蕃—突骑施的联盟一步步缔结并正式化，玄宗感到威胁如鲠在喉。开元十三年（725年），苏禄插手支持于阗首领的反唐叛乱，叛乱很快被平定，但苏禄与大唐的安西副使结下私仇，他与吐蕃盟友

---

① （英）崔瑞德著，中国社会科学院历史研究所、西方汉学研究课题组译：《剑桥中国隋唐史.589—906》，北京：中国社会科学出版社，1990年版，第392页。

一起掠夺塔里木盆地，围攻龟兹，进攻高昌。但突骑施基本上仍只插手中亚事务，开元十八年（730年），苏禄与唐朝媾和。①

突骑施在几乎完全依靠苏禄个人的领导和他给他的部落首领们提供无数掠夺物的情况下，实力得到了突飞猛进的提升。这就无怪乎吐蕃赞普赤德祖赞后来也认识到与突骑施达成联合的必要性，并且他也的确这样行动了。

尽管吐蕃很大程度上依然在履行与唐的和约，但玄宗明显对之不放心，直到开元二十六年（738年）苏禄死于内部争权后，突骑施实力大减，联盟名存实亡，可是玄宗对这一联盟中坚挺的吐蕃之警惕仍存，果然，吐蕃为同唐朝争夺安西四镇，对小勃律下了很大的功夫，继用武力攻占其城池后，又于开元二十八年（740年）以联姻手段对其实行怀柔和羁縻②，将公主赤玛禄——赞普的又一位姐姐嫁与小勃律首领。③

时代洪涛滚滚，天下的变局已远在金城公主能力所及的范围之外。多年来鞠躬尽瘁，诚心正意，疲惫与逃跑都曾上演过，倒是在而立之年以后，她的生活终于围绕着王子的家庭日常展开。纵然经一番坎坷，她到底有失而复得的庆幸；纵然尝一味苦楚，她还是享受了为人之母的短暂快乐。

---

① （英）崔瑞德著，中国社会科学院历史研究所、西方汉学研究课题组译：《剑桥中国隋唐史.589-906》，北京：中国社会科学出版社，1990年版，第393-394页。

② 王尧、陈践：《敦煌本吐蕃历史文书（增订本）》，北京：民族出版社，1992年版，第184页。

③ 黄布凡、马德：《敦煌藏文吐蕃史文献译注》，兰州：甘肃教育出版社，2000年版，第53页。

瘟疫的替罪羊

深居宫苑之中，有王子膝下承欢是莫大慰藉，金城公主如获至宝，一路走来的纷纷扰扰已不足挂齿。她努力维系着为人妻、为人母的道义与责任，只随心性继续做些扶持佛教发展的事情。

在彼时经历痛苦时，她努力保持住觉察，看到情绪的变化，看到自己的反应，看到脆弱、怨恨和惊慌，同时尽量把心敞开，让自己暴露在痛苦中，让强烈的感受去瓦解心里根深蒂固的观念和习惯。①于此之后，她从佛缘善法中习得的所谓本心，或者它折射出来的慈悲心、出离心、世俗菩提心才会有机会显现。她的确体察到了佛法的益处。

于是她坚持修行，修炼仁爱、宽容、谦让、与人为善等能给自己和他人带来安乐的精神品质，关注其他生命的福祉。她深谙，依靠佛法的正知正见，人能够调整自己对人生和世界的态度以及为人处世的方式，从狭隘、偏执、矛盾重重到宽容、温柔、和谐圆融，从伤害自己、伤害他人到帮助、利乐一切众生，从痛苦到安乐，从轮回到解脱。②

现下，吐蕃由于于阗僧侣的佛事活动兴盛，大乘教法也随之得到弘扬，十二年间——一说三四年，争议点在于于阗僧人来吐蕃避难的时间，据前者推算应在开元十六年（728年），若按后者则当在开元二十三年（735年）到开元二十四年（736年）之间③——比丘和俗众大都信教，生活幸福。公主如初供养，始终慷慨

---

① 希阿荣博堪布：《寂静之道》，北京：世界图书出版公司，2012年版，第100页。
② 同上，第95页。
③ 石硕：《吐蕃政教关系史》，成都：四川人民出版社，2000年版，第224页。

而慈悲，为广大民众树立起榜样的力量。

正在这时，一场痘症瘟疫来得突然而迅猛，吐蕃境内陷入恐慌之中。

吐蕃赞普家族之内当然优先受到了严格保护，但金城公主担忧的是民众的安危，尤其在这纷乱时分，她更加忧心忡忡。她能够想到，深受雍仲苯教影响的吐蕃人民会先行对外来佛教生起疑心或直接向其问罪：

"黑痘等各种疾病流行是对比丘僧团来到吐蕃的报应。"

"这是因为召请那些蛮邦游方僧而得到的报应。"①

果不其然，吐蕃当地很快就掀起了一股驱赶僧人的浪潮。其时，不单是来自于阗的僧人遭难。当初公主收留僧人之际，还有来自安西、疏勒、勃律、克什米尔等地的比丘，如今，他们都面临着前途未卜的险境。

随着形势恶化，实际情况比金城公主所料想的更为严重：把这些僧侣以及邀请他们来的唐朝僧侣统统向西方驱逐，金城公主甚至感到自己的命运也会在这场混沌的考验中再遇波折。或许，在先前看似平和顺利地推进佛教的行动之下，已然潜藏或积淀了许多未知的风浪。

赞普赤德祖赞和金城公主似乎都没有觉察的是，这些佛事活动，当时已招致大臣势力的不满和抵触。尚和论诸大臣因为忙于修建佛堂，而不得不停止嬉戏舞乐，很不高兴，议论道："我们这位赞普，信仰虔诚，喜敬佛法，其貌不扬，莫非是个婆罗门？"②

纵然请僧传法、立寺译经确有明显成效，但一味地依靠宗教本身的力量，并赌上赞普家族对贵族大臣的绝对领导，不免有些势单力薄。于是，当有翻盘的时机到来时，他们也不会轻易放弃，哪怕鹬蚌相争，渔翁得利。

其实，瘟疫并非某种具体疾病的名称，而通指大规模流行性急性传染病。中医称之为瘟疫、瘟或疫。这一词汇"长期以来一直被隐喻地加以使用，用来指最

---

① 达仓宗巴·班觉桑布著，陈庆英译：《汉藏史集》，拉萨：西藏人民出版社，1986年版，第59—60页。

② 拔塞囊著，佟锦华、黄布凡译注：《拔协（增补本译注）》，成都：四川民族出版社，1990年版，第2页。

严重的群体灾难、邪恶和祸害……同时也通指众多令人恐惧的疾病……一种疾病并不一定非得以一个无情杀戮者的面目出现，才被看作是瘟疫"。①但无论如何，"瘟疫隐喻是对流行病前景最充满悲观意味的解释的基本表达方式"。②古往今来，人们对它的描绘总提到瘟疫不可阻挡、无法避免……

对于这场忽而兴起的瘟疫，吐蕃各方势力各有对策，金城公主代表的赞普家族自是力挽狂澜，尽力让百姓及早预防，即便被传染也能够在第一时间到就近的庙宇进行救治，治疗迫在眉睫，僧侣在遭到谴责和怪罪的同时，仍然尽可能地帮助公主承担一部分救治工作。滴水之恩当涌泉相报，大概也是这个阶段系结在金城与僧家之间的一种绵薄而韧性的联系吧。

这位大唐公主，历经史政风云，穿越蒙昧岁月，走过宫室争斗，当属身心砥砺，浴火重生。后来的日子里，当她给小王子讲述着来自中原长安的繁华故事，诉说着对于雪域高原的绵绵深情，把弄着父亲交付在手的诀别献礼，良辰美景，此去经年，灵魂的远走他乡抑或故地重游，都痴痴地印在脑海里，刻在心坎上，淌进血液里。

她愿与她的生身之子共数半生喜悲，她愿他能够牢记身上那一半汉族热血。

---

① （美）苏珊·桑塔格著，程巍译：《疾病的隐喻》，上海：上海译文出版社，2003年版，第118-119页。
② 同上，第126-127页。

此生未完成

若言在对外的唐蕃关系上,金城公主是赤德祖赞最得力的助手和最值得信赖的战友,那么要论及吐蕃内部的政治情况尤其是赞普家族与大臣之间的关系,就得全赖赞普自身对其统治地位的捍卫与巩固了。

借由赤玛伦早期的变革,吐蕃赞普家族对大臣权力的防范和戒备极为严格。其实质自然能反映出赞普家族一直处于一种非常缺乏安全感的状态。无论是将一人为大相改为任命多人为大相和重用外戚的倾向加强,还是任"吐谷浑王"[①]为吐蕃重臣,赞普家族对大臣的信任度都在明显下降。赤德祖赞时期的吐蕃赞普家族始终在探索和寻找一种更有效的驾驭臣下的方法,并不断地在分配大臣权力上下功夫,努力调整赞普家族掌控臣下的策略。

由此可见,赞普家族的政治活动仍笼罩于噶尔家族专权所留下的巨大阴影之中。同时种种调整与强烈要求,实际上表明吐蕃政治的发展已经需要新的东西来加以支撑,表明这个势头不灭的民族在文化和制度上产生了一种新的渴求。[①]

[①] "吐谷浑王":赤德祖赞于开元十五年(727年)任命"吐谷浑王"为三大论之一,"甥吐谷浑王与舅方官员聚坐(议事)",参见黄布凡、马德:《敦煌藏文吐蕃史文献译注》,兰州:甘肃教育出版社,2000年版,第51页;究其缘故,是因赤都松主政时,曾于武后永昌元年(689年),将"赞蒙赤邦"嫁给当时的"吐谷浑王",因而两地具有臣属关系,也称"甥",这种说法跟吐蕃与大唐的"甥舅"关系是一脉相承的,同参见黄布凡、马德:《敦煌藏文吐蕃史文献译注》,兰州:甘肃教育出版社,2000年版,第43页。另外,"据敦煌藏文Vo6.69.fo1.84《吐谷浑大事记年》卷记,公元706—715年间,吐谷浑可汗为'莫贺吐浑可汗',其母后即为赤邦,707年为可汗娶妃,说明该可汗已成年,年纪在十五岁以上。"可见,此时的"吐谷浑王"已非689时的那位可汗,最起码是其儿子,或孙子,参见黄布凡、马德:《敦煌藏文吐蕃史文献译注》,兰州:甘肃教育出版社,2000年版,第91页。所以相关文献资料中多写作"吐谷浑小王"。

而佛教恰恰在这样的整体背景之下被赞普家族所提倡，其中的政治含义乃是不言自明的。或者准确一点来讲，在当时的赞普家族眼中，与其说是把佛教看作一种信仰，不如说是将其看作一种文化、一种新的礼仪和等级、一种更为完备的社会制度。赤德祖赞作为吐蕃之最高政治首领，处于权力的核心地位，也身陷各种矛盾和旋涡的中心，有一点毫无疑义，即他之所以提倡佛教，维护赞普家族命祚的原因显然要大于其信仰的原因。他出于政治的考虑，为了寻求一种新的文化和制度的杠杆来平衡赞普家族与大臣之间的权力与利益关系。

所以严格地说，赤德祖赞倡导佛教的原因在于政治而不在于信仰，在于文化而不在于宗教，在于维系赞普家族命祚而不在于佛教本身。至少赞普家族的初衷是如此。而另一方面，赤德祖赞时对外扩张大获成功，可说是他向先祖偶像松赞干布献上的一份丰厚之礼。并且，随着吐蕃政权的强盛和繁荣，社会物质和精神发展必然出现失调的情况：物质方面的发展大大超前于其精神文化发展，即吐蕃传统的苯教已难以满足在物质上大为发展了的吐蕃社会之精神文化需求。[②]于是，这就为当时佛教被吐蕃社会接纳提供了基本条件和适宜土壤。

金城公主对这些复杂的客观环境，自然只能抱以接受态度。她其实也明白，不管佛法弘扬到哪个程度，七十年的间隔，原本就接近开山凿石，她唯有尽最大可能去善加利用这外在的环境资源。往后对外扩张的攻势越猛烈，内部社会安定的需求也就越强盛。只是在这一过程中，由于大臣是战争的积极倡导者和主要执行者，也是通过战争获利最多并且世俗化程度最深的阶层，因此吐蕃赞普家族政权的立场以及其对臣下进行权力控制的角度，比之于大臣的局部利益和立场显然也更易感受到这种需要。

这或许正是吐蕃的佛教倡导者是赞普而非大臣的原因，同时也是后来赞普与大臣之间在提倡佛教问题上发生尖锐对立的根源所在。

所以当风暴一旦到来，本部势力愤然而起，像洞明了一个真理似的将矛头一齐对准僧侣，连同金城公主都不免或极有可能成为大臣主导策动反佛的牺牲品。

赤德祖赞和金城公主都是没有防备的，在这祸乱的当口，一个勤力维护内外

[①]石硕：《吐蕃政教关系史》，成都：四川人民出版社，2000年版，第215-216页。
[②]同上，第218页。

统治，一个安抚受瘟疫牵连者，两相协力，同心同德。

但此时段，唐蕃之间依然战事不休，身为一邦之主的他势必奋然迎之，她却不愿看到事态失控到兵戎相见。奈何时运这般磨人，冬日光景依然于夺目的蓝天下隆隆升起，晨曦慢慢将整座拉萨城拥抱，似乎在给纷扰中的人们些许慰藉。金城公主对于自己染上瘟疫是不意外的，毕竟她见过并帮助了那么多与病魔做斗争的人们，生与死都是无常之事。

她的气息越来越薄弱，惦记着安居宫中的王子是否健硕成长无灾无恙，关怀着在外出师的赞普是否志心未泯体态康健，牵挂着远在中原的玄宗是否敬天爱民天下归心，思念着久居长安的家人是否丰衣足食其乐融融？

这一年是739年，时开元二十七年。①她终究没能在这场天降的浩劫中幸存。

紧接着，葬祭仪礼不急，哀感天地不急，倒是驱逐外邦僧人刻不容缓——这当然是吐蕃大臣的联合意见，他们继续并更坚定地认为吐蕃地方流行瘟疫以及金城公主染疾而逝是招来这些外邦僧人所致。其中有多少噱头之下的乘机而入已经不重要，又有多少人随她的离世而先后踏出吐蕃之境也似乎变得不重要……

总之，从那一刻的寂静与永恒开始，赞普赤德祖赞没有了中原妃子，王子赤松德赞没有了亲生母亲，拉萨城没有了文明的先导，吐蕃境土也没有了第一女主人。

不过赞普赤德祖赞此刻尚不能悲痛欲绝，他只能哀而不伤，因为驱逐僧人的纷乱愈演愈烈，他必须砥砺向前。金城公主之薨逝让吐蕃大臣得了势，大肆发起将于阗和中原僧人驱逐出境的活动，虽然在规模与范围上十分有限，尚未构成全面的排佛声势，但此事件却无疑是吐蕃大臣公开抵制佛教的一个开端。在吐蕃上层内，酝酿已久的一种明显的声势和反对佛教的情绪，在金城公主身后终于得到了发泄。

她的死，加剧了排佛的风波——佛教刚在吐蕃建立起来的基底，也就意味着面临风雨飘摇的考验，尚未站稳脚跟，显然是这样残酷又苍白的事实。她的一生倾心竭力，到底也还是未完成……不能不说是生前之憾事！

唐蕃之间如履薄冰，佛法僧徒亦是如临深渊……

---

①王尧、陈践：《敦煌本吐蕃历史文书（增订本）》，北京：民族出版社，1992年版，153页。

迟来的灵幡

她的薨逝令他猝不及防。原本分驻两地，各担其事，以为是再绝妙不过的搭档行动，却不想只一个时日，她的亡讯就传到了他的耳中。这是何等惊骇讶异、震天动地之事，他不愿意接受，却不得不面对这残酷现实。仿佛那一刻，他的心是凝结而止息的。

然而外面战火纷飞，颠沛流离，瘟疫漫天，人心惶惶，不容他有一丝宁静。他只在合目镇定一瞬，便决定了接下来要迅速赶回拉萨，回到她的身边。很明显，金城公主这位吐蕃赞普家族重要成员的丧命就是这场灾乱的直接后果，赞普对大臣们的说法该是难以做出应对和反击的吧，抑或当时大臣中反佛情绪较为激烈，反佛大臣的势力也较为强大？时事确也局促，这让赤德祖赞本人的注意力不得不暂时转移到哀事以后的相关事宜上。

不过，此时的吐蕃大地上，佛教传播虽暂时受挫，但赤德祖赞却并未改变和动摇其推行佛教之意志。在王子年幼之时，他的父亲又再度派出了两路求法使者：一路是派使者携带礼品经由南方尼泊尔前往印度求法[①]；另一路是派遣桑希和另外四人作为求取中原经典之使者，并规定，如完成使命，当赐奖赏，若未成则杀之！[②]

试想，金城公主如若泉下有知，自然是欣慰的。或者赤德祖赞的此番行动，

[①] 拔塞囊著，佟锦华、黄布凡译注：《拔协（增补本译注）》，成都：四川民族出版社，1990年版，第5页。
[②] 同上，第5—6页。

除了出于政治决策和社会需求之上的考虑，也暗含着对亡妃的缅怀与祭奠。丧礼一拖再拖，是为无奈之举，但实际的弘佛举措，既对逝者行以真诚有力的告慰，又对年幼的王子赤松德赞喜好佛教施加了无形的影响，以至于在他的时代，他将母亲与父亲对佛教的遗憾充分弥补，成就了吐蕃广兴佛法的巅峰时期。这当然是后话了。

关于那场瘟疫如何结束的考证，史家再无多言，人们经行一趟，生死论定已昭然，大抵都是受过教训的。从那个多事时节开始，吐蕃的兴衰再与她无关。而她的故事，或因着生前的分外低调，注定要渲染出盛极一时的风采。

纷乱平息以后，吐蕃为她送行的最后一程才有了郑重的形式。

不少信众想起，彼时经赞普支持，令寺庙高僧主持，鸣佛号法器，烧松烟，点千盏酥油灯，举行了盛大的释迦牟尼佛像开光仪式，人们相互转告，释迦牟尼佛像的重现归功于金城公主。顿时万人欢歌起舞，到处是祥瑞福气，到处是吉祥如意。当这一喜讯，一下子传遍了青海、甘肃、云南、康藏地区的数十万藏族同胞，不少人远途跋涉，朝拜佛像，觐谒公主……

不少大臣也记得，当时此事震惊了吐蕃赞普家族朝野，一致认为金城公主为赞普家族带来殊荣，不愧为大唐公主，显示了大唐皇威。赞普家族立即决议清扫庭院，恭请公主。她乘彩凤轿入宫，再一次轰动吐蕃人民，沿途几万百姓挥舞哈达、经幡，一睹公主的芳华与风采。彩簾全部拉开，只见她笑逐颜开，双手合十，绰约风姿给众臣民留下美好而深刻的印象。

不少宫中人士还说，公主怀孕之际，引起军权家族的忌恨，认为公主一旦生下王子，那吐蕃的江山、权势就会落在公主之手，军权家族必成"阶下囚"。为此，他们对公主下了毒手，在她分娩之夜，捆绑了其贴身侍女，并换以军权大臣派去的亲信替代，继而又搞了掉包计，把公主生下的小王子，换作一只刚出生的小狗，而且把小王子控制起来，不许他在她身边。

往后，类似的声音从宫苑传到了民间，还有了后续的故事：赞普虽知道这是军权大臣搞鬼，但由于他们势力太大，起初也无可奈何，后来才精心给予安排，让公主深夜去给王子喂奶，两岁以后，王子能认出自己的母亲，并能叫公主阿玛啦……为戳穿军权大臣的阴谋，在宫中举行了盛大的认母宴，小王子双手举着金杯，跪在公主膝前，把喜酒献上，叫了一声"阿玛啦"。公主的热泪即刻如断了线的珍珠，落在小王子身上。当公主抱起王子使劲亲吻时，全场的文武僧俗大臣、官员，都情不自禁地唏嘘拭泪。所有人也都明白了真相……①

或事实或改编，或传闻或史话，一切都只留得微小而盛大的纪念意味。

其实，生命的跌宕起伏任谁演绎都极可能产出一场绚烂无比的戏，更何况是金城公主这样一个尽情活过的人，她的性格柔韧有余，她的行动绵续有力。当吐蕃为她举办隆重的丧礼，赞普坚持要以她在吐蕃开创的七七祭祀仪式为其圆满送行，时人如何哀悼祭悼不足从文献史迹中觉察，或许是视其跌宕一生而不愿再打扰——她的性子本就静默如谜。

唐开元二十八年（740年），吐蕃使臣抵达长安，前来告丧。②唐皇不曾想到，金城公主的音讯再在朝堂之上响起，已是如此悲凉哀决之时。或因吐蕃在对外疆土上一步步横行霸道，或因此间两地争锋水深火热难决高下，或因大唐公主无故仙逝而生愤慨……当蕃使奉命提出请和之意时，玄宗不许。唐朝的态度是如此毅然并坚决。

岁月在这时段，是打了折扣的，她的遽然永逝，告别了人生再多有关或无关的悲欢离合……唐皇的怒气想必是不小的，横亘在唐蕃之间，她就那么久久沉寂了，时人却仍得倚靠着她的身份，称赏着她的功德，在冷冷的现实里捉摸着行走。史籍的字里行间，世人细细咀嚼：在使臣到达的数月后，大唐为公主举哀于光顺门外，辍朝三日③——这时该又到新的一年了吧。

这结局终归尚算完满。

哀声婉转，徒留永世遗殇。

---

① 格来：《载誉吐蕃的金城公主》，载于《炎黄春秋》，1995年第3期，第84页。

② 韦·囊赛著，巴擦·巴桑旺堆译：《〈韦协〉译注》，拉萨：西藏人民出版社，2012年版，第51页。

③ 刘昫：《旧唐书·列传第一百九十六上（吐蕃上）》，北京：中华书局，1975年版，第5235页。

独留青冢向黄昏

赤身消逝，盛名装点，性子清淡、一生无争的金城公主，该是不在乎的。

人们对之越怀念，便越愿意以故事相传，或好或坏，或真或伪。于是，她的传说仍有后续……

军权家族的阴谋全部败露后，依仗权势庞大，还是把公主逼得离开了拉萨，让她住在远离赞普、王子的山南的傍塘宫内。

由于接近雅砻河谷，公主反倒自享其乐了。她经常体察民情，与百姓和谐相处，非常友好。每逢庄稼丰收的季节，她总要观察一下藏族百姓的收成情况。当她出现在田野时，当地农人们无不欢天喜地跑过来，高兴地告诉公主：

洛勒姜桑——又获丰收了！

松雅洛雅——好种遇上了好年景！①

听到这些，金城公主自然特别高兴，因为这里的不少良种都是她上表唐皇，从关中八百里秦川筛选运来的。而且每逢宜岁，百姓会把新收获的白面饼子、新磨的糌粑，争先送来给公主尝一尝。

一次金城公主到农区时，藏族农妇们兴高采烈，纷纷前来道贺一句扎西德勒——吉祥如意。唯独一位少妇，一见公主转身就走。金城感到很诧异，默声跟着这位少妇走去。身后的细细脚步，她感觉得明确，正如公主那颗炽热的心正向她赶来，少妇自觉无处躲藏，旋即转身跑上前去，抱住公主，并双膝跪地哭成了泪人。

---

① 格来：《载誉吐蕃的金城公主》，载于《炎黄春秋》，1995年第3期，第84页。

"啊,拉姆,是你——你还活着?"

这位少妇,就是军权大臣使掉包计绑走的侍女拉姆。他们还把她塞到冰窟窿里,想淹死她以灭口。一个名叫普布的人把拉姆背到了远处的一个山洞里,深夜从家里背出吃食、衣物,对之看守、护理与照料。普布家修了几间新房子以后,一个黑夜里,拉姆骑着牲口,在普布的陪同下,住了进去,一连两年闭门不出,给普布织了很多精美的毛呢子和毯氇。随后两人情投意合,结为连理。拉姆还为普布生了个胖儿子。

"普布是什么样的一个人呢?"公主关切地问道。

"这普布,就是军权大臣暗中派来,准备在途中杀害公主的人啊!"

"他为何又要救你呢?"公主继续追问。

拉姆回答说:"他跟了您一路,认为公主有和白度母一样的心肠,处处想着吐蕃人民,为唐蕃立大业,为吐蕃做善事,是吉祥天女——'我们敬都敬不过来,怎敢害她!'这以后他就下决心要保护公主……"

了解到这些情况后,金城公主放心地把拉姆接进宫中,补偿、回馈和感激她为自己所受的辛苦,不久后也把普布及孩子一起邀请入宫,阖家团圆,她怎会不懂?

在傍塘宫的日子里,公主虽也常常遭遇困境,但她一想到勤劳、善良的藏族百姓以及自己肩负传承唐蕃友好的使命,便增添了勇气和力量。她为促进两地物资交流,向大唐上表,实行唐蕃通商,先后在青海、西康、甘肃、新疆、四川、云南等边境地区和同内地接壤的城镇,设立了上百处茶马互市的驿站、集市贸易点和物资交流场所,使内地与边境的经济迅速发展,从而进一步增进了汉藏两个民族之间的大团结。

故事越曲折,传说越圆满,她的命运越引人入胜,她的光辉就越绚烂夺目。或许她的一生,任凭唐蕃风云变幻而备受磨难,留下了太多悲壮又沧桑的感叹,惹得人们不禁动念心疼,唏嘘怜惜。值得庆祝的是,在她身故后,吐蕃赞普及众臣将她的遗体安葬在琼结城后面的山冈,与赫赫有名的历代先祖同眠于雅砻河谷,和整个吐蕃共同见证悉勃野部落王系的延续。

人们铭记了这座陵墓,它的名字叫"帮苏玛波",意思是红陵。世世代代的敬仰和追念像潺潺流水般从这里鲜活而动。兴许是她从一而终的信众吧，不甘于这简明清冽的答案，便又做了不少功课，掘出了更深沉的历史况味。

确实，吐蕃时期，远从第九代赞普迪贡赞普到第十五代赞普梯笑勒外，就曾先后在此山上兴建了达孜、桂孜、扬孜、赤孜、孜母琼结、赤孜邦都等六宫，被称为青瓦达孜宫的是古代吐蕃兴建的第二大宫。山脊上有一椭圆形的高大墓冢，即为金城公主墓。

历经半个世纪，在1302年，帕木竹巴王朝，宗豁制度建立后，琼结宗的宗政府就设在青瓦达孜山上。一世达赖喇嘛时期，多吉茨甸巴创建日乌德钦寺。一世达赖喇嘛曾到过这里讲经。五世达赖喇嘛罗桑嘉措、七世达赖喇嘛格桑嘉措、八世达赖喇嘛强白嘉措以及噶厦[①]第一任摄政第穆·阿旺江自德勒嘉措等，都在此地修建过佛殿……或多或少的故事，都和她发生着微妙的关联。

比起死后安眠的墓冢，也许生前的几度移居都有着不同的意义：吐蕃境土上，她在鹿园落脚，在扎玛尔与赞普一双两好、鱼水和谐，在桑耶附近的扎玛詹桑于江岩宫中生下了王子赤松德赞[②]，在傍塘宫有着最荣耀的开始和最壮烈的结束，另在昌珠寺、大小昭寺等庙宇留下了太过丰富多彩的记忆……

正如当初轰轰烈烈数千人送亲，深印了唐蕃古道的车辙，一路风光，三十载晴雨，到头来，尘归尘，土归土，独留青冢，唯有暇满人身。

[①] 噶厦：噶厦是俗官机构，为原西藏地方政府的一个组成部分；此外，还有一个僧官机构，叫"泽仓"。二者联合起来，组成政教合一的西藏地方政府。参见何宗英：《从"泽仓"说开去》，载于《西藏研究》，2000年第3期，第65—67页。

[②] 范世民、李荆林：《中华国宝大辞典》，沈阳：辽宁教育出版社，1997年版，第1114页。

第十章
天空还有飞鸟的痕迹

背向故园，抛却繁华
从豆蔻年光到迟暮岁月
因说半载鸣镝不若一曲琵琶
她们遂用一生成全历史的和平
远去了萧萧背影，留下了灵魂丰碑

用一生守望

沧桑世事，别去多少种荣华的滋味，世人才能分辨几许她的真性与挚情。

乱世遗珠的开始，埋伏了她一生的际遇，本无意倾身史坛政局的女子，却受邀交付了纷繁复杂的一条不归路。她从不向谁申问什么，而是挺身执着前进；她亦无一蹶不振的习气，而怀有一身坚韧的柔情。

世人若问，如何从一个智慧少女蜕变为一颗明珠？如何从一个大唐公主变为吐蕃赞蒙？又如何让一位历经坎坷波折的女性保持了一世清淡？

她的答案只有一个：只因她此生一程，数度遭逢，阴晴雨雪，悲欢离合，都尽在吐蕃大地上。

而万事之起头，都得由金城公主进藏图说起。

后人看到的是一幅设色的布画，是传统藏式的手绘艺术作品——唐卡。纵高九十一厘米，横宽六十二厘米[1]，将她人生最重要的一次选择浓缩其中，想必画者精心而审慎，刻画得细腻，笔墨精道而丰满，才能将吐蕃使臣为赞普请婚的前奏铺陈得恰到好处，将唐中宗允婚并特命大使护送其抵达吐蕃完婚的结局处理得圆满得当，将姜察拉文王子坠马身亡、公主于中途凝视宝镜以及送亲队伍行进途中的历史画面描摹得生动鲜活。

人物神态各异，形象栩栩如生。宫室楼阁，金碧辉煌；马匹坐骑，姿态万千。

---

[1] 范世民、李荆林：《中华国宝大辞典》，沈阳：辽宁教育出版社，1997年版，第1114页。

谁知，画上每添一笔生动，她的人生就多加一分沉重。

她入藏时未至豆蔻，却身担缓和唐蕃矛盾的责任。在吐蕃赞普幼年嗣位的困难时期，她的入嫁代表了唐朝对吐蕃赞普家族的有力支持，更有助于稳定吐蕃政局，发展经济文化，促进唐蕃和好。她一生的使命在被封公主的那一刻就是注定的，此后中宗的百般呵护和眷恋，成了她生命中最柔软的开端，抚慰了乱世出生的她的惊惶与不安，蕴藉了孤独灵魂的静默与忧愁。她后来在睡梦中曾数次回忆起那深受宠护的日子，以至于在吐蕃困难的岁月里，那成为她坚持下去的无穷动力。

她对父爱、家庭、皇族、国家的概念尚且模糊之时，就在官邸落成、赏赐不断中，渐次由稚嫩升华为稳重，文功且擅长，武略须长进，她便早熟地投入了必要的准备，不以手段抵拒，但以身心相报。绵长的乡愁早是沉淀怀想过的，沉重的心思亦褪去了任性而换作理性，时间的紧迫与尚未准备充足的矛盾，让她因此练就了时刻应对、无忧无惧的勇敢。所以及到真正入蕃之际，她真正出落得明德知礼而大方。

当时的吐蕃，在赞普松赞干布去世后，政局不稳，钦陵兄弟专权几乎近半个世纪，赤都松解除了钦陵兄弟的权力，但不久在南征中身亡。新赞普赤德祖赞由老祖母监护，这位智慧兼铁腕的赞蒙在文成公主去世后，是赞普家族内坚持与唐和好的中坚力量，主张向唐继续请婚联姻，其意图无疑有利于提高赞普家族威望，巩固赞普地位。因此，金城公主是吐蕃所需要的，而大唐的许婚与立场，她也是要身体力行去贯彻的：这第二次唐蕃通婚，在双方民族感情和政治关系上都会起到良好的促进作用。

当时的大唐，正值国力昌盛的开元之世。中土唐朝的文化艺术吸引了周边各族，甚至远及中亚。同时，大唐也大量吸收周边各族的优秀文化。金城入蕃，皇帝给公主的陪嫁至为丰盛。公主入藏后，又多次为吐蕃请"诗书"。《毛诗》《尚书》《左传》《易经》《礼记》《史记》等汉文典籍[1]，先后进入吐蕃，并在这片开放的异域土地上给予了本土文化发展以深刻影响。敦煌的藏文文献中，

---

[1] 刘忠：《汉藏文化交流史话》，北京：社会科学文献出版社，2011年版，第42页。

有不少此类诗书的译本被发现，藏文著述中也有不少引自汉文诗书的用典用句。此外，音乐舞蹈等种种唐风，在吐蕃再度出现盛行之景。

如果说书仪文化的引进与传播尚是金城公主本身所擅长的，那么促进唐蕃间经济上的交流就是她正式参与政治的影响。她入藏后，唐室多次对吐蕃厚礼馈赠。如开元七年（719年）六月，吐蕃遣使请和，唐朝大加赏赉，因赐其束帛，修用前好。以杂彩两千段赐赞普，五百段赐赞普祖母，四百段赐赞普母，两百段赐可敦，一百五十段赐垄达延，一百三十段赐乞立徐，一百段赐尚赞咄及大将、大首领，各有差别。皇后又以杂彩一千段赐赞普，七百段赐赞普祖母，五百段赐赞普母，两百段赐赞普正妻。[1]吐蕃人一向以羊皮为衣服原材料，丝绸主要从中原输入，虽曾由唐向松赞干布提供蚕种和养蚕技术，可惜都因气候关系未能成功。所以金城这一程，亦是有扩大中原相关影响之实，她竭力而为，倒是从另一层面上促成了两地商贸来往从官方拓展到民间，从缣马交易扩充到更大范畴的通商。

在此之余，她把内地饮茶风尚进一步传入吐蕃，饮茶成了吐蕃人的生活习惯。茶叶要由内地提供，而内地又需要周边各族的马匹。唐初马匹的来源较多，突厥、吐谷浑和党项等地都有茶马互市。开元初年，吐蕃占了吐谷浑、党项故地，河西九曲也以公主的汤沐邑之名赠给了吐蕃。至此，马的来源主要靠吐蕃，开元初年，马匹最多时达四十余万匹。这些都是以丝、茶交换，数量和规模也都超出以往很多，于是经济交往更加频繁，这如何不是她的功德！

金城继往开来，入藏不久便将文成公主所携的觉卧佛像，移置大昭寺主殿，倡导了吐蕃拜佛之风。彼时正值于阗内禁佛，大量僧侣向吐蕃逃遁。金城公主建议赞普接纳僧人入境，并建寺收容他们。吐蕃传入佛教，由于阗进入也是一路。在她的热心赞助下，山南、拉萨等地形成了新的译经场，唐、蕃、于阗僧人齐集一起翻译了不少佛教经典。

文明的火种在吐蕃土地上开花结果，她的人生就这样一步步充盈壮大了起

---

[1]王钦若等：《册府元龟·卷九七四（外臣部·褒异）》，南京：凤凰出版社，2006年版，第11278页。

来，原先的懵懂少女经由历练已然蜕变，她继而再投身疏通唐蕃隔阂的无悔事业中，化解矛盾，促成两次和盟。

金城公主为了促成两地和好，平息边事战争，给玄宗写了不少的书信。信中有及时通知吐蕃赞普、大臣愿意停息战事坚持和好意图的，也有劝告玄宗改变不再签约之态度的，来往信件表、书不一，却都是富有价值的历史印记和文献留存。她在吐蕃政权主战与主和的斗争中，有时处境极为险恶。那些主战派亦时有加害公主的图谋。形势最严峻的一次，金城公主甚至做出欲图出走到个失蜜的反抗，后来此行虽未成事实，也足见其处境和坚持和平交往的不易。

纵然如此，她仍不负一生和蕃的重任。成亲后，她就是吐蕃荣耀的女主人了。在她入藏所带技工及书籍中，还包括医生和医书在内。医书的名称虽不详，但史称中原的和尚和医生等翻译了有一百一十五品之多的《索玛热咱》（梵文名），藏医史称此书即为《月王药诊》。另外，在历算方面，她带来了四部书，即《算学七续圣典》《八支》《九部续》《三部释解》，这是关于五曜、八封、九宫、七曜和二十八个恒星的很多解法，后来全译成了藏文。四部书目前已不存在，但在藏文类书《白琉璃》《除锈》中皆留有记载。①

一生浩荡，功果累累。她为唐蕃交好而远嫁高原，传承文化，弘扬佛法，树碑会盟，调停战事，易马互市，舅甥一家，光辉事迹数不尽也道不完。

是她使唐蕃两地之间自文成公主入藏开启的友好交往得以延续下去；是她让唐蕃之间的利益交锋增添了不少美丽而绵续不断的佳话；是她带领吐蕃民众继续走向文明，把信仰和技艺的种子再播种于高天寒地之上。

如今，金城公主的事迹在拉萨布达拉宫、日喀则扎什伦布寺、山南桑耶寺等古代各寺院中，都有文字纪录，并存有大幅壁画，而民间流传着的关于她的美丽传说，更是数不胜数。

她的名字赫然闻名，她的身影绰约动人，她的故事令人流连忘返，人们将她的功绩载进史册，装点江山，永垂不朽！

---

① 刘忠：《汉藏文化交流史话》，北京：社会科学文献出版社，2011年版，第44-45页。

格桑两花不同开

藏族是中国历史悠久、文化发达的民族之一。自唐太宗贞观三年（629年），松赞干布继任赞普之后，平息内乱，迁都吉雪沃塘（拉萨之古称），再次恢复了吐蕃的统一，求婚于唐朝，聘娶文成公主。自文成公主入藏起，拉萨开始了大规模的建设，并从此成了旧称吐蕃的西藏之首府，迄今已有一千三百多年的历史，是西藏长期以来的政治、经济、文化、宗教中心。以后又有金城公主出嫁至此，这就使唐蕃之间有了血肉相连的亲密关系和极其密切的经济文化往来。

现在提起对城市人有着巨大吸引力的西藏，人们总避不开这样的前尘往事。而言及金城公主，大概任谁都会想到她的前辈文成公主——就连金城公主自己，也一度将她的祖姑母视作楷模。她们的确是西藏土地上盛开的两朵格桑花，完成各自的使命，成了度母式的人物。她们从中原大唐远嫁而来，坚忍执着，端丽立世，续写了两代传世美谈，演绎了唐蕃交流史话上两段不朽的传奇！

在大唐，她们只需要做一个王族的女儿，富贵安闲地走过一生，坦荡无忧地行完一道道仪礼，但一旦受命于国，她们的身份不再只是儿女，为臣负任，肩负重职，此后，又是一邦之母，普惠万民，福泽天下都堪比君王，不仅一改自身原本的简单生活，更加深了她们的历史地位所赋予的崇高使命。世人难想纤纤身骨如何凛然担当，她们却以铿锵行动谱写了幕幕华彩。

文成公主不是普通的公主，而是第一个把中原文明种子送到西藏的姑娘，是中原地区前往青藏高原的最早的文化开拓者。公主和亲不单是民族联姻，而且她有责任安抚少数民族，巩固民族团结。

继贞观十四年（640年）文成公主和松赞干布联姻后，到景龙四年（710年）

时，吐蕃使臣经多次努力取得了唐中宗的应允，以金城公主许嫁赞普赤德祖赞。比起前者首开先河的光荣与豪迈，后者所处的政局风云，已面临更多复杂背景与现实情况，这一次或可说并不那么完满。文成公主的入藏，是吐蕃主动与唐攀亲结好的结果，即使从政治方面功利的出发点来说，很大程度上也出于吐蕃盼望民族关系上加强联合、增进情谊之故；但金城公主的入藏，正值双方交战两败俱伤，基于无奈中的上策，她被迫走上和亲之路，缓解唐蕃紧张矛盾，不免多了力挽狂澜的道劲与任重道远的风险，尽管民族团结、家国大义仍是这一历史性决策之先要，但她的故事明显会多几分曲折。

但不论如何，顺意与艰辛都是她们生命中的必经历程，她们的壮举必定交融于汉藏民族友好的浪潮中。文成与金城公主在藏时期，是西藏民族由部落转变为统一组织的民族的时期。藏族由于和汉族通婚，加强了唐蕃之间的政治联系，沟通了汉藏民族之间的经济、文化交流，促使吐蕃社会得以进步和发展。

唐蕃之间的政治联系，多是通过双方互派使臣往来而不断得到加强的。根据史籍记载的不完全统计，自唐太宗贞观八年（634年）至唐武宗会昌六年（846年）的两百多年间，唐蕃共互遣使臣一百九十一次。其中，唐出使吐蕃六十六次，吐蕃出使唐朝一百二十余次。使臣往来，每次的友好访问团少的有几十人，多则百余人甚至数百上千人。[1]有时一年之内即遣使四次之多。如此频繁的交往，发生在交通条件尚不便利的遥远的古代和两个不同政权的民族之间，就意味着汉藏两族的政治关系，随着历史的发展和岁月的增进，在与日俱增、不断前进。

两地互使的活动内容，包括了通好、和亲、报丧、吊祭、求匠等诸多方面，都是为了解决问题、平息纷争，对融洽双方感情和加强政治联系都起了积极作用。其中文成、金城公主的倾心付出自然不可小觑，她们穷尽一生都在为和平的使命效忠尽力：文成公主临终前还为吐蕃小赞普芒松芒赞向唐请婚，以续和亲之好；金城公主生前最后阶段仍投身于抗击瘟疫的洪流中，保护外邦僧侣和佛教。于是，当二人身故后，唐蕃之间，两地举哀，再度印证了汉藏关系已发展到哀乐

---

[1] 李鸿建：《和亲：那些远去的倩影》，北京：新华出版社，2014年版，第176-177页。

与共的程度。

可以说，两位公主是唐蕃来往使臣中最特殊的一对。在众多层面的领域中，偃兵息武、团结友好、安危同体已与她们紧密连接，世人难以想象，严肃、冷酷的军事会盟活动中，她们的身影是如何坚韧、镇定又顽强。而相较于文成公主方圆有度的圆满结局，尤其是金城公主一生见证两地时战时和，也终身随时局风起云涌之动荡，规划了自己的人生轨迹与奋斗蓝图。罢兵、划界、归俘等的实现，让她们的努力化为可喜的成果。

徜徉于两百多年的唐蕃关系中，她们怀着谋求息兵和好的共同愿望，奔走于唐蕃两地之间，为双方人民的安居乐业和团结友好，做出了历史的贡献。自赤德祖赞与唐中宗神龙年间开始的一个多世纪里，唐蕃先后通过八次和盟，把从唐太宗和松赞干布时期开始提倡的"汉藏同为一家"——国家统一、民族团结的盛业，推向了一个新的历史进程，从而在中华民族史上写下了光辉的一页。

松赞干布的一生，结束了青藏高原上分散落后的局面，促进了吐蕃社会全面向前推进，为藏族的形成和发展做出了重大贡献，并为藏族与祖国各族人民之间的友好往来，破除了坚冰，疏通了航道，开启了共同建设伟大祖国的先河。一千多年来，他的功绩被汉藏两族人民不断纪念和颂扬。

自文成公主入藏后，历代赞普多自认是唐的外甥，每一位皇帝的新立或崩亡，或吐蕃每一位赞普的亲政或薨丧，生相庆，死相吊，互派使臣往来。双方亲谊日渐有增，彼此团结，休戚相关。如684年，唐使臣王玄策途经中天竺被劫，逃到吐蕃西境，松赞干布得知后，派精兵一千二百人，又令泥婆罗出骑兵七千余人，支援唐使，击败了天竺。[①]吐蕃冒盛暑出兵，获胜后又派使向唐廷告捷。次年，唐太宗崩，高宗李治赠松赞干布"驸马都督""西海郡王"等名号。

公主努力，使臣往还，促成唐蕃两地政治、军事的联合，更带动了相互之间极为广泛的经济文化交流，其中双方使臣请求互市的活动，牵动甚广，影响深远。自玄宗开元十九年（731年）到宪宗元和十年（815年），吐蕃曾三次遣使入

[①] 王东、张耀：《冲出高原：吐蕃王朝传奇》，北京：中国国际广播出版社，2012年版，第87页。

唐，分别提出在四川松茂一带、赤岭和陇州款塞互市的请求。①双方这些共同市场的建立和以缣茶马市易为主要内容的物资交流活动，对于唐蕃政权的巩固和经济的发展，更起到了不可估量的作用。

作为当时军事装备的战马，其数量的增减，乃是军力升降的标志，而唐朝的战马则又多从边疆购入。在开元初，有牧马总数不过二十四万匹，经金城公主直接促成的赤岭互市后，不过十年左右，牧马总数即迅速增至四十三万多匹。耕牛作为唐朝发展农业生产的主要动力，也随着双方互市的开展，得到了较大程度的满足。

互市的结果，不仅给唐朝带来了多重利益，对吐蕃的生产、生活也产生了重大影响。特别是茶叶，随着饮茶习惯的养成，并由贵族普及到一般人民，茶叶成为吐蕃不可缺少的生活必需品，在商品贸易中跃居第一位。而缯彩丝绸的交换，更给吐蕃社会提供了方便的物质条件，其数量之大、花样之多，也不亚于茶叶的交易。随着贸易的进一步发展，商品种类也逐渐增多。官方入贡进物，礼尚往来，民间商贸交易，历来频仍，令汉藏两族人民的友谊有很大的增进，怪不得西藏的古谚语中就有"汉地商品藏地销，并非藏地没宝，原为汉藏人民同心结的牢"②之说。

文成公主和金城公主是青藏高原上特别的开拓者，中原文化在西藏的传播者。光阴的河流从七、八世纪开始绵延而来，她们的名字，已经被历史铭刻在西藏人民的心灵上，成为永不磨灭的汉藏两族人民情谊的象征。

如今千余年过去了，两位大唐公主，那风华绝代的美丽身影，依然在雪域高原上摇曳生辉，那宠辱不惊的赫赫圣名，依然在历史枝头璀璨夺目！

---

① 司马光：《资治通鉴·唐纪五十五》，北京：中华书局，1997年版，第677页。
② 张云侠：《汉藏文化交流的使者：文成、金城公主》，载于《中国藏学》，1998年第1期，第98—99页。

那些走向异域的倩影

大唐公主在昔日的皇室宫廷之内，享受极奢，处境优越，名分尊崇。然而她们不顾一切，遵奉了帝王之命，离开富贵温柔的家乡，踏上崇山峻岭的险程，顽强地走到那吞梅嚼雪、身着毡裘的酷寒高原，尽心竭力，协助吐蕃赞普创文字、建宫室、兴佛教、制法律、发展医药学，就人民衣食住行四大需要，做了合理的改进，把一个文化不发达的大部落变成了一个文明灿烂的民族。

她们艰苦卓绝的精神与卓越伟大的抱负，其功绩不仅在一干不让须眉的巾帼女杰中不易多见，就是我国历代立功边疆的贤豪俊杰们也有所不及。

纵览历史的浩渺簿册，如文成、金城公主般杰出的女性比比皆是，和亲公主又是一个不可忽视的群体。她们风姿绰约，各有千秋，因着在个人命运和民族大义之间的选择中以大我舍小我，她们挺立于时代的浪头，将自己的一生挥洒在祖国的恢宏华彩中。

其实，细察"和亲"一词，最早在先秦文献中就曾出现，并且也是在先秦，落实了从最初单纯指华夏与蛮夷或各诸侯、家族权力集团之间的往来修好活动，到后来诸侯王室，各政治集团之间通过联姻来修好结盟，巩固双方友好关系的情形的达成。

史有传说，五帝之一喾，共有四妃，其子合成天下，可说多元和亲。周襄王（前651—前619年）时期，襄王先娶戎狄女为王后，然后与戎狄共同出兵郑国，就是最为直接且典型的以姻亲方式结盟修好。

在中国历史上，把皇室的女儿有目的地出嫁，使得两个不同民族或同一种族的两个不同政权之间通过联姻修好，而停止战争，捐弃前嫌，进而建立和平、友好、亲睦的关系，结成暂时的或表面的政治、军事、经济联盟，这样一种类型的和亲，正如班固在《汉书》中所言：和亲之论，发于刘敬。

汉高祖（前256—前195年）时期，在与匈奴激战数日后，高祖刘邦自感大汉实力不足与其抗衡，便采用大臣刘敬的建议，主动与匈奴结和亲之约，以安定边境。为表明诚意，刘邦本想把女儿鲁元公主嫁给匈奴单于，但遭到公主的母亲吕后的坚决反对，无奈之下，刘邦只好把一位宗室女加封为大汉公主，完成了决策。除了与匈奴和亲，大汉每年还给匈奴送去大量的絮、缯、米等物品作为陪嫁，并与之进行边境贸易。刘邦开启中国历史上和亲外交之先河，此后，通过出嫁当朝公主，以和亲公主通好异域、异邦、异族，便成为大多中原王朝以及各少数民族政权奉行不悖的一种政治行为。

有汉一代，在和亲中发挥较大作用的和亲公主共有两人。一个是西嫁乌孙的解忧公主，她在西域生活半个多世纪，先后嫁给两代三任乌孙昆莫（乌孙对其首领的称呼，后又改称"昆弥"①），对乌孙的政治以及整个西域局势产生了重大影响，成功地实现了汉王朝"断匈奴右臂"的战略目标。另一个就是千古流芳的王昭君了，昭君嫁入匈奴后，不但能够适从胡俗，毕生致力于匈奴与大汉的安定团结，而且还教导其子女，使他们继续为汉匈友好做出不懈努力。昭君出塞，使得汉匈两族出现了持续五六十年的和平局面，一直为后人所津津乐道。但值得一提的是，王昭君当时并不是以公主，而是以宫女的身份出塞和亲的。②

魏晋南北朝，中国社会进入数百年的大动荡、大分裂同时也是大融合时期，因了民族矛盾之需，各政权或多是在各少数民族政权之间以和亲方式互拉外援等现象也就屡见不鲜。由于中原长期混战不断，此时中原王朝对于嫁过来的少数民族公主，都表现出前所未有的恭敬，西魏文帝甚至废掉自己深爱的皇后，改立柔然公主为后……可见，这时期绝大多数是少数民族入塞和亲的女子，她们的命运

---

① 何本方、李树权、胡晓昆：《中国古代生活辞典》，沈阳：沈阳出版社，2003年版，第125页。
② 李鸿建：《和亲：那些远去的倩影》，北京：新华出版社，2014年版，第2-3页。

在政权跌宕的洪流中，接受种种考验。

到了隋唐，无论是和亲对象、和亲的地域范围，还是和亲的目的，都显得超前宽泛，而且和亲公主本人，也越来越多地在其中发挥着主观能动作用，影响着双边、多边关系。譬如和亲突厥的义成公主，就利用其可敦——可汗之妻的地位，解了隋炀帝雁门之围；出嫁吐蕃的金城公主，主动上书唐玄宗要求在赤岭竖界碑，多次调停唐与吐蕃之间的冲突；出嫁回纥的咸安公主，则在调解唐与回纥的绢马贸易纠纷中起了重要作用。唐朝国力强盛，加之统治者带有鲜卑族的血统，因此对于少数民族更能采取开明的民族政策，立国之初，唐高祖李渊就说：胡越一家，自古未之有也。唐太宗李世民在与大臣讨论与薛延陀部和亲问题时甚至说："朕为苍生父母，苟可利之，岂惜一女！北狄风俗，多由内政，亦既生子，则我外孙，不侵中国，断可知矣。"①唐王朝先后与周边的突厥、吐谷浑、铁勒、吐蕃、契丹、奚等七个少数民族政权积极和亲，其效果十分显著。当然唐代和亲对后世影响最大的，莫过于文成公主入藏了。

往后到理学兴盛的宋朝和大明两朝时，和亲手段继续在政治舞台上发挥作用。由于辽、夏、金、元几个政权都是少数民族建立的，所以这一时期的和亲，频繁而干脆，少了繁文缛节的礼仪，功利性更强。而清代的满蒙联姻则是中国历史上一种别具一格的和亲形态了。满蒙统治集团之间累世交叠，亲上加亲，持续不断的互相通婚，真正体现了满蒙一体，亲如一家的关系，终清一代，满蒙联姻一直作为统治者奉行不替的一项基本政策，在清朝统一东北、入主中原、建立和巩固多民族国家的过程中，这一国策发挥了极为关键的作用。

在漫长的历史长河中，作为统治者远交近攻、调处民族关系重要的外交策略，和亲之举一直不绝于书。因此，一部中华民族史，既不乏金戈铁马，更少不了儿女情长，英雄的热血与美人的热泪，同样成为铸就千古青史不可或缺的内容。而在后者，那数千年来远嫁异域、埋骨他乡、万里和亲的公主们的那一行行脚印，一个个身影，其内涵更丰饶，韵味更独特，其留下的历史印迹似乎也更为清晰。

---

① 李鸿建：《和亲：那些远去的倩影》，北京：新华出版社，2014年版，第4页。

她们翩跹的身姿，一旦踏出故土，就勇敢而端重，或如战地玫瑰，给冲突双方带来一丝暖意；或如一只吉祥鸟，为草原大漠送去安宁与祥和；或如飞来飞去的和平鸽，主动调停战争，以女性的温柔发挥着千军万马所难以达到的魄力。

文成公主和金城公主，自然是其间的杰出代表，她们在古今岁月里徜徉，于雪域高原上传世，生时风姿鲜活，故后嘉誉永存！

主要参考文献

[1] 次旦扎西，阴海燕. 吐蕃十赞普 [M]. 拉萨：西藏人民出版社，2012.

[2] 刘忠. 汉藏文化交流史话 [M]. 北京：社会科学文献出版社，2011.

[3] 黄次书. 文成公主与金城公主 [M]. 北京：中华书局，1947.

[4] 李鸿建. 和亲：那些远去的倩影 [M]. 北京：新华出版社，2014.

[5] [德] 莫尼卡·封·鲍里斯伯爵夫人. 黄土地的女儿：金城公主 [M]. 杜文棠，李士勋译. 北京：中国社会科学出版社，2011.

[6] 刘昫. 旧唐书 [M]. 北京：中华书局，1975.

[7] 欧阳修，宋祁. 新唐书 [M]. 北京：中华书局，1975.

[8] 司马光. 资治通鉴 [M]. 北京：中华书局，1997.

[9] 董诰等. 全唐文 [M]. 北京：中华书局，1983.

[10] [英] 崔瑞德. 剑桥中国隋唐史.589—906 [M]. 中国社会科学院历史研究所，西方汉学研究课题组译. 北京：中国社会科学出版社，1990.

[11] 王溥. 唐会要 [M]. 北京：中华书局，1955.

[12] 王钦若等. 册府元龟 [M]. 南京：凤凰出版社，2006.

[13] 恰白·次旦平措，诺章·吴坚，平措次仁. 西藏简明通史 [M]. 陈庆英等译. 北京：五洲传播出版社，2012.

[14] 苏晋仁，萧錬子. 《册府元龟》吐蕃史料校证 [M]. 成都：四川民族出版社，1981.

[15] 多吉杰博. 五部遗教·大臣遗教 [M]. 北京：民族出版社，1986.

[16] 林冠群. 唐代吐蕃史论集 [M]. 北京：中国藏学出版社，2006.

[17] 恰白·次旦平措，诺章·吴坚，平措次仁. 西藏简明通史：松石宝串 [M]. 陈庆英，格桑益西，何宗英，许德存译. 拉萨：西藏社会科学院，中国西藏杂志社，西藏古籍出版社，2004.

[18] 索南坚赞. 西藏王统记[M]. 刘立千译注. 拉萨：西藏人民出版社, 1985.

[19] 萨迦·索南坚赞. 王统世系明鉴[M]. 陈庆英, 仁庆扎西译注. 沈阳：辽宁人民出版社, 1985.

[20] 五世达赖喇嘛. 西藏王臣记[M]. 刘立千译注. 北京：民族出版社, 2000.

[21] 黄布凡, 马德. 敦煌藏文吐蕃史文献译注[M]. 兰州：甘肃教育出版社, 2000.

[22] 巴卧·祖拉陈哇. 贤者喜宴——吐蕃史译注.[M]. 黄颢, 译. 北京：中国社会科学院民族研究所, 1989.

[23] 苏晋仁. 通鉴吐蕃史料[M]. 拉萨：西藏人民出版社, 1982.

[24] 李经纬, 程之范. 中国医学百科全书·医学史[M]. 上海：上海科学技术出版社, 1987.

[25] 赤烈曲扎. 西藏风土志[M]. 拉萨：西藏人民出版社, 1982.

[26] 王忠. 新唐书吐蕃传笺证[M]. 北京：科学出版社, 1958.

[27] 王尧, 陈践. 敦煌本吐蕃历史文书（增订本）[M]. 北京：民族出版社, 1992.

[28] 韦·囊赛.《韦协》译注[M]. 巴擦·巴桑旺堆译. 拉萨：西藏人民出版社, 2012.

[29] 根敦群培. 白史（第3册）[M]. 拉萨：西藏藏文古籍出版社, 1990.

[30] 廓诺·迅鲁伯. 青史[M]. 郭和卿译. 拉萨：西藏人民出版社, 1985.

[31] 才让. 吐蕃史稿[M]. 兰州：甘肃人民出版社, 2010.

[32] 达仓宗巴·班觉桑布. 汉藏史集[M]. 陈庆英译. 拉萨：西藏人民出版社, 1986.

[33] 石硕. 吐蕃政教关系史[M]. 成都：四川人民出版社, 2000.

[34] 拔塞囊. 拔协（增补本译注）[M]. 佟锦华, 黄布凡译注. 成都：四川民族出版社, 1990.

[35] 封演. 唐宋史料笔记：封氏闻见记校注 [M]. 赵贞信校注. 北京：中华书局，2005.

[36] 李吉甫. 元和郡县图志 [M]. 北京：中华书局，1983.

[37] 乐史. 太平寰宇记 [M]. 王文楚等点校. 北京：中华书局，2007.

[38] 王东，张耀. 冲出高原：吐蕃王朝传奇 [M]. 北京：中国国际广播出版社，2012.

[39] 廖东凡. 拉萨掌故 [M]. 北京：中国藏学出版社，2014.

[40] 马丽华，风化成典：西藏文史故事十五讲 [M]. 北京：中国藏学出版社，2009.

[41] 王森. 西藏佛教发展史略 [M]. 北京：中国社会科学出版社，1997.

[42] 黄明信. 吐蕃佛教 [M]. 北京：中国藏学出版社，2010.

[43] 王尧. 走近藏传佛教 [M]. 北京：中华书局，2013.

[44] 布顿·仁钦珠. 布顿佛教史 [M]. 蒲文成译. 兰州：甘肃民族出版社，2007.

[45] 杨辉麟. 佛界：神秘的西藏寺院 [M]. 西宁：青海人民出版社，2007.

[46] 吕澂. 西藏佛学原论 [M]. 台北：中国台湾大千文化出版社，1979.

[47] [印] 阿底峡尊者. 西藏的观世音 [M]. 卢亚军译注. 兰州：甘肃人民出版社，2001.

[48] [英] 凯伦·阿姆斯特朗. 佛陀 [M]. 贤祥译. 北京：生活·读书·新知三联书店，2014.

[49] 希阿荣博堪布. 寂静之道 [M]. 北京：世界图书出版公司，2012.

[50] 海子. 海子诗全集 [M]. 北京：作家出版社，2009.

[51] 杜佑. 通典 [M]. 北京：中华书局，1982.

[52] 杨清凡. 藏族服饰史 [M]. 青海：青海人民出版社，2003.

[53] 杨伯峻. 春秋左传注 [M]. 北京：中华书局，1990.

[54] 慧超，杜环. 往五天竺国传笺释·经行记笺注 [M]. 张毅，张一纯笺注. 北京：中华书局，2000.

[55] [苏] 符拉基米尔佐夫. 蒙古社会制度史 [M]. 刘荣焌译. 北京：中国

社会科学出版社,1980.

[56]脱脱等.辽史[M].北京:中华书局,1974.

[57][美]苏珊·桑塔格.疾病的隐喻[C].程巍译.上海:上海译文出版社,2003.

[58]王尧,陈践.敦煌吐蕃文书论文集[C].成都:四川民族出版社,1988.

[59]谢启晃,李双剑,丹珠昂奔等.藏族传统文化辞典[Z].兰州:甘肃人民出版社,1993.

[60]范世民,李荆林.中华国宝大辞典[Z].沈阳:辽宁教育出版社,1997.

[61]周伟洲,丁景泰.丝绸之路大辞典[Z].西安:陕西人民出版社,2006.

[62]马德.敦煌石窟知识辞典[Z].兰州:甘肃人民美术出版社,2000.

[63]何本方,李树权,胡晓昆.中国古代生活辞典[Z].沈阳:沈阳出版社,2003.